创新型大学生素质教育精品教材

大学生
沟通技巧与艺术

马子孔　李沛强　编著

镇　江

内 容 提 要

本书主要讲述了大学生沟通方面的一些技巧与艺术。全书共十二章，其中，第一章介绍了有关沟通的理论知识；第二章至第七章分别介绍了倾听技巧与艺术、交谈技巧与艺术、辩论技巧与艺术、演讲技巧与艺术、说服技巧与艺术、谈判技巧与艺术；第八章至第十二章分别介绍了团队沟通技巧、日常生活中的沟通技巧、工作中的沟通技巧、跨文化沟通技巧及网络沟通技巧。

图书在版编目（CIP）数据

大学生沟通技巧与艺术 / 马子孔，李沛强编著. -- 镇江 ：江苏大学出版社，2012.7（2023.1 重印）
ISBN 978-7-81130-394-0

Ⅰ. ①大… Ⅱ. ①马… ②李… Ⅲ. ①大学生－心理交往 Ⅳ. ①G645.5

中国版本图书馆 CIP 数据核字(2012)第 185144 号

大学生沟通技巧与艺术
Daxuesheng Goutong Jiqiao yu Yishu

编　　著 / 马子孔　李沛强
责任编辑 / 张　平
出版发行 / 江苏大学出版社
地　　址 / 江苏省镇江市京口区学府路 301 号（邮编：212013）
电　　话 / 0511-84446464（传真）
排　　版 / 北京谊兴印刷有限公司
印　　刷 / 北京谊兴印刷有限公司
开　　本 / 787 mm×1 092 mm　1/16
印　　张 / 12
字　　数 / 300 千字
版　　次 / 2012 年 7 月第 1 版
印　　次 / 2023 年 1 月第 10 次印刷
书　　号 / ISBN 978-7-81130-394-0
定　　价 / 38.00 元

如有印装质量问题请与本社营销部联系（电话：0511-84440882）

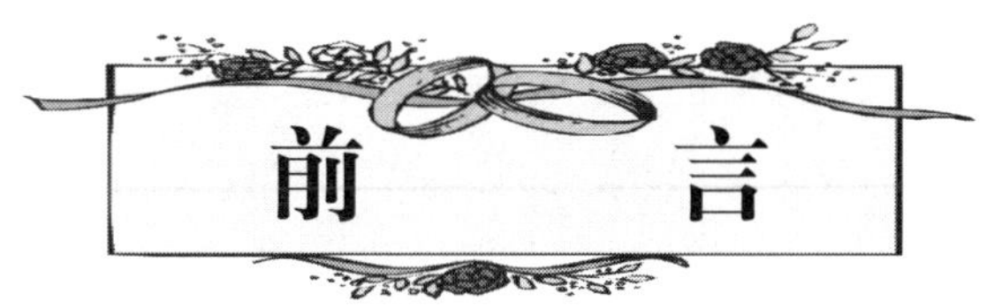

前言

为在社会中谋得一席之地，我们要与各种各样的人打交道，人际关系从未像今天这样引起人们的重视。良好的人际关系是人们心理健康的表现，是事业成败的关键，而建立良好人际关系的基础就是“沟通”。如何恰到好处地与人沟通，建立起良好的人际关系网，是生活在这个飞速发展、社会观念不断更新的社会中所应掌握的一项基本技能。

今天，许多用人单位在招聘条件中都列出了“良好的沟通能力”“具有团队精神”的要求，因为今天的社会仅靠几个高知识、高技能的人才单打独斗是难以支撑起企业发展这座大厦的，一个企业的生存和发展需要的是能够与他人有效沟通、积极合作的人。因此，在高等教育中我们要将学生培养成高素质技能型人才，就要为其打下良好的就业基础；学生除了必须掌握基本的专业技能外，还应具备一定的沟通能力。为此，作者特编写了此书，旨在帮助学生认识人际沟通的重要性，提高人际交往能力，掌握常用的沟通技巧，为成为一名合格的职业人做好准备。

概括起来，本书主要具有以下三个方面的特点：

（1）**适用人群明确**。和一般泛谈沟通技巧的图书相比，本书理论深度适中，重在实践训练和方法介绍。让学生既可以较为系统地了解有关沟通的知识，又可以通过书中列举的大量事例及训练以理解和掌握沟通的技能与技巧。

（2）**贴近社会需要**。随着社会主义市场经济的发展和企业用人制度的改革，新生劳动力高峰的到来使就业竞争加剧，沟通能力在成功因素中占据了越来越大的比重。本书紧密结合我国的国情和大学生的特点，在理论、框架、内容、体例等方面均有所创新，具有鲜明的时代特点，包含教育和指导的功能，力求给学生最实际的帮助。

（3）**历经教学磨炼**。本书具有独到的知识和能力培养体系，并且通过征询教师和学生的意见进行了多次修改，凝聚了作者大量心血，适用于大学生和其他渴望提高自己沟通能力的自学者。

全书共十二章，其中，第一章介绍了有关沟通的理论知识；第二章至第七章分别介绍了倾听技巧与艺术、交谈技巧与艺术、说服技巧与艺术、谈判技巧与艺术、辩论技巧与艺术、演讲技巧与艺术；第八章至第十二章分别介绍了团队沟通技巧、日常生活中的沟通技巧、工作中的沟通技巧、跨文化沟通技巧及网络沟通技巧。

在本书的编写过程中，我们参考了大量的文献资料，在此，特向这些中外文献的作者表示诚挚的谢意。

由于编者水平有限，书中难免存在疏漏与不当之处，敬请广大读者批评指正。

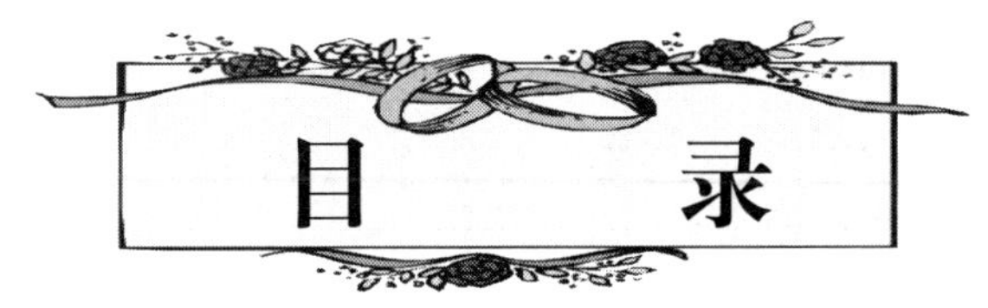

目 录

第一章　沟通简论

沟通就像空气，无所不在，不识庐山真面目，只缘身在此山中。

——无名氏

假如人际沟通能力也是同糖或咖啡一样的商品的话，我愿意付出比太阳底下任何东西都珍贵的价格购买这种能力。

——洛克菲勒

沟通是信息交流的重要手段，它就像一座桥梁，连接着不同的人、不同的文化和不同的理念。良好有效的沟通能让交流的双方充分理解彼此的意愿，达成共识。

美国著名未来学家奈斯比特曾指出“未来竞争是管理的竞争，竞争的焦点在每一个社会组织内部成员之间及其外部组织的有效沟通上”，管理者与被管理者之间的有效沟通是任何管理艺术的精髓。

【案例精选】

不同的沟通方式，迥异的沟通效果

情景一　失败的沟通

温馨家具公司为了奖励市场部的员工，制订了一项海南旅游计划，名额限定为 10 人。可是 13 名员工都想去，因此部门经理需要再向上级领导申请 3 个名额。如果你是部门经理，你会如何与上级领导沟通呢？

部门经理对上级领导说：“朱总，我们部门 13 个人都想去海南，可只有 10 个名额，剩余的 3 个人会有意见，能不能再给 3 个名额？”

朱总说：“筛选一下不就完了吗？公司能拿出 10 个名额就花费不少了，你们怎么不多为公司考虑？你们呀，就是得寸进尺，不让你们去旅游就好了，谁也没意见。我看这样吧，你们 3 个做部门经理的，姿态高一点，明年再去，这不就解决了吗？”

失败原因：只顾表达自己的意志和愿望，忽视对方的表象及心理反应。

情景二　成功的沟通

同样的情况下，去找朱总之前用异位思考法，树立一个沟通低姿态，站在公司的角度上考虑一下公司的缘由，遵守沟通规则，做好与朱总平等对话、为公司解决此问题的心理准备。

部门经理：“朱总，大家今天听说去旅游，非常高兴，非常感兴趣，觉得公司越来越重视员工了。领导不忘员工，真是让员工感动。朱总，这事是你们突然给大家的惊喜，不知当时你们如何想出此妙意的？”

朱总：“真的是想给大家一个惊喜，这一年公司效益不错，是大家的功劳，大家辛苦了一年。年终了，第一，是该轻松轻松了；第二，放松后，才能更好地工作；第三，可以增强公司的凝聚力。大家要高兴，我们的目的就达到了，就是让大家高兴的。”

部门经理：“也许是计划太好了，大家都在争这10个名额。”

朱总：“当时决定10个名额是因为觉得你们部门有几个人工作不够积极。你们评选一下，不够格的就不安排了，就算是对他们的一个提醒吧。”

部门经理：“其实我也同意领导的想法，有几个人的态度与其他人比起来是不够积极，不过他们可能有一些生活中的原因，这与我们部门经理对他们缺乏了解、没有及时调整都有关系。责任在我，如果不让他们去，对他们打击会不会太大？如果这种消极因素传播开来，影响不好吧。公司花了这么多钱，要是因为这3个名额降低了效果就太可惜了。我知道公司每一笔开支都要精打细算，如果公司能拿出3个名额的费用，让他们有所感悟，促进他们来年改进，那么他们多给公司带来的利益可能要远远大于这部分支出的费用。不知道我说的有没有道理，公司如果能再考虑一下，让他们去，我会尽力与其他两位部门经理沟通好，在这次旅途中每个人带一个，帮助他们放下包袱，树立有益公司的积极工作态度，朱总您能不能考虑一下我的建议呢？”

第一节　沟通的定义与特点

在人类的生存活动和社会活动中，“沟通”是一项不可或缺的内容。我们只要多留心周围的事情便会发现，任何情侣、夫妻、亲属、邻里之间以及商业、社交、公务、管理活动都离不开与人沟通。

婴儿从出生开始，就要学习与父母沟通，以认识世界；

幼儿通过与伙伴沟通，实现游戏和玩耍；

学生必须与教师沟通，才能获得知识；

青年必须与异性沟通，才能获得爱情；

下级应该与上级沟通，以获得理解和支持；

老板必须与下属沟通，以完成经营目标；

商家必须与客户沟通，以改善经营；

政治家必须与民众沟通，以获得支持；

……

事实上，人在醒觉状态时约 70%的时间都在做这样或那样的沟通。与人交谈、读书看报、上课听讲、看电视、听广播、上网聊天等都属于沟通。既然沟通与我们的生活这样密切相关，那么我们就有必要掌握一些沟通的知识，让沟通架起一座人与人之间交流的桥梁。

一、什么是沟通

普林斯顿大学对一万份人事档案进行分析发现："智慧""专业技术"和"经验"只占成功因素的 25%，其余 75%取决于良好的人际沟通；哈佛大学就业指导小组调查结果显示：在 500 名被解职的男女中，因人际沟通不良而导致工作不称职者占 82%。

企业执行力不好，其中最大的问题源自于沟通，也就是说，执行者没有搞清楚整件事情的来龙去脉就开始执行操作。这种错误概率肯定非常高。

那么，究竟什么是沟通呢？关于沟通的解释，可谓众说纷纭、莫衷一是。一般认为，所谓沟通是指：为了设定的目标，把信息、思想和情感在个人或群体间传递并最终达成协议的过程。

二、沟通的特点

（一）沟通必须有发起方

首先，沟通必须有发起方，即谁主动去沟通。例如，教师给学生上课，教师就是发起方；下属找上级汇报工作，下属就是发起方；上级找下属谈话，上级就是发起方。

（二）沟通是有目的的

沟通都是带有目的的。例如，教师上课是为了把知识传授给学生；下属找上级沟通通常是为了向上级介绍工作情况，寻求理解或支持；上级找下属沟通的目的通常是表扬、批评、提拔，或者调整下属的工作岗位等。

一般来讲，沟通的目的主要包括：

- 向被沟通者寻求支持或理解；
- 与被沟通者达成协议或谅解；
- 向被沟通者介绍情况；
- 向被沟通者宣传观点、理念等；
- 在被沟通者处寻找工作、销售等机会；
- 向被沟通者销售产品等。

如果沟通没有目的，就是闲聊了。例如，很多情况下，家人、老同学、老战友、老乡相见的主要目的是基于亲情，而不是为了达到某种目的。

（三）沟通是信息的传递

沟通的实质是信息的传递，我们可以通过语言、表情、姿势、动作、文字、图片等各种手段传递信息。

（四）沟通时不仅要传递信息，还要被对方理解

沟通过程中，信息发送者首先要把传送的信息“编码”成符号，接受者则进行相反的“解码过程”。如果信息接受者对信息类型的理解与发送者不一致，则会导致沟通障碍和信息失真。例如，如果一位导弹专家向非导弹专业的大学生介绍导弹的特点、性能指标、最新技术等情况，应尽量使用通俗易懂的语言，少讲术语，且多用比喻；如果使用太过专业化的语言，大学生很可能理解不了，自然对演讲内容也毫无兴趣了。

（五）沟通是一个双向、互动的反馈和理解过程

我们每天都在进行沟通，但这并不表明我们是一个成功的沟通者。沟通不是一种纯粹单向的个体行为，而是一个双向、互动的活动。例如，你告诉了对方你所要表达的信息，但这并不意味着对方已经与你沟通了。因为沟通的目的不是行为本身，而在于结果。如果对方并未对你发出的信息做出反馈，那就没有达成沟通。

三、沟通的类型

一般来说，沟通可分为口头沟通和书面沟通。沟通中的绝大部分信息都是通过口头来传递的。口头沟通方式灵活多样，既可以是两人之间的娓娓深谈，也可以是群体中的雄辩舌战；既可以是正式的磋商，也可以是非正式的聊天；既可以是有备而来，也可以是即兴发挥。口头沟通是所有信息沟通中最直接的方式，其优点是快速传递和即时反馈，其缺点是信息在传递过程中存在失真的可能性。

书面沟通是指通过书面记录进行沟通的方式，如通过书信、电子邮件、报刊、图书等方式进行沟通。书面沟通时，信息发送者与接收者双方都拥有沟通的记录，且沟通的信息可以长期保存、可作为法律证据等。此外，如果对信息的内容有疑问，完全可以过后查询，这一点对企业来说尤为重要。书面沟通的另外一个优点是：通过记录信息，可以促使人们对自己要表达的东西更认真地进行思考。

第二节　常见沟通障碍及其克服

所谓沟通障碍，是指信息在传递和交换过程中，由于信息意图受到干扰或误解而导致沟通失真的现象。在人们沟通信息的过程中，常常会受到各种因素的影响和干扰，使沟通受到阻碍。

一、沟通障碍的主要来源

沟通障碍主要来自三个方面：发送者的障碍、接受者的障碍和信息传播通道的障碍。

（一）发送者的障碍

在沟通过程中，信息发送者的情绪、倾向、个人感受、表达能力、判断力等都会影响信息的完整传递。其障碍主要表现在：

- 沟通目的不明确；
- 表达能力不佳；
- 信息传送不全；
- 信息传递不及时或不适时；
- 知识经验的局限；
- 对信息有意识或无意识的过滤。

（二）接受者的障碍

从信息接受者的角度看，影响信息沟通的障碍因素主要有如下几个方面：

- 信息译码不准确；
- 对信息有意识或无意识的筛选；
- 对信息的承受力不佳；
- 心理上的障碍；
- 受主观因素或现有知识的影响；
- 受情绪影响。

（三）沟通通道的障碍

沟通通道的问题也会影响到沟通的效果。沟通通道障碍主要有以下几个方面：

- **选择沟通媒介不当**。例如，对于重要事情而言，口头传达效果较差，因为接受者会认为“口说无凭”、“随便说说”而不加重视。
- **几种媒介相互冲突**。当信息以几种形式传送时，如果相互之间不协调，便会使接受者难以理解传递的信息内容。例如，领导表扬下属时面部表情很严肃甚至皱着眉头，就会让下属感到迷惑。
- **沟通渠道过长**。组织机构庞大，内部层次多，从最高层传递信息到最低层，或从低层汇总情况到最高层，中间环节太多，就容易使信息损失较大。
- **外部干扰**。信息沟通过程经常会受到自然界各种物理噪音、机器故障的影响或被其他事物干扰，或者双方距离太远，沟通效果都会受到影响。

二、克服沟通障碍的主要方法

针对前面各种常见的沟通障碍，可采用如下方法加以克服：

（一）沟通要有认真的准备和明确的目的性

沟通者自己首先要对沟通的内容有正确、清晰的理解。重要的沟通最好事先征求他人意见，每次沟通要解决什么问题、达到什么目的，不仅沟通者清楚，而且要尽量使被沟通者也清楚。此外，沟通不是下达命令、宣布政策和规定，而是为了统一思想、协调行动，所以沟通之前应对问题的背景、解决问题的方案及其依据和资料、决策的理由和对组织成员的要求等做到心中有数。

（二）沟通的内容要确切

沟通内容要言之有物，有针对性，语意要确切、准确，要避免含糊的语言，更不要讲空话、套话和废话。

（三）沟通要有诚意，以取得对方的信任并与被沟通者建立感情

有人对经理人员的沟通做过分析：一天中用于沟通的时间约 70%左右，其中撰写占 9%，阅读占 16%，言谈占 30%，聆听占 45%。但一般经理都不是一个好听众，效率只有 25%。究其原因，主要是缺乏诚意。缺乏诚意大多发生在自下而上的沟通中。因此，要提高沟通效率，必须诚心诚意地去倾听对方的意见，这样对方也才能把真实想法说出来。

（四）提倡平行沟通

所谓平行沟通，是指车间与车间、科室与科室、科室与车间等在组织系统中同一个层次之间的相互沟通。有些领导者整天忙于当仲裁者的角色，而且乐于此事，想以此说明自己的重要性，这是不明智的。领导的重要职能是协调。但这里的协调主要是目标的协调、计划的协调，而不是日常活动的协调。日常的协调应尽量鼓励在平级之间进行。

（五）提倡直接沟通、双向沟通及口头沟通

研究人员曾对经理们进行过调查，请他们选择良好的沟通方式：55%的经理认为直接听口头汇报最好，37%喜欢下去检查，18%喜欢定期会议，25%喜欢下面写汇报。另外一项调查是部门经理在传达重要政策时认为哪种沟通最有效，共调查了 57 人。其中，选择召开会议口头说明的有 28 人，亲自接见重要工作人员的有 18 人，在管理公开会上宣布政策的有 6 人，在内部备忘录上说明政策的有 5 人。这些都说明，倾向于面对面的直接沟通、口头沟通和双向沟通者居多。

（六）设计固定沟通渠道，形成沟通常规

常规沟通渠道的形式很多，如定期会议、报表、情况报告、相互交换信息等。

总之，克服沟通障碍不只是工作方法问题，更根本的是管理理念问题。发达国家的现代企业流行“开门政策”、“走动管理”，这些基于尊重、了解实情等现代管理理念，沟通只是这种理念的实现途径。因此，如何克服沟通障碍以及如何建立高效、通畅的沟通，都不应就事论事地解决，而应站在管理理念和价值观的高度，妥善地加以处理。

第三节　大学生沟通技巧与艺术

处于青春期的大学生，思想活跃、感情丰富，人际交往的需要极为强烈。人人都渴望真诚友爱，大家都力图通过人际交往获得友谊，满足自己物质和精神上的需要。但面对新的环境、新的对象和紧张的学习生活，一部分学生心理矛盾加剧。此时，积极的人际交往、良好的人际关系，可以使人精神愉快、情绪饱满、充满信心，保持乐观的人生态度。

一、大学生掌握沟通技巧的重要意义

一般说来，具有良好人际关系的学生大都具有开朗的性格和热情乐观的品质，从而能够正确认识、对待各种现实问题，化解学习、生活中的各种矛盾，形成积极向上的优秀品质，迅速适应大学生活。相反，如果缺乏积极的人际交往，不能正确地对待自己和别人，心胸狭隘，目光短浅，则容易形成精神上、心理上的巨大压力，难以化解心理矛盾。严重的还可能导致病态心理，如果得不到及时的疏导，可能形成恶性循环而严重影响身心健康。

大学生正处在人生的黄金时代，心理、生理和社会化方面正逐步走向成熟。但在这个过程中，一旦受到不良因素的影响，就容易出现焦虑、紧张、恐惧、愤怒等不良情绪，影响学习和生活。实践证明，友好、和谐、协调的沟通有利于大学生对不良情绪和情感的控制和发泄。

大学生情感丰富，在紧张的学习之余，需要进行彼此之间的情感交流，讨论理想、人生，诉说喜怒哀乐。沟通正是实现这一愿望的最好方式。沟通，可以满足大学生对友谊、归属、安全的需要；通过沟通，大学生可以更深刻、生动地体会到自己在集体中的价值，并产生对集体和他人的亲密感和依恋之情，从而获得充实的、愉快的精神生活，促进身心健康。

现代社会是信息社会，信息量之大，信息价值之高，是前所未有的。人们对拥有各种信息和利用信息的要求，随着信息量的扩大也在不断地提高。通过人际交往，我们可以相互传递、交流信息和成果，丰富经验，增长见识，开阔视野，活跃思维。

孔子曾说过：“独学而无友，则孤陋而寡闻。”沟通可以帮助我们加深对自身的认识，以及对别人的认识。在沟通的过程中，彼此从对方的言谈举止中认识了对方；同时，又从对方对自己的反应和评价中认识了自己。交往面越宽，交往越深，对对方的认识越完整，对自己的认识也就越深刻。只有对他人认识全面，对自己认识深刻，才能得到别人的理解、同情、关怀和帮助。

沟通是协调集体关系、形成集体合力的纽带，同时一个良好的集体能促进青年学生优良个性品质的形成，如正义感、同情心、乐观向上等都是在民主、和睦、友爱的人际关系中成长起来的。良好的沟通还能够增进学生的集体凝聚力，成为集体中最重要的教育力量。

一项针对大学生职业适应能力的调查显示，有 41.98%的学生认为沟通能力的训练是“找工作时对自己特别有帮助的教育内容”，大大超过了专业能力训练（14.9%）、基础知识与技能的训练（17.5%）和心理素质教育（17.5%）等其他知识能力。而在回答“通过择业，你感到自己特别欠缺的素质是什么”时，选择沟通能力的比例最高，达 34.8%，排在分析与解决问题的能力（28.8%）、操作技能（25.9%）、基础知识（4.6%）之前。

天津师范大学教育科学院心理研究所主任贾教授认为，调查结果表明越来越多的大学生意识到，沟通能力的欠缺已经成为求职路上的“拦路虎”。据贾教授介绍，良好的社交心理素质与沟通技巧不是与生俱来的，只有在社会化过程中不断地接受系统训练才能习得。而目前，沟通能力的培养恰恰是教育教学内容中的薄弱环节。

二、大学生沟通处事的技巧建议

大学生在沟通处事时应掌握一定的技巧：

（1）看穿但不说穿。很多事情，只要自己心里有数就好，没必要说出来。

（2）高兴就笑，让大家都知道。悲伤，就假装什么也没发生。

（3）在不违背原则的情况下，对别人要宽容，能帮就帮，不要把人逼到绝境。

（4）快乐最重要，和让自己快乐的人在一起，远离让自己伤心的人和事。

（5）不要总在别人面前倾诉自己的困境，袒露自己的脆弱。

（6）没有十全十美的东西，没有十全十美的人，关键自己清楚到底想要什么。得到想要的，肯定会失去另外一部分。如果什么都想要，只会什么都得不到。

（7）在某些情况下，善忘是一件好事。它可以使人变得宽容和大度，而不是终日拘泥于一些微不足道的事情。

（8）两个人同时犯了错，站出来承担的那一方叫宽容。

（9）对自己不喜欢的人，可以报之以沉默微笑。

（10）不要做刺猬，尽量不与人结仇，有些事情也没必要记在心上。

（11）学会妥协的同时，也要坚持自己最基本的原则。

（12）不要停止学习。不管学习什么，语言、厨艺、各种技能……

（13）钱很重要，但不能依靠别人或父母，自己一定要有自力更生的能力……

（14）不要太高估自己在集体中的力量，因为选择离开时就会发现，即使没有自己，太阳照常升起……

（15）过去的事情可以不忘记，但一定要放下。

（16）即使输掉了一切，也不要输掉微笑。

（17）不管做了什么选择，都不要后悔，因为后悔也于事无补。

（18）不要因为冲动说一些过激的话。

（19）不要轻易许下承诺，做不到的承诺比不承诺更可恶。

（20）不要觉得不了解也会有爱情。在不了解的时候，仅仅是喜欢，达不到爱情。当彼此的缺点暴露出来以后，很多时候喜欢也就结束了。

（21）说话可以很直接，直爽总比虚伪好。

（22）对自己好一点，心情不好的时候，什么都别考虑，大吃一顿吧。

【小测试】

你是否令人讨厌

对下列题目作出“是”或“否”的选择。

题目	是	否
1. 在匆忙行走的路上，别人向你打招呼：“你好啊！”你会停下脚步同他聊聊吗？	□	□
2. 与朋友交谈时，你是否老是以自己为中心？	□	□
3. 聚会中不到人人都疲倦时，你不会告辞吗？	□	□
4. 不管别人有没有要求，你都会主动提出建议，告诉他应该如何去做吗？	□	□
5. 你讲的故事或轶事是否总是又长又复杂，别人需要耐心去听？	□	□
6. 当他人在融洽地交谈时，你是否会贸然插话？	□	□
7. 你是否经常会津津有味地与朋友谈起一些他们不认识的人？	□	□
8. 当别人交谈时，你是否会打断他们的谈话内容？	□	□
9. 你是否觉得自己讲故事给人听，比别人讲给你听有意思？	□	□
10. 你要朋友信守诺言，常提醒他“你记得否……”或“你忘了吗……”如果他们忘记了，你是否会坚持说他们一定记得？	□	□
11. 你是否坚持要朋友阅读你认为有趣或值得一读的东西？	□	□
12. 你是否打电话时说个没完，让其他人在一旁等得着急？	□	□
13. 你是否经常发现朋友的短处，并要求他们去改进？	□	□
14. 当别人谈到你不喜欢的话题时，你是否就不说话了？	□	□
15. 对自己种种不如意的事情，你是否总喜欢找人“诉苦”？	□	□

评分规则：

每题答“是”记 1 分，答“否”记 0 分。将各题得分相加，统计总分。

你的总分：________

如果超过 5 分，说明你有许多方面令人讨厌，在日常交往中要注意改进。

【典型案例】

张宇为什么竞聘失败

为了给自己原来的部下鼓劲，营销部孟总第一个提问：“张宇，你在刚才的演讲中提到自己工作能力很强，能讲一讲你是如何提升自己的工作能力的吗？”

“作为入职集团近五年的大学生，我对领导安排的每一项工作都仔细思考，认真执行，同时经常到图书馆借阅各种与工作相关的业务书籍，时常向老领导和经验丰富的员工请教工作方法，从理论和实践两个方面不断提升自己的业务能力，所以即使我不是业务能力最强的一个，但我一定是进步最快的一个!”张宇满怀信心地答道。

“你刚才提到零售企业的顾客服务工作十分重要，甚至对公司的经营业绩起到举足轻重的作用，能深入地说一说服务的主要作用吗？”为进一步考察张宇的工作能力，集团总裁继续提问。

“我从 2005 年 2 月到现在一直从事服务工作，处理的棘手问题很多，我认为服务工作开展的好坏将直接影响公司的经营效益，同时对公司的持续发展起着很重要的作用。就拿我工作的大连 A 营业部来说吧，两年内我处理的顾客投诉问题连我自己都不知道有多少起了，客服部的工作很重要，工作开展也很难，有些顾客如不给予经济补偿就百般纠缠。我们营业部 2006 年因顾客投诉而给予经济补偿的有 28 起之多，全年因为顾客投诉造成的经济损失达 238230 元!”为了增强说服力，张宇在回答过程中还举出了自己工作中的实例，并采用了精确的数据，希望展现出自己对工作的认真和对业绩情况准确的把握能力，以得到集团总裁及评委的认可。

“真的有这么多顾客投诉需要经济补偿吗？每年的损失有这么多？”集团总裁似乎半信半疑，在问张宇的同时转过脸看了一眼大连 A 营业部的总经理。

“这些数据是我去年工作中总结出的，足以说明顾客服务工作的重要性。”张宇并没有意识到集团总裁所持疑问的真实意图，依然按照自己的思路回答问题。其实，集团总裁掌握的顾客服务方面的损失数据与张宇讲的“精确”数据差距很大。

最终，张宇竞聘失败了。那么，他竞聘失败的原因在哪里呢？

点评

张宇想通过一些数据增强说服力，以表现自己对工作的认真及对业绩情况准确的把握能力。但不想集团总裁对这些数据却了如指掌，并且当总裁提出质疑时，张宇竟没有领会到领导询问的真实意图，依然按照自己的思路回答问题。不顾数据的真实性，一味强调自己的工作业绩，这就是张宇竞聘失败的原因。

两只乌龟的寓言

大乌龟和小乌龟在一起喝可乐。大乌龟喝完自己的的一份后，就对小乌龟说：“你去外面帮我拿一下可乐。”。

小乌龟刚走两步就不走了，回头说：“你肯定是支我出去后，要把我的可乐喝掉！”“这怎么可能？你是在帮助我呀！”经大乌龟一再保证，小乌龟同意了。

1个小时过去了，大乌龟耐心等着……2个小时过去了，小乌龟还没有回来……3个小时过去了，小乌龟仍然没有回来。这时，大乌龟想：“小乌龟肯定不会回来了，它一定是自己在外面喝可乐呢。它不回来，那我干脆把它这一份喝了吧！”

正在大乌龟拿起可乐刚要喝的时候，小乌龟就像从天而降一样，站在大乌龟面前，气冲冲地说：“我早就知道，你迟早要喝我的可乐！”“你怎么知道呢？”大乌龟尴尬而不解地问。“哼！”小乌龟气愤地说，“为了证明我的判断，我在门外站了3个小时了！”

点评

首先，高效的沟通要建立在信任的基础上。小乌龟说：“你肯定是支我出去后，要把我的可乐喝掉。”然后它在外面等到了3个小时，来证明自己最初的判断。这说明小乌龟对大乌龟缺乏信任。不信任、相互猜疑只能给沟通带来更多的阻碍，并破坏积极和谐的人际关系。

其次，高效的沟通要避免主观臆断。“小乌龟肯定不会回来了，它一定是自己在外面喝可乐呢！”多要命的“肯定”。我们反思一下，自己在生活中有没有这样的经历，看见孩子发蔫，“你肯定是不想写作业”；看见下属捂着电话小声私语，“不定又和谁煲电话粥呢”。这一系列“肯定是……”是沟通障碍——主观臆断的“招牌用语”，人们太容易在片面的信息中加上自己的主观判断甚至是成见，一下子就跨到结论上，这样得出的结论多半是危险的！

那么，有没有办法帮助我们克服这些问题呢？

第一，调整心态，用积极的心态看待周围的人和环境。曾经有位经理这么说："我相信每个人都是希望把事情做好的！"因为有这样的基本假设，就算是员工偶尔偷懒，经理也认为"她有点累了，她会努力好好做的"。

第二，注重事实，不要用观点代替事实。这个培训师的课讲得太差了——这是观点，但课堂上有多少学生睡觉了，有多少学员中途退场了，这才是事实。

第三，多问多听，眼观六路，耳听八方。兼听则明，偏听则暗，说的就是这个道理。

第二章　倾听技巧与艺术

沟通首先是倾听的艺术。

——保罗·赵

自然赋予人类一张嘴、两只耳朵，也就是要我们多听少说。

——苏格拉底

不善于倾听不同的声音，是管理者最大的疏忽。

——无名氏

研究表明，在听、说、读、写四种沟通形式中，倾听占沟通时间的40%，而说话、阅读、和写作分别占 32%，17%，11%。据了解，学生在学校平均每天有 46%的时间在听，而其中的 66%的时间是听老师讲课。然而，效果如何呢？尽管花很多时间去倾听，但对方所说的 75%左右的内容通常被忽视、被误解甚至被遗忘。那么，我们如何才能做到认真地倾听呢？下面所讲到的专注、跟随、保持公正，就是在倾听时所要掌握的技巧。

【案例精选】

善于倾听，你会更成功

林利在应聘某科技公司高级文秘的面试中，遇到一名口若悬河的面试官，林利凭着自己得体的表情、语言，顺利地被该公司录取了。

林利是进入该公司最后一轮面试的两名求职者之一。面试一开始，面试官就滔滔不绝地向她介绍公司的情况。林利开始感觉很轻松，边听边点头，但慢慢发现面试官越说越兴奋，而且不着重点，根本不给自己发挥的机会。她开始感觉有点儿紧张，但她极力掩饰住自己的不安，试图趁面试官说话的间隙转换一个话题，改变被动的面试局面。然而，她很快发现这套不管用，面试官根本不予理会，只是在淋漓尽致地表现自己。

这时，聪明的林利采取了“以静制动”的应对方法，在面试官的表达出现卡壳的时候，给予恰当的提示，并尽量让自己融入他的演讲中，不断点头、微微笑……演讲结束时，面试也跟着完毕了，出乎意外的是，林利被当场录取。

林利采用的策略其实是“倾听别人”。很多哲人都说人应该学会倾听，因为倾听表示你具有良好的沟通能力与合作能力，也表示你个人非常值得信任，更体现了一定的团队精神。其实团队精神不仅仅针对应聘者，还包含了面试官和应聘者的合作。

第一节　克服倾听障碍，提升倾听技巧

一、阻碍倾听的因素

如果沟通时倾听者心不在焉或假装倾听，那么，这种沟通就是无效的，这对于双方都纯粹是浪费时间和精力。那么，阻碍倾听的因素有哪些呢？

（一）倾听者注意力不集中

倾听者受到内部或外部因素的干扰而无法集中注意力，这是最常见的阻碍倾听的因素。当人疲倦时，胡思乱想时，或是对说话者所传递的信息不感兴趣时，都很难集中注意力。

（二）倾听者打断说话者

倾听者打断说话者也是阻碍倾听的因素之一。在回应说话者之前，应先让说话者把话说完。对说话者缺乏耐心甚至粗鲁地打断他们，这是对说话者本人及其信息不尊重的表现。

（三）倾听者缺乏自信

倾听者缺乏自信也是阻碍倾听的因素之一。这是因为缺乏自信会令倾听者产生紧张的情绪，而这种情绪一旦占据了其思维，就会使其无从把握说话者所传递的信息。也正是为了掩饰这种紧张情绪，许多倾听者总是在应当倾听时擅自发言，打断说话者。

（四）倾听者过于关注细节

阻碍倾听的另外一个因素是倾听者过于关注细节。如果尝试记住所有的人名、事件和时间，那么就会觉得倾听“太辛苦”了。这种紧紧抓住信息中的细节而不抓要点的做法非常不可取，这样做可能完全不能明白说话者的观点。

（五）倾听者任由自己分心

阻碍倾听的因素还包括倾听者任由自己分心。在倾听时，应尽可能消除噪音或其他会令人分心的因素。电话铃声、邮件提醒或是其他人的打扰都会让人无法专注于倾听。另外，倾听时任由自己分心也是不为说话者着想和不礼貌的表现。

（六）倾听者心存偏见

倾听者心存偏见会在很大程度上阻碍倾听。偏见让人无法对说话者所传递的信息保持开放和接纳的心态。这是因为，偏见使人在倾听之前就已经对说话者或其所传递的信息做出了判断。

（七）倾听者不重视信息

另外一个阻碍倾听的因素是倾听者不重视信息。鲁莽地认为某个信息枯燥乏味，产生“不在乎”的情绪，并且拒绝花费时间和精力去评估这个信息，这些行为都表明不重视说话者所提供的信息。这样做就可能失去许多掌握重要信息的机会。

二、提升倾听技巧的方法

（一）保持开放的心态

倾听时，倾听者应该保持开放的心态，这是提升倾听技巧的指导方针之一。这样做不但使倾听者能考虑到事情的各个方面，还能减少倾听者与说话者之间的防御意识，这种防御意识会极大地阻碍彼此之间的良好沟通。回应说话者时，即使倾听者不同意其观点，也应对其信息保持积极的态度。做到这一点，倾听者应该采取以下行动：

➢ 将每一次倾听都视为学习的机会；
➢ 提醒自己，并非一定要同意说话者的观点；
➢ 讨论之前，提醒自己保持开放的心态。

（二）让自己对主题或说话者产生兴趣

提升倾听技巧的另一条指导方针是让自己对主题或说话者产生兴趣。这样做有助于倾听者以积极的态度进行倾听。倾听时，倾听者的目标应当是从每个说话者那里获取知识，如果倾听者对说话者不感兴趣，就很难集中注意力。因此，倾听者应当消除自己对主题或是说话者的偏见，使自己对其产生兴趣。

（三）不应过于关注说话者的相貌、衣着或表达方式

倾听时，倾听者不应过于关注说话者的相貌、衣着或表达方式，这是提升倾听技巧的第三条指导方针。倾听者应该关注说话者提供的信息，而不是他们的外表、性格或是说话方式，不要因为这些因素而对他们加以定论，应该根据他们提供的论据来判断信息的价值。

另外，也不要仅仅因为说话者的出色表达就立即对他们做出肯定的判断。出色的表达并不意味着说话者传递的信息有价值。因此，倾听者应该等到说话者完整地传递了信息之后，再做出判断。

（四）调整好自己的生理和心理状态

倾听时，如果倾听者没有调整好生理和心理状态，或缺乏相应的知识，请不要佯装倾听，这也是提升倾听技巧的指导方针之一。这种行为只会掩盖倾听者缺乏兴趣的事实，无益于实现有效的沟通。倾听者应该谨记以下三点，避免佯装倾听：

- 明智的说话者能识别哪些人在佯装倾听；
- 提醒自己，佯装倾听只会令自己失去学习的机会；
- 尽可能多提问，积极地与说话者进行互动。

（五）特别关注自己不熟悉的信息

要提升自己的倾听技巧，倾听者还应该特别关注自己不熟悉的信息。如果在倾听时遇到此类信息，倾听者就更需要高度集中注意力。因为如果倾听者不这样做，就有可能抓不住信息中的重点。当说话者传递的是倾听者不熟悉的信息时，倾听者应当遵循以下三个原则：

- 不要因为信息复杂而气馁；
- 使自己对学习产生兴趣；
- 提问以确认说话者的观点。

（六）积极地进行倾听

为了提升自己的倾听技巧，倾听者必须认真看待倾听。要做到这一点，倾听者不但要在倾听时集中注意力，还要积极地进行倾听。积极地倾听意味将注意力集中在说话者身上，并评估他们所提供的信息。如果倾听者能通过学习成为积极的倾听者，那么倾听者不但能更深入地理解说话者所提供的信息，还能判断这些信息对倾听者来说有多重要。

（七）抵制令自己分心的因素

提升倾听技巧的另一条指导方针是在倾听时抵制令自己分心的因素。倾听者必须抵制令自己分心的因素，诸如暖和的屋子、外界的噪音和自己厌倦的情绪，以便自己能专注于说话者所传递的信息。另外，倾听时倾听者还应当注意获取潜在或是前后矛盾的信息，并着重体会说话者的言外之意，以便自己能更加专注于说话者本人和其所提供的信息。

（八）不要过早下结论

要提升自己的倾听技巧，倾听者在倾听时不要过早下结论。当倾听者不同意说话者的看法时，最自然的反应就是立即不再理会其所传递的信息。尽管倾听者不需要同意说话者的所有观点，但是在下结论之前，倾听者还是应该听完说话者的话。倾听者听完了全部的信息，才可以彻底地检验并公正地评估说话者的观点、论据和论证过程。

（九）倾听时不应该过于拘谨

倾听时，倾听者不应过于拘谨，这也是提升倾听技巧的指导方针之一。倾听者在倾听时过于拘谨便使倾听变成了一种被动行为，此时，倾听者绝不会表达自己的观点，根本不会参与交流，常常只是以“很好”和“我明白你的意思”之类的话来回应说话者。

倾听者在倾听时过于拘谨可能是因为害羞，也可能仅仅出于不想给说话者带来麻烦，无论是什么原因，这样的行为都会阻碍有效的沟通。要避免在倾听时过于拘谨，倾听者应当遵循以下原则：

- 乐于表达自己的想法；
- 通过提问参与对话；
- 回答问题要干脆；
- 与说话者进行眼神交流。

（十）专注于说话者的主要论点

倾听时，倾听者可以专注于说话者的主要论点，这也有助于提升倾听者的技巧。倾听者不需要记住细枝末节，只需要专注于说话者的主要论点。因为只要倾听者理解了信息的主要论点，倾听者就能轻易地回忆起说话者用以支持其论点的论据和事实。

（十一）复述说话者所传递的信息

复述说话者所传递的信息，也是提升倾听技巧的一条指导方针。通过复述，倾听者可以确定自己是否完全理解了该信息。复述时，倾听者可以用自己的话向说话者概括信息的主要内容，这样能减少倾听者对信息的误解和错误的推测。

（十二）倾听时适时地做些笔记

倾听时适时地做些笔记是个好习惯，它可以帮助倾听者事后回忆说话者所讲要点。下面就来介绍一下倾听时如何做笔记：

1．倾听时做笔记的方法

倾听时做笔记的方法主要有如下两种：

（1）标准概要式

标准概要式是人们做笔记时最常用的方法。使用这种方法时，倾听者应该记录说话者的主要观点并以罗马数字标明。当说话者阐述主要论点的时候，倾听者应该记录每个主要论点下的分论点，并以大写字母标明，再记录用以支持分论点的具体内容，并用数字标明。

（2）摘要和段落摘抄式

写下一系列的短句，以对说话者的主要论点进行简要总结，称为摘要和段落摘抄式。使用这种方法时，倾听者需先用两三分钟集中精力倾听说话者所传递的信息，然后写下摘要。然而，摘要和段落摘抄式有一个缺点：使用这种方法做笔记时，倾听者会发现自己很难跟上说话者的语速。

2．倾听时做笔记的要点

做笔记的要点主要包括两条：

（1）笔迹要易于辨认

做笔记时倾听者的笔迹要易于辨认。如果倾听者无法辨认自己的笔迹，那么倾听者做笔记所花的时间和精力就白费了。

（2）笔记要简约

不要试图记下说话者所说的每句话。只记录说话者的主要观点，能方便倾听者迅速地回顾笔记的内容，并能让倾听者只关注信息中最重要的部分。倾听者可以记录说话者所提供的某些具体信息，但要记下每一点内容是不可能的。

第二节　为沟通而倾听

一、倾听的风格

所谓倾听风格，是指人们倾听他人说话的方式、表达自己想法和情绪的方式，以及在倾听过程中的某些行为。通过了解人们的不同倾听风格，倾听者可以识别自身的倾听风格，并可以了解自己的倾听技巧在哪些方面还有待改进。

一般来说，人们一共有五种不同的倾听风格。其中，前三种会妨碍有效的沟通，后两种则会促成有效的沟通。

（一）心不在焉

倾听者的心不在焉是妨碍有效倾听的因素之一。说话者往往会发现，与心不在焉的倾听者进行沟通是最有难度且最令人沮丧的。在沟通时，这样的倾听者也许就坐在或者站在说话者的面前，但是其心思却在别处。心不在焉的倾听者不是坐立不安、走来走去，就是姿势不端正、东张西望，有时甚至会突然说些与主题无关的话。

如果倾听者认为自己可能是心不在焉的倾听者，就应该遵循以下指导方针来提升自己的倾听技巧：

- 无论是坐着还是站立，背部都应该挺直；
- 与说话者进行眼神交流；
- 专注于当前谈话的主题，避免自己的注意力被别的事物分散；
- 对说话者所传递的信息表现出兴趣。

（二）妄下判断

在面对妄下判断的倾听者时，说话者往往会觉得很不舒服。尽管在有些场合中，倾听者应该进行评判型倾听，但是有的倾听者对说话者所提供的信息却过于吹毛求疵了。妄下判断的倾听者太专注于每一个具体的细节，往往会忽略信息的总体。

另外，妄下判断的倾听者不会花时间与说话者进行交流，而是使用简洁的话语向说话者提问。而且，在说话者还没有回答完毕时，他们就会不耐烦地打断说话者，并将注意力集中在某部分的信息上，然而，该部分的信息并不像他们认为的那么重要。

妄下判断的倾听者通常会做大量的笔记，所以他们极少会跟说话者进行眼神交流。当他们在记录的过程中抬起头来时，他们的脸上通常都会带着蔑视的表情，表明他们轻视说话者所传递的信息。如果倾听者认为自己可能是妄下判断的倾听者，就应该遵循以下指导方针来提升自己的倾听技巧：

- 跟说话者聊天；
- 关注信息的总体内容，而非小的方面；
- 让自己耐心一些；
- 对说话者所传递的信息表现出兴趣；
- 不要做出蔑视的表情，应该微笑。

（三）消极被动

倾听者的消极被动也是妨碍沟通取得成功的因素之一。消极被动的倾听者往往很羞涩，他们总是不愿意表达自己真实的想法和感受。由于此类倾听者的倾听方式过于消极被动，因此说话者很难了解他们将如何对信息做出反应。

消极被动的倾听者很少说话，而且通常很害怕受到别人的批评或指责。即使不同意说话者的观点，他们也不愿意表露出来，而可能会不再理会说话者所传递的信息，并开始想自己的事情。但他们可能还是会佯装倾听，使用“我明白”或“很好”之类的话来附和说话者。

如果倾听者认为自己可能是消极被动的倾听者，就应该遵循以下指导方针来提升自己的倾听技巧：

- 提出自己的观点；
- 说话时自信、果断一些；
- 向说话者提问；
- 更加密切地注意说话者所传递的信息。

（四）积极主动

积极主动的倾听者可以有效地倾听说话者所传递的信息。在沟通的全过程中，积极主动的倾听者都会参与谈话。他们会负起自己应负的责任——提出问题以澄清要点，与说话者进行眼神交流，以及向说话者提供语言和非语言的反馈，以此来促成与说话者的成功沟通。

（五）目的明确

目的明确的倾听者也可以有效地倾听说话者所传递的信息。他们会密切注意说话者的需求和意愿，这样就能尽力满足说话者。他们可以提出问题以澄清要点，并复述说话者对问题的回答以确保自己正确地理解了说话者的意思。目的明确的倾听有助于倾听者和说话者达成共识。

二、鼓励他人倾听

如何要求不专心的倾听者认真地倾听？如果说话者发现自己面对的是不专心的倾听者，

那么说话者当然可以礼貌地要求他认真地倾听，这是解决方法之一。很多人并不了解自己的倾听风格，他们也没有意识到自己的举止不当。这时，除非说话者礼貌地让他们意识到这一点，否则他们将继续保持这种不好的倾听习惯。根据不同的情形，说话者可以采用不同的措辞来要求他人认真地倾听：

- “我觉得您好像没有在听我说话，当然，我的感觉也许并不正确。”
- “我要说的话很重要，所以我希望您能在此次对话中集中全部的注意力，这样我才能确保您听到并理解我所传递的信息。”
- “如果您能听我说话，我将不胜感激。”
- “当我发觉您没有在听我说话的时候，我觉得我的话对您来说似乎无足轻重。”
- “我将重复一遍我刚才所说的话，因为这是此次讨论的关键内容，所以我要确保您能听明白这些信息。”

此外，说话者除了可以直接要求倾听者认真倾听外，还可以通过遵循以下六条指导方针来鼓励他们倾听：

（一）对他人所说的话产生兴趣

鼓励他人倾听的指导方针之一是让自己对他人所说的话产生兴趣，否则，倾听者也不会对说话者所说的话感兴趣。这关系到倾听者和说话者之间的相互尊重，如果说话者希望他人有礼貌地倾听自己所传递的信息，那么说话者也必须这样对待他们。

（二）让自己的话生动有趣

鼓励他人倾听的另外一条指导方针是让自己的话生动有趣。如果说话者能在谈话开始时谈些生动有趣的话题，那么人们往往能更好地倾听。说话时，说话者不应该使自己的声音听起来单调乏味，而应该使之热情而清晰。如果说话者的声音听起来无精打采，那么倾听者也会觉得无趣。

（三）要实话实说

实话实说是鼓励他人倾听的重要指导方针。如果倾听者感觉到说话者在夸大其词或者隐瞒事实，那么他们很快就会不再理会说话者。所以，不要说些与事实不符的话来掩饰自己的真实想法或事情的真相。实话实说能让说话者很从容地面对自己，倾听者也会感觉到说话者的从容，他们也会非常欣赏说话者的诚实和率真。

（四）让自己耐心一些

作为说话者，如果想鼓励他人倾听，就应该让自己耐心一些。说话者可以概括性地向倾听者介绍自己将要讲述的内容，这有助于他们做好倾听的准备。有些人需要时间想一想说话者所传递的信息，然后才能做出回应。如果说话者能耐心一些，倾听者就会更放松，也就更愿意听说话者说话了。

（五）说话要简洁明了

如果说话者所传递的信息简洁明了，那么大多数倾听者都会愿意倾听。因此，说话者应该总是使用简洁明了的语言，以确保谈话继续进行。如果说话者把自己所知的每一则信息都传递给倾听者，那么倾听者不但会不堪重负，他们对谈话的兴趣也会被扼杀。因此，说话者应该简洁地阐述自己的新观点，使用清晰明了的语言进行描述，并运用比喻的手法生动地描绘事物。

（六）感觉要敏锐

鼓励他人倾听的最后一条指导方针是让自己的感觉敏锐一些。传递信息之前，说话者应该先了解倾听者的生理和心理状态。如果说话者要传递的是坏消息，那么说话者应该考虑到倾听者的感受，使用较为体贴的方式来讲述这则信息。说话者还可以在谈话中提及倾听者的名字，以此来展现说话者敏锐的一面。

在谈话中听到自己的名字时，倾听者会觉得谈话与自己有关，从而更倾向于参与谈话。说话者也可以要求倾听者表达观点或做出反馈，以便让他们融入到谈话中。说话者对倾听者需求的敏锐把握会鼓励倾听者以积极的态度倾听。

第三节　非语言沟通

一、理解肢体语言

要解读说话者的肢体语言，说话者先要了解人们是如何通过肢体语言来传递信息和表达情感的。注意以下三个方面，倾听者就可以恰当地解读肢体语言：

（一）说话者的面部表情

说话者的面部表情为人们了解其感觉提供了大部分的信息。当说话者眼睛斜视、牙关紧咬或是肌肉紧张时，他们往往正在生气或不舒服。而当说话者微笑地看着倾听者，面部肌肉放松时，则说明他们愿意听取倾听者的看法。下页图是一些说话者传达不同信息时的面部表情。

一般来说，愉快时面部肌肉横伸，面孔显得较短；不愉快时面部肌肉纵伸，面孔显得较长。另外，展眉表示欢欣，皱眉表示愁苦，扬眉表示得意，竖眉表示愤怒，低眉表示慈悲，弯眉则为欢乐。

（二）说话者的手臂动作

说话者手臂的动作可以表明他们在所传递信息背后潜藏的真实感受。当说话者心里很平静的时候，他们的手臂很少会有动作。而当说话者对某个主题有强烈的感觉时，他们往往会通过突然而迅速的手臂动作来强调自己的观点。

（三）说话者的身体姿势

说话者的身体姿势体现了他们对主题感兴趣的程度。如果说话者坐在椅子的边沿，且身体前倾，这说明他们很重视倾听者是否理解其意思。如果说话者身体向后靠在椅子上，或是身体微侧，则说明他们对与倾听者的谈话没什么兴趣。如果倾听者注意到了说话者的这种举止，就可以提一些探究式的问题，把他们的兴趣拉回到谈话中来。

【小知识】

为什么倾听者要注意前后矛盾的信息？

当说话者的言辞和肢体语言发生矛盾时，他们通常不会注意到。这时，他们真实的感觉和态度是通过肢体语言体现出来的。理解这些差异能让倾听者确认说话者对主题的真实感觉。如果倾听者察觉到说话者的肢体语言与其言辞自相矛盾，倾听者就应该提出一些问题，以确定说话者的真实感觉，这样倾听者就不会误解说话者所传递信息的含义。

此外，沟通者的服饰往往也扮演着信息发送源的角色。人们习惯上认为，穿黑色衣服严肃、庄重，穿红色衣服欢乐、吉祥。在正式的谈判中，如果有一方穿着随意，很容易被对方认为轻视、不尊重自己，容易导致谈判失败。

二、有效运用肢体语言

优秀的倾听者能向说话者传递非语言的信息，以此来表明他们正在集中注意力倾听，并正在积极地参与对话。他们会注视着说话者，并用以下三种方式表明自己正在认真倾听。

（一）与说话者进行眼神交流

通常，说话者会从倾听者的面部表情中获取大部分的非语言信息。倾听者应该与说话者进行眼神交流，这是表明倾听者对说话者所传递的信息感兴趣的最佳方式。如果倾听者避免与说话者进行眼神交流，说话者会认为倾听者没有集中注意力听他们说话，或是他们的信息对倾听者来说不重要。

（二）表现出自己对信息的接纳

倾听者应该表现自己对信息的接纳，以此来表明自己正在倾听说话者所传递的信息，并表明自己乐于听取其意见。倾听时倾听者应该面向说话者，以表明自己愿意接纳说话者所提供的信息。此外，倾听者还可以通过以下三种方式来表现自己对信息的接纳：

- 对说话者微笑；
- 点头同意；
- 坐在椅子边沿，身体前倾。

（三）放松身体

倾听者应该避免做出不必要的举动，这同样能表现倾听者对信息的接纳。紧张或防御性的姿势会令说话者认为倾听者并不接纳其观点。

三、肢体语言的特征

要完全理解说话者所传递的信息，倾听者不但要理解说话者的言语信息，还要理解其肢体语言。非语言信息是说话者所传递信息的重要组成部分，因此，倾听者有必要了解肢体语言的以下特征：

（一）肢体语言是有意义的

肢体语言是有意义的，这是其特征之一。即使说话者无意通过肢体语言传递任何信息，他们的肢体语言也会不可避免地被赋予一定的意义。说话者的动作、表情和语调结合在一起，为其言语所传递的信息增添了另外一层含义。

（二）肢体语言极具说服力

肢体语言的另一个特征在于其说服力。通过观察说话者的肢体语言，倾听者将对其做出判断，并形成自己的观点。这将影响倾听者如何理解说话者所传递的信息，以及如何看待说话者本人。肢体语言极具说服力，以至于当说话者的言辞和肢体语言发生矛盾时，倾听者都会优先采信非语言信息，即肢体语言。

（三）肢体语言的意义不明确

肢体语言的意义不明确，这是其第三个特征。说话者的肢体语言能向倾听者暗示其内心的想法和感受，但是通常，人们可以用不同的方式来理解这些暗示。例如，说话者皱眉的时候，倾听者可能并不了解这种表情代表的是困惑、不悦还是专注。

（四）肢体语言会透露出说话者对自己所传递的信息持何种看法

肢体语言会透露出说话者对自己所传递的信息持何种看法或态度，这是肢体语言的另一个特征。虽然说话者无法通过肢体语言来描述事实或概念，但是他们的肢体语言却会透露出他们对自己所传递的信息作何感想。通过说话者的肢体语言，我们可以看出他们对自己所传递的信息是怀疑、不满还是肯定、满意。

（五）肢体语言通常与文化背景有关

肢体语言的最后一个特征是它通常与文化背景有关。人们通常都能明白某些表情的意义，例如微笑，但是有一些肢体语言的含义则要视文化背景而定。例如，在美国，某些手势的含义是积极、正面的，而在其他文化氛围中，这些手势就可能被认为是粗俗、猥琐的。

【小测试】

肢体语言的奥秘

回答下面 11 个问题，再参照后面的标准答案，测试一下你对肢体语言的了解程度。

1. 当一个人试图撒谎时，他会尽力避免与你的视线接触。（对/错） ___

2. 眉毛是传达一个人情感状态的关键线索之一。（对/错） ___

3. 所有的运动和非语言行为都有其含义。（对/错） ___

4. 大多数非语言沟通都是无意识行动的结果，因而也是个人心理活动最真实的流露。（对/错） ___

5. 在下面哪种情况下，一个人最可能采用非语言沟通方式？ ___

 a. 面向 15～30 个人发表演讲

 b. 与一个人进行面谈

6. 当一位母亲严厉斥责她的孩子而又面带微笑时，孩子将会: ___

 a. 相信语言信息　　b. 相信非语言信息

 c. 同时相信两种信息　　d. 两种信息都不相信

 e. 变得迷惑不解

7. 如果你想表示离开，那你将采用什么样的动作？把它们写下来。

___

8. 别人对你的反应取决于你通过沟通留给他们的印象。（对/错） ___

9. 如果你坐在如下图所示位置 1 的时候，另外一个人坐在哪个位置能够最充分显示出合作的姿态，并最有利于非语言沟通？ ___

	5	4	
6			3
	1	2	

 a. 2　　b. 3　　c. 4　　d. 5　　e. 6

10. 下面哪些举动能使你给人留下更好的印象？ ___

 a. 谈话中不使用手势　　b. 避免较长的视线接触

 c. 仅偶然地露出微笑　　d. 上述所有动作

 e. 不包括上述任何动作

11. 非语言沟通相对于口头沟通或书面沟通有许多优势，你能列出一些吗？

___

答案及说明

1. 错。因为人们已变得更加难以预料。“撒谎者不敢看他人的眼睛”已成为一般的常识，所以精明的撒谎者常常能够在双目直视对方的情况下撒谎。要识别谎言，我们需要捕捉其他更能表达信息的信号。

2. 对。我们的眼睛（确切地说是我们的“眼睛区域”）是最能表达内心活动的面部因素之一，另一个则是嘴唇。

3. 对。我们可能并没有在每一个姿势中都有意地去传达某种信息，但这些动作和姿势却不可避免地落在对方眼里并使其产生一定的感想。

4. 对。面部表情、手臂动作及身体姿势等非语言沟通方式，是伴随着个人心理活动而产生的。

5. a。当面对 15～30 人讲话时，需要对 15～30 双眼睛和嘴唇做出反应。这将比只与一个人面谈时更能刺激人使用非语言沟通。

6. e。尽管非语言信号（微笑）比语言信号（责骂的语句）有更强的作用，但两者的混合导致的是迷惑和不解。微笑传达的奖励和责骂传达的惩罚形成矛盾，即使是成年人，如果反复地给他们以互相矛盾的信息，他们也会变得迷惑不解，而孩子对这类矛盾信息则更为敏感。

7. 最好的信号是有意无意地用眼睛扫一下自己的手表。另外一些常用的方式还包括站起身来，在站起来时慢慢拍拍大腿，慢慢地挪向门附近或是靠在门框上。这些身体信号经常伴随着眨眼、长舒一口气等动作。

8. 对。把问题倒过来想，我们总是根据别人给我们的整体印象做出反应，而其他人对我们的反应也是同样的。

9. e。位置 1 和 6 之间有桌角相隔，两个人可以随时调整自己与桌角的距离从而改变两个人之间的距离。因此，在谈判中，坐在位置 1 和 6 的两个人会较少地受空间信息的影响，更易于非语言沟通的进行。

10. e。当你自然地使用手势、目光接触、微笑等肢体语言时，会给别人留下好的印象。例如，如果一个惯于在谈话中使用手势的人强制自己不用手势，则一定会造成不良的效果。他会显得僵硬、不自然，给人的印象是似乎对人有所隐瞒。因此，保持自然、放松，这才是最好的方式。

11. 肢体语言给人的印象更深远，它们有助于传达真诚、信任等语言沟通所达不到的效果；它们能够传达更微妙的言外之意；非语言信息有助于我们洞察他人的真实情感。当然，非语言信息也存在一些严重的缺陷：它们可能会泄露我们的秘密；它们很容易被误解；它们的含义因不同的文化背景而不同；它们可能需要长时间地重复进行才能被人理解。

四、使用副语言沟通

除了肢体语言外，我们还可以使用心理学家称之为副语言的非语言声音进行沟通。最新的心理学研究成果表明，副语言在沟通过程中起着非常重要的作用，一句话的含义不仅取决于其字面的意义，还取决于它的弦外之音！

副语言分为口语中的副语言和书面语中的副语言。其中，口语中的副语言主要包括语速变化、语气（说话的口气）变化、语调（说话的腔调）变化、哭、笑、停顿等。例如，一个“不”字，可以根据不同的目的，表达出多种否定的意思和态度。

一般地否定：“不，还是让我们去吧！”

坚决地否定：“不，我一定要去！”

严厉地否定：“不！你给我回来！”

谦虚地否定：“不，这是我应该做的。”

耍赖地否定：“不不，这盘不算输，再来一盘！”

愤怒地否定：“不！！我一定要揭发他！”

语调语速像不同的神态一样，可以表达不同的情感，使听者有不同的感受。音调明朗清脆，可以使人高兴；高亢激昂，可以使人振奋；徐缓低沉，可以使人焦虑；温柔和蔼，可以使人欣慰；火爆急促，可以使人紧张；干涩冷漠，可以使人厌倦……

书面语中的副语言是通过字体变换、标点符号的特殊运用以及印刷艺术的运用来实现的。例如，某几个字加着重号或用黑体字强调：

《创新的策略》是一本畅销的书。

《**创新的策略**》是一本畅销的书。

五、空间距离对沟通的影响

通常，沟通双方所处位置的远近代表了不同的内涵，也会影响到沟通效果。常见的沟通距离有：

1．亲密区（0～0.5 米）。与对方只有一臂之遥，适合进行较敏感的沟通。这种距离常在恋爱、角斗、互相抚慰或一方保护另一方时采用。

2．私人区（0.5～1.25 米）。一般亲密朋友是在 0.5～0.8 米的距离带交往，而普通朋友则在 0.8～1.25 米的距离带。这种距离与人交往，既能体现友好而亲密的气氛，又使人感到这种友好是有分寸的。

3．社交区（1.25～3.5 米）。适用于一般商务及社交上的来往。彼此的关系不再是私人性质的，而是一种公开性质的。双方对这种交往本着公事公办的态度，说话自然而响亮，谈话内容不怕被别人知道。一般说来，这是较为正式的交往关系，如上下级之间、老师与学生之间、顾客与售货员之间、医生与病人之间，等等。

4．公共区（3.5～7.5 米）。这种距离常用于正式的交往，如庆典或公开演讲等。这些交往常有一些很正式的规范控制。如果不是进行交往，处于这个公共区之外的其他个体对我们的个人空间已构不成联系，可以对其“视而不见”。

【小测试】

倾听技巧测试表

	项目	几乎都是	常常	偶尔	很少	几乎从不
态度	（1）你喜欢听别人说话吗？	5	4	3	2	1
	（2）你会鼓励别人说话吗？	5	4	3	2	1
	（3）你不喜欢的人在说话时，你也注意听吗？	5	4	3	2	1
	（4）无论说话人是男是女，年长年幼，你都注意听吗？	5	4	3	2	1
	（5）朋友、熟人、陌生人说话时，你都注意听吗？	5	4	3	2	1
行为	（6）你是否会目中无人或心不在焉？	5	4	3	2	1
	（7）你是否注视说话者？	5	4	3	2	1
	（8）你是否忽略足以使你分心的事物？	5	4	3	2	1
	（9）你是否微笑、点头以及使用不同的方法鼓励他人说话？	5	4	3	2	1
	（10）你是否深入考虑说话人所说的话？	5	4	3	2	1
	（11）你是否试着指出说话者所说的意思？	5	4	3	2	1
	（12）你是否让说话者说完他的话？	5	4	3	2	1
	（13）你是否试着指出他为何说那些话？	5	4	3	2	1
	（14）当说话者在犹豫时，你是否鼓励他继续说下去？	5	4	3	2	1
	（15）你是否重述他的话，弄清楚后再发问？	5	4	3	2	1
	（16）在说话者讲完之前，你是否避免批评他？	5	4	3	2	1
	（17）无论说话者的态度和用词如何，你是否都注意倾听？	5	4	3	2	1
	（18）若你事先知道说话者要说什么，你也会注意听吗？	5	4	3	2	1
	（19）你是否询问说话者有关他所用字词的意思？	5	4	3	2	1
	（20）为了请他更完整解释他的意见，你是否询问？	5	4	3	2	1

将你的得分加起来，其结果为：

① 90～100，你是一个优秀的倾听者；

② 80～89，你是一个很好的倾听者；

③ 65～79，你是一个勇于改进、尚算良好的倾听者；

④ 50～64，在有效倾听方面，你确实需要再训练；

⑤ 50 分以下，你注意听别人说话吗？

【倾听训练】

一、听话听音

一位大婶到邻居家串门说了以下一番话，你能猜出这位大婶说话的真实意图吗？

“哟，大兄弟、大妹子，哟，还有大侄子，你们都在呢！刚吃完饭吧？你瞧我来得真不是时候。我是说好些日子不来坐坐啦，老不照面就显得生分了，俗话说，‘远亲不如近邻’嘛。你们吃的什么饭？今儿个我买的洋白菜可真好，又嫩又甜，我们小柱最喜欢吃洋白菜了。要说小柱的功课可不如大侄子好哇，也腼腆，不爱搭理人儿。这不是，他们老师说组织他们到郊区那叫什么——‘满足’。不，不是‘满足’，好像是‘远足’。小柱不敢去，他自个儿没出过门儿，怕丢了。我就告诉他说：‘怕什么，有隔壁你大哥呢，他还不照顾你吗’……”

二、判断说话者性格

从下面人物的话语中判断说话者的性格。

“那么，我对你说。迅哥儿，你阔了，搬动太笨重，你还要什么这些破烂木器，让我拿去罢。我们小户人家，用得着。”

“我并没有阔哩。我须卖了这些，再去……”

“啊呀呀，你放了道台了，还说不阔，你现在有三房姨太太；出门便是八抬的大轿，还说不阔？吓，什么都瞒不过我。”

我知道无话可说了，便闭了口，默默站着。

“啊呀啊呀，真是愈有钱，便愈是一毫不肯放松，愈是一毫不肯放松，便愈有钱……”圆规一面愤愤地回转身，一面絮絮地说，慢慢向外走，顺便将我母亲的一副手套塞在裤腰里，出去了。

鲁迅：《故乡》

三、听的能力训练

1. 准备一张录有大自然声音，如风吹、鸟鸣、海啸、松涛等的磁带或 CD，躺在床上，闭上眼睛，关掉灯，然后开始播放。听完后半小时之内不要动。第二天把前一天的感受记下来。你的感触是____

____。

特别提示：开始练习时要在绝对安静的环境中听。一段时间后，逐渐在愈来愈嘈杂的环境中听，如果依旧能够清晰地分辨出其中的每一个音符，那么你将成为倾听的高手。

2. 选择一个晴朗的日子去爬山，然后在山顶用一个你觉得舒服的姿势向远方眺望，直到地平线。控制自己的头脑，使其尽量放松、放松、再放松。你会感觉到：____。

特别提示：对声音的感受无所谓对错，进入大自然的学习，可以学到真正的倾听能力。你会发现，你的心灵开启了另外的一扇窗户，你将更加敏锐，更加关爱万物生灵，同时也更关心与你沟通的人，这时的你可以将心抛锚在任何地方。

第三章 交谈技巧与艺术

交谈是了解一个人最好的办法。

——狄摩西尼

说话不考虑，等于射击不瞄准。

——塞万提斯

在要说一些事之前，有三件事要考虑：方法、时间、地点。

——萨迪

交谈是人与人沟通的主要方式，当你与别人说话时，是否遇到过这样的情形：

（1）开始见面时对方就冷漠无情，一副拒人于千里之外的面孔。

（2）你想了解对方的看法，但他（她）的回答暧昧、含糊。

（3）对方对你的谈话只是随声附和，并不表示意见。

（4）对方一直保持紧张、严肃的态度。

为什么在你筋疲力尽、不厌其烦地解释之后，对方还是懵懵懂懂、一脸疑惑，或者不耐烦？出现这样的情况固然有听话方的因素，但主要还在于你——说话者本身。如果你事先对听话者和交谈的内容未进行了解、分析，未能选择合适的话题，那么你注定要失败。

凡事预则立，不预则废。交谈也是如此。

【阅读材料】

七种谈话技巧

有个女孩子告诉她同事，说自己有口臭。那位同事一时间脸涨得通红，从此就敬她而远之，态度冷淡。而这个女孩子还在一旁抗议："我只是开玩笑而已！"

在现实生活中，有很多时候会因为一句话，使得你和他人的关系迅速变得亲密，或者迅速变得紧张、疏远。因此，谈话是要讲技巧的。如果只是随口说说，想到什么说什么，那一定会得罪很多人。下面就来介绍七种谈话的技巧。

一、三思而后言

在我们和他人沟通的过程中，往往会一句话而引起他人的不悦，所以要避免说错话才行。最好的方法，就是根本不去说那句话。为了避免发出不当的批评，在说任何话之前，都该先想想自己想说什么、该说什么。很多人往往心直口快，根本没想到自己犀利的言词可能对别人造成的伤害。因此，说话不能不经过大脑，在话要说出口之前，先想想“如果别人对我这样说，我会作何感想？”“我的批评是有害的还是有益的？”。

在很多情况下，如果能多花一些时间，设身处地地为他人着想，就不会因说错话而引起他人的不悦了。

二、失言时立刻致歉

勇于认错是很重要的，所以一但发现自己的言语伤害到他人，千万不要厚着脸皮不肯道歉。每个人偶尔都会说错话，这很正常。当自己察觉到说了不该说的话时，应勇于承认错误，不要编一大堆借口，以免越描越黑。

三、和别人沟通，不要和别人比赛

有的人和别人交谈时，时常把交谈看成一种比赛，一定要分出个高下。如果常在他人的话里寻找漏洞，常为某些细节争论不休，或常纠正他人的错误，藉以炫耀自己的知识渊博、伶牙俐齿，这样一定会让人留下深刻的印象，不过那是不好的印象。这些人往往忽略了沟通的技巧，因为他们把交谈当成了辩论，而不是信息、想法与感觉的交流。

因此，为了与他人有更好的沟通，一定要抛弃这种竞赛式的谈话方式。采用随意、不具侵略性的谈话方式，在表达意见时，别人就比较容易听进去，而不会产生排斥感。

四、挑对说话的时机

这句话的意思是：要表达意见之前，必须先确定对方是否已经准备好，愿意听你说话了。否则只会浪费力气，对牛弹琴，白白错过了让别人接受自己意见的大好机会。

一般来说，如果对方心情愉快，不妨谈一些希望对方帮自己解决的困难、自己遇到的一些烦心事；如果对方心情不好，则尽量谈一些高兴的事、温馨的事。例如，去找领导，领导正烦，此时可以简单问问，适当安慰安慰。对于自己希望领导帮助解决的问题，还是暂时按下不表为好。

另外，在公共场所，或有其他朋友、同事在场时，应避免谈论涉及隐私或一些敏感的话题，以免使对方下不来台。

五、对事不对人

举例来说，你是否有朋友很难缠，老是让你气的半死？有些人就是爱抱怨、生性悲观、拖拖拉拉又老爱编一大堆借口。如果朋友的这些行为已经威胁到你们之间的友谊，你就有权开口提醒他。此时最重要的是，必须指明自己讨厌他（她）哪些行为，而不是一味地想改变其个性。一个人要改变某些特定的行为要比改变个性容易多了。

六、了解别人的感觉

如果能先试着了解对方的感觉，我们也就能比较巧妙地说出一些难以启齿的话。比方说，如果父母很担心你的投资计划不够周全，就不要对他们说：“你们为什么不能只管自己的事情，老是把我当成三岁小孩，那是我的钱，我爱怎么用就怎么用！”这种充满稚气的典型防卫性反应无法增加父母对你的信心。你应该想想父母说这话时心中的感觉。也许他们只是想阻止你冒失的投资，以免你重蹈他们的覆辙。

七、聆听他人的回馈

一个人要和别人交谈，不仅自己要懂得如何去说，也要懂得如何去聆听。缺乏聆听的技巧，往往会导致轻率的批评。某些人之所以在谈话时不受欢迎，通常都是由于其不管别人要说什么，只想自己主控整个谈话的场面。如果能仔细聆听别人对自己意见的回馈或反应，就能确定对方有没有在听自己说话，得知对方是否已了解自己的观点或感觉，而自己也可以看出对方所关心、愿意讨论的重点在哪里。

第一节　交谈前的准备技巧

一、了解将要进行的交谈

（一）了解交谈的主题

在交谈前，我们必须先了解这次谈话的主题是什么，主要想与对方谈些什么。也就是说，我们选择什么话题与对方交谈。如果我们不事先了解自己交谈的主题，不知道自己选择什么话题，那么，我们的交谈必然达不到预期的效果。

在选择话题方面，有一种错误的看法是：很不寻常的事才值得一谈。于是绞尽脑汁去想那些惊天动地的大事，或令人捧腹的笑话。其实，生活中我们除了爱听一些奇闻轶事外，还喜欢听与日常生活有关的普通话题。记住：别人最感兴趣的主要还是日常生活中的小事。

在交谈中，什么都可以谈论，如国内外最新时事、书籍报刊、戏剧电影、饮食烹调、服装时尚、亲戚朋友等，但有些话题必须小心避开：

（1）对于自己不知道的事，不要冒充内行；

（2）不要向陌生人夸耀自己的成绩；

（3）不要在公共场合谈论朋友的失败、缺陷和隐私；

（4）不要谈容易引起争论的话题；

（5）不要到处诉苦和发牢骚。

（二）了解交谈的方式

1．并列式交谈

这种交谈方式的特征为：交谈双方或多方带有明确的相互交流性；从交谈过程的总体来看，交谈的各方都需要表述自己的主张和感情，各方比较均衡地轮流充当说话者和倾听者。例如，一般的工作讨论、业务洽谈等。

2．主辅式交谈

由于交谈目的的需要，各方地位和作用存在着差异性，以其中一方为主要说话者，作为表达思想的主体，而其他方主要充当倾听者，对交谈起到辅助作用，交谈的各方明显地存在着说话和听话的不均衡现象。这样的交谈就属于主辅式交谈，比如记者采访、医生问诊等。

3．调查式交谈

这种类型的交谈目的在于互相配合，一方就另一方所做的调查和询问进行答复。这种交谈的目的，决定了它常以问答为基本形式。这就要求问话者的语言要具有目的性、明确性和启发性，答话者的语言应具有针对性、真实性和完整性。只有交谈双方彼此配合，才能完成调查和交谈任务。

4．说服式交谈

这类交谈的目的，是一方要就某个或某些问题对另一方进行劝导说服。因为以说服为目的，所以说服者在交谈中既是交谈方向和内容的控制者，又是发话的主体，在交谈中起关键作用。但是由于说服是矛盾转化的过程，说服者是外因，被说服者是内因，因此被说服者在交谈中也起着重要的作用。

5．倾泻式交谈

这类交谈的目的，是一方将自己的欣喜、苦恼、怨恨以及打算和决定通通告诉对方，让其帮助评判和解决。这类交谈以说话者对听话者的极大信赖为基础，并表露出强烈的感情。

6．静听式交谈

这类交谈的目的，是一方在交谈中一时把握不住对方的思路，于是通过静听争取时间，理清头绪，变被动交谈为主动交谈。

7．论辩式交谈

这类交谈的目的，在于交谈各方对某些问题各抒己见，展开辩论，辨明真理，比如法庭辩论、学术争论等交谈活动。这种论辩性交谈，应该注意说话的科学性、针对性和严肃性。

8．商讨式交谈

这类交谈的目的，是通过交谈者的相互讨论、共同协商，就某些问题统一意见或达成合作协议，比如外交谈判、经贸洽谈等交谈活动。这种交谈应具有统一性、建设性和合作性的特点。交谈各方严肃认真地表述自己的见解，耐心听取对方的意见，从一定的原则立场出发，求同存异，达到交谈的目的。

9．闲谈式交谈

这是生活中常见的交谈方式。它虽然没有十分明确的宗旨和专一的目的，但一般起着联络感情、传递信息的功能，比如探亲访友、邻里聊天等。这类交谈具有随意性和广泛性的特点。

不同的目的决定了不同的交谈方式。在进行交谈前，我们要了解不同类型交谈方式的特点，然后根据交谈内容的特点，选择恰当的交谈方式，这样才能取得交谈的成功。

（三）了解交谈对象

考虑对方的个性特征。如：对虚荣心强的人要学会赞美；对心胸狭窄的人要表示谦恭；对冷漠孤僻的人要多关切；对坦诚直率的人要多进忠言；对胆小怯懦的人要多鼓励。

关注对方的心理状态。如：在对方苦闷时要善于倾听；在对方高兴时要善于助兴；在对方悲伤时要善于安慰。

二、选择合适的时机和地点

（一）时间的选择

首先，在约定好的交谈时间内应当准时，因为会面是否准时，反映出对会面和会面者的态度；其次，交谈时间的长短也可以反映出交谈双方关系的密切程度。一般来说，早晨上班前，午饭后的时间不宜找人谈话；下午5时至7时西方称之为“入魔时分”，可以轻轻松松地聊天，不宜处理重大的事情。

（二）时机和顺序

交谈如果不是正式的，很难真正定个时间进行，所以要切记“机不可失，失不再来”。关键在于：不错过任何一个哪怕只有万分之一希望成功的机会。另外，交谈的顺序不同，其传递的信息也会不同。一般来说，所要强调的信息总是在后面出现。例如：“屡败屡战”与“屡战屡败”，“查无实据，事出有因”与“事出有因，查无实据”，传递的信息就大不一样。

（三）保持合适的交谈距离

亲热距离：一般15厘米左右；
熟识距离：一般1米左右；
交际距离：一般1～2米；
陌生距离：一般在2米以外。

（四）地点选择

一般来说，应根据谈话的内容选择一个不受他人打扰的谈话地点，如：闲谈可找一个轻松愉快的环境；商谈应找一个相对正式的场合。

三、寻求共同点

谈话时应根据谈话内容、谈话对象的特点，寻找双方的共同点。例如：

交谈风格	应对方式
讨论某一话题时，喜欢绕圈子，迟迟不肯下决心	给对方更多的时间，让对方在讨论中逐渐感到自在；在交谈前事先做好准备，协助对方从不同的观点探索；让对方有足够的时间“进入状态”，不要逼对方立即做出决定
为人幽默，擅长以风趣的言谈打破僵滞气氛	回忆以往共同的生活经历，某些事情当时堪称棘手，如今回想起来，却可以消除隔膜；避免过于严肃，要面带微笑，以适当的言辞陈述严肃的话题

在与对方交谈时，只有寻找到了共同点，才会使对方畅所欲言、无所不谈。

四、鼓足勇气开口

为什么在开口之前犹豫不决、不敢表达或不知道该说些什么呢？那是因为我们内心存有疑虑，没有勇气开口。寻找开口说话的勇气属于内心的活动，能否鼓足勇气依赖于对以下因素的把握：

（1）了解真实的信息：你真正想说什么？

（2）了解真正的动机：你为什么要传达这项信息？

（3）评估风险：如果你说了将招来何种反击？

（4）认清顾忌：有哪些理由令你犹豫不决？

（5）下定决心：你打算要开口了吗？

由此可见，开口交谈的决心取决于信息和动机的重要性。我们首先要了解犹豫的原因，再决定开口与否。

【小测试】

你善于交谈吗？

对下列题目做出“是”、“有时”或“否”的选择。

1. 你是否时常觉得“跟他多讲几句也没什么意思”？
2. 你是否觉得那些太过于表现自己感受的人是肤浅和不诚恳的？
3. 你与一大群人或朋友在一起时，是否常觉得孤寂或失落？
4. 你是否觉得需要有时间一个人静静地思考才能理清头绪和整理思路？
5. 你是否只会对一些经过千挑百选的朋友才吐露心事？
6. 在与一群人交谈时，你是否时常发觉自己在东想西想一些与谈论话题无关的事情？
7. 你是否时常避免表达自己的感受，因为你认为别人不会理解？
8. 当有人与你交谈时或对你讲一些事情时，你是否时常觉得很难聚精会神地听下去？
9. 当一些你不太熟悉的人对你倾诉他的生平遭遇以取得同情时，你是否会觉得不自在？

评分规则：

每题选“是”记3分，选“有时”记2分，选“否”记1分。各题得分相加，统计总分。

你的总分是______

（1）22～27 分：这表示你只有在极需要的情况下才会同别人交谈，即使对方与你志同道合，你仍不会以交谈来发展友情。除非对方愿意主动频频跟你接触，否则你便总处于孤独的个人世界里。

（2）15～21 分：基本上比较热衷于与别人交朋友。如果跟对方不太熟悉，你开始会表现得较内向，不太愿意跟别人交谈。但时间久了，你便乐意与对方交往。

（3）9～14 分：这表示你与别人交谈不成问题。你非常懂得交际，善于营造一种热烈的气氛，鼓励对方多开口，使得彼此交往十分融洽。

第二节 表达技巧

谈论一切事情一定要抛开自我吹嘘，决不要絮絮叨叨地对别人谈你个人关心的事以及自己的私事。你对这些事情虽然兴趣盎然，而别人却会讨厌，觉得你有粗鲁之嫌。

——吉斯·特费尔伯爵

俗话说“万事开头难”，“好的开始是成功的一半”。唱戏讲究开场，只有精彩的开场，才能引起观众的兴趣。与人交谈也是一样，开头的好坏，是决定一次交谈能否顺利进行、能否达到目的的关键因素。

一、开场白：一鸣惊人

开场白的方式主要有以下几种：

1．以故事作为开头

一般来说，可供使用的故事有两类：幽默的故事和一般的故事。幽默的故事不可妄加使用，除非有幽默的禀赋，否则效果不会理想；而后一类故事，无论是中外历史上的著名事件，还是现实生活中的平常趣事，只要叙述时有具体情节、具体内容，就能吸引人。

2．借助物品开始

可以展示一张地图、一幅画、一张统计表、一张照片、一件实物等，只要有助于阐述观点就行。

3．以提问的方式开始

开始交谈时，若提出问题，对方就会按照这个问题的思路去思考，产生一种想要知道正确答案的欲望。但是要注意，提出的问题不一定要与交谈的主题有关，但是要侧重于开放型问题。

4. 以名言警句开始

名人在一般听众的心目中的形象总是崇高的，他们的话也总有一种吸引听者的魅力。

5. 以令人震惊的事实开始

令人震惊的事实可以使对方从一系列触目惊心的事实中醒悟过来，并产生一种要对述说的事追根究底的“悬念”。

6. 以赞美的话开始

一般来说，人都喜欢听赞美的话。因此，开始说话时，可以赞美对方的衣着得体、气质高雅；可以称赞所在地区的悠久历史和光荣传统；可以赞美当地的丰富文化遗产和勤劳勇敢的人民等。

7. 以涉及对方切身利益的话作为引子

有经验的交谈者经常使用的开始谈论的方法，就是把自己表达的内容与听者的切身利益联系起来，以引起对方的关注和重视，吸引对方。

8. 寻求共同点

共同点可以涉及双方以往相同经历和遭遇，也可以涉及双方以前的密切合作，还可以展望双方友谊发展的前景等。

二、陈述：切中要领

在陈述过程中，要切中要领。一般来说，在陈述中要注意的问题有：

1. 以攸关对方的言辞叙述自己的问题；
2. 清楚地说明自己为何提出这一问题，并加以讨论的原因；
3. 清楚地说明自己的所想、所求、所希望或期待从对方身上获得的东西；
4. 切勿发牢骚、吐苦水或推卸责任；
5. 勿发表无凭无据或极端的评论；
6. 尽量叙述事实所造成的影响；
7. 陈述时，语音切勿太大或过于软弱；
8. 勿说自贬或致歉的话，以免损及自己所说话语的力量。

三、讨论：你来我往

一般来说，在讨论时，要注意以下几个问题：

1. 专心聆听对方对自己的信息有何看法，特别是在其出现排斥或情绪化反应时；
2. 勿对对方的意图采取负面假设；
3. 以中性字眼叙述，不带责难；
4. 保持开阔的心胸，听听对方说些什么；
5. 发觉自己变得情绪化时，不妨以言语描述自己的情绪，切勿以行动表现；
6. 询问对方的想法；

7．可以的话，不妨讨论自己针对此问题所愿意做或已经做的事。

四、结束：有始有终

一般来说，收尾阶段包括两项工作：

1．概述彼此达成的一致意见；

2．尽可能心平气和地结束谈话。

我们现在对本节所谈内容做一个收尾，以作为示范。

本节要点回顾：

（1）开场白若是表示感谢、提出一种希望，或是提出建议，等于是告诉对方，自己的态度是既尊重他们，又具有建设性；

（2）直接、诚恳、明确地说出自己的动机，可扫除对方心中的疑虑；

（3）在分享信息时，切勿采用强制的口吻，最好让对方感觉像是一种建议；

（4）提议可引起对方深思，强制推销的口气只会带来压力；

（5）将彼此达成的共识做一个概述；

（6）心平气和地结束交谈。

【自我测试】

初次见面你给人印象可好？

你想知道自己与人初次会面后给人留下的印象吗？不妨做做下面的题目，做出最适合你的选择。

1．初次见面，经过一番交谈，你能对他（她）的举止谈吐、知识能力等方面做出积极、准确的评价吗？

A．不　　B．很难说　　C．我想可以

2．你和别人告别时，下次相会的时间、地点是：

A．对方提出的　　B．谁也没提　　C．我提议的

3．当你第一次见到某个人时，你的表情是：

A．热情诚恳，自然大方

B．大大咧咧，漫不经心

C．紧张局促，羞怯不安

4．你与对方寒暄后，是否很快就找到共同感兴趣的话题？

A．是的，我对此很敏锐

B．我对此觉得很难

C．必须经过较长的时间才能找到

5. 你与人交谈时的坐姿通常是：

A. 两膝靠拢　　B. 两腿叉开　　C. 跷起二郎腿

6. 你同他（她）说话时，眼睛望着何处？

A. 直视对方的眼睛

B. 看着其他的东西或人

C. 盯着自己的钮扣，不停地把弄

7. 与他人交谈时，你选择的话题是：

A. 两个人都喜欢的　　B. 对方所感兴趣的　　C. 自己所热衷的

8. 通常与别人第一次交谈，你们分别占用的时间是：

A. 差不多　　B. 对方多我少　　C. 我多于对方

9. 会谈时你说话的音量是：

A. 很低，以至于别人听得较困难

B. 柔和而低沉

C. 声音洪亮热情

10. 你说话时姿态如何？

A. 偶尔做些手势

B. 从不指手画脚

C. 我常用姿势来补充言语表达

11. 你说话的速度怎么样？

A. 频率相当高　　B. 十分缓慢　　C. 节律适中

12. 假如别人谈到了你兴趣索然的话题，你将：

A. 打断别人，另起话题

B. 显得沉默，忍耐

C. 仍然认真听，从中寻找乐趣

评分规则：

根据下表，将各题得分相加，统计总分。

选择 / 得分 / 题号	A	B	C	选择 / 得分 / 题号	A	B	C
1	1	3	5	7	3	5	1
2	3	1	5	8	3	5	1
3	5	1	3	9	3	5	1
4	5	1	3	10	3	5	1
5	5	1	3	11	1	3	5
6	5	1	3	12	1	3	5

你的总分______

（1）12～22 分：首次印象差。很可能你在与人交往时存在一些不良习惯。你本身是很愿意给别人一个好印象的，可是由于你的不经心或言语无趣，无形中使别人对于你有不良印象。必须记住第一印象在交谈中具有很大的影响力，一时的轻率可能要让你付出数倍的努力去弥补。

（2）23～46 分：首次印象一般。你的表现中存在着某些令人愉快的成分，但同时又有不够精彩之处，这使得别人不会留下恶劣的印象，却也不会产生很强的兴趣。如果你希望提高自己的魅力，必须在细节上加以改善，努力在“交锋”的第一回合显示出最佳形象。

（3）47～60 分：首次印象好。你的适度、温和、合作给第一次见到你的人留下了深刻的印象。无论对方是你工作范围或是私人生活的接触者，他们都有与你进一步交往的愿望。

第三节　交谈的障碍及其克服

一、态度障碍及其克服

（一）态度障碍

在社交谈话中，成功的交谈不仅能达到双方各自的目的，而且能使人愉悦，给人带来欢乐。成功交谈的一个重要前提是，要尊重对方，保持良好的交谈态度。但是，常常有人不自觉地表现出以下行为：

1．说话武断

陈述比较急促，喜欢用“所有”、“总是”、“绝对”、“肯定”等词，语调有时高昂，仿佛想在气势上压倒别人。这种态度容易引起双方争辩。

2．有优越感

用一种优越于任何事、任何人的态度与别人交谈，会使自己很快陷于孤立状态。

3．无动于衷

对交谈者所说的一切都表示沉默，尤其是在其希望听者有所反应时。这样会使对方觉得自己仿佛是在独白。

4．以自我为中心

这是优越感的进一步发展，总是觉得自己高人一等，别人都要听自己说，给人一种仿佛整个宇宙都在围绕自己转动的感觉。

（二）如何克服态度障碍

与别人交谈贵在真诚，只有带着真诚的情感去谈话，才能获得事半功倍的效果。真诚体现在尊重、理解、关心和鼓励四个方面。

1．尊重

尊重的态度意味着平等看待对方。这样，才能调动对方诉说的积极性。

【例】

“小姐，你想看哪件衣服，我给你拿。”

“老大爷，您买特体衣服，请上三楼。”

“噢，随便问问也没关系，欢迎参观。”

“……是您自己穿，还是给别人带的？……”

“再见，欢迎您再来！”

不管我们出于何种目的，在交谈时都要心平气和、面带微笑，对正在进行的谈话、谈话者及其所作所为表现出一定的兴趣。当我们说话时，应表现出愉快的心情，通过微笑以示兴趣和友好。

2．理解

在交谈时，对方可能因为有烦心事或者刚遭受打击而心事重重、满脸忧愁。此时，我们应该设身处地站在对方的角度去理解对方，并引导对方释去心中的烦恼。例如，我们可以用这样的话语：

“你是不是心里难受，要不说出来听听？或许我能帮点什么忙？”

“塞翁失马，焉知非福。别那么烦，咱们聊点开心事吧！”

3．关心

关心，就是把对方放在心上。不仅从心里理解对方，而且关注对方内心的感受，用言语关心对方，让对方知道你正在为他着想。如果我们用关心对方利益的话去与其交谈，肯定能达到效果。

小林是一家自动电梯维修公司的代表。该公司与一家大旅馆签有自动电梯维修合同。问题是，旅馆经理不想给客人造成不便，因此不希望电梯一次关闭两小时以上；而一次修理至少需要 8 小时，维修公司又不能在旅馆方便的时候安排最熟练的技工。当小林为这项工作安排了一个最好的技工时，他这样打电话给旅馆经理：“经理，我知道你们旅馆相当繁忙，因此你想使电梯关闭时间尽可能短。我理解你对此的关切，我将尽力做到这一点。不过，我们对电梯状况的调查分析说明，如果我们现在不彻底维修，那么电梯可能遭受更严重的损坏，那将导致更长时间的关闭。我知道你不想给你的客人带来不便。”经理听完小林的陈述，十分感激小林的提醒，立即同意了他的维修方案。

4．鼓励

交谈是双向的，如果在交谈时一个人喋喋不休，使他人毫无开口的机会，这很难说是一次愉快而有效的交谈。因此，我们需要掌握激发他人说话的技巧。

我们可以试着用下面的句子来鼓励：

（1）“为什么会……”

（2）“你认为如何才能……”

（3）“依你的看法是……”

（4）“你怎么会刚好……”

（5）“你如何解释……”

（6）“你能否举例说明……”

二、表达障碍及其克服

（一）表达障碍

表达障碍包括以下两个方面：

1．措词不当

在交谈中，措词的高雅和简洁是非常重要的。措词不当主要表现为：

（1）咬文嚼字；

（2）陈词滥调；

（3）滥用术语；

（4）用词粗俗；

（5）过多的口头禅；

（6）过多使用“我”。

2．内容失调

有些人在表达自己的观点和看法时，常常不知所云，或者冗长繁琐、令人昏昏入睡。这种内容失控主要表现为：

（1）不分主次；

（2）言过其实；

（3）口若悬河；

（4）不着边际。

（二）如何克服表达障碍

1．措词恰当

要想做到措词简洁高雅，我们在交谈中应该着重注意以下几个方面：

（1）用词不要过多重叠

在汉语中，有时的确要使用叠句，或者加强语气来引起别人的注意；但是如果滥用叠句，就会显得累赘。一般来说，听者总是希望对方的语言丰富多彩。所以我们应该在许可范围内尽量使表达多样化，避免多次重复同一词汇。

（2）避免口头禅

出现口头禅的原因之一，是对所讲的内容不熟悉，说了上句，忘了下句。所以，我们有必要事先熟悉要表达的内容，并总结自己喜欢用的口头禅，在说话时不断提醒自己少用。

（3）视对象使用专业术语

在交谈之前，要对对方进行一定的了解和分析，决定是否该使用专业词汇。

（4）用词典雅

常言道，语言是一个人学问品格的衣冠。如果在交谈中用词粗俗，别人马上就会产生反感。要想让自己谈吐不凡，必须多看书，多掌握各种知识。

（5）避免过多使用“我”

西方古代哲学家苏格拉底曾经说过：不要说“我想”，而要多说“你想呢？”亨利·福特二世认为令人厌烦之人就是那种“张开嘴巴却将所有优点都藏在嘴里的人”。令人生厌者是那种不停使用“我”，随时随地地说“我”的人。说话者就如汽车司机必须随时留意红绿灯一样，必须随时与听众进行交流，并观察他们的反应。

2．内容合理

说话一般是越简明越好。有些人在叙述一件事情时说了很多话，但还是无法把自己的意思表达出来，听者花了许多时间和精力，仍然不知道对方想说明什么。如果有这种毛病，一定要注意纠正。

（1）言之有的

言之有的包含两层意思：其一是指交谈要根据谈话的宗旨，紧扣中心主题；其二是指交谈要针对谈话对象的特点，因人施语。

（2）言之有物

交谈最忌废话、大话、空话。不论是什么形式的交谈，都应该有充实的谈话内容，要有理、有据、有情。

（3）言之有理

在交谈中，表达的观点和看法都要有充分的理由，观点和证据之间要有必然的逻辑联系，这样才能令人信服。

（4）言之有序

言之有序就是根据交谈中的主题为所设计的话语安排好先后的顺序。

（5）言之有情

在交谈中，以情动人往往比冷静的说理更具有魅力。同情心和富有感情的语调，可使交谈获得良好效果。

第四节　打电话的技巧

现代社会，各种高科技的手段拉近了人与人之间的距离，即使远隔天涯，也可以通过现代通讯技术近若比邻。事实上，我们在日常沟通活动中，使用最多的工具就是电话。电话使人们的联系更为方便快捷，但另一方面，电话沟通也有其自身的缺陷。

一个人接听、拨打电话的沟通技巧是否高明，常常会影响到其能否顺利达成本次沟通的目标，甚至会直接影响单位的对外形象。因此，应多动脑筋，千方百计让对方从声音中感受到自己的热情友好，从而给对方留下诚实可信的良好印象。

【小知识】

在双方面谈时，身体姿势、面部表情占谈话效果的55%，而电话交谈时只闻其声，不见其人，即只能靠声音、语言沟通。

【小测试】

在学习本节内容之前，请首先对照一些常见的电话沟通习惯，回想一下自己通常是如何进行电话沟通的？

问题情境	不良表现	你的实际表现
接听电话时	1. 电话铃响得令人不耐烦了才拿起听筒。 2. 对着话筒大声地说：“喂，找谁啊？” 3. 一边接电话一边嚼口香糖。 4. 一边和同事说笑一边接电话。 5. 遇到需要纪录某些重要数据时，总是在手忙脚乱地找纸和笔。	
拨打电话时	1. 抓起话筒却不知从何说起，语无伦次。 2. 使用“超级简略语”，如“我是三院的××”。 3. 挂完电话才发现还有问题没说到。 4. 抓起电话粗声粗气地对对方说：“喂，找一下刘经理。”	
转达电话时	1. 抓起话筒向着整个办公室吆喝：“小王，你的电话！” 2. 态度冷淡地说：“陈科长不在！”就顺手挂断电话。 3. 让对方稍等，就自此不再过问他（她）。 4. 答应替对方转达某事却未告诉对方你的姓名。	
遇到突发事件时	1. 对对方说：“这事儿不归我管。”就挂断电话。 2. 接到客户索赔电话，态度冷淡或千方百计为公司产品辩解。 3. 接到打错了的电话很不高兴地说：“打错了！”然后粗暴地挂断电话。 4. 电话受噪音干扰时，大声地说：“喂，喂，喂…”然后挂断电话。	

一、接听、拨打电话的基本技巧

为了提高通话效果、正确表达思想，请注意下述九点：

（一）电话机旁应备记事本和笔

试回忆本周前 4 天晚饭的内容，大概不少人想不起吧！所以不可太相信自己的记忆，重要事项可采取做记录的措施予以弥补。若在电话机旁放好记录本、铅笔，当他人打来电话时，就可立刻记录主要事项。如不预先备妥纸笔，到时候措手不及、东抓西找，不仅耽误时间，而且会搞得自己狼狈不堪。

【小知识】

即使是人们用心去记住的事，经过 9 小时，遗忘率也会高达 70%。日常琐事遗忘得更快。

（二）电话铃响两次后，取下听筒

电话铃声响 1 秒，停 2 秒。如果过了 10 秒钟，仍无人接电话，一般情况下人们就会感到急躁：“糟糕！人不在。”因此，铃响 3 次之内，应接听电话。那么，是否铃声一响，就应立刻接听，而且越快越好呢？也不是，那样反而会让对方感到惊慌。较理想的是，电话铃响完第二次时，取下听筒。

（三）自报姓名的技巧

如果第一声声音优美动听，会令打或接电话的对方感到身心愉快，从而放心地讲话。故电话中的第一声印象十分重要，切莫忽视。接电话时，第一声应说：“你好。这是××公司。”打电话时则首先要说：“我是××公司××处的×××。”双方都应将第一句话的声调、措词调整到最佳状态。

（四）先整理谈话内容，后拨电话

给别人打电话时，如果想到什么就讲什么，往往会丢三落四，忘却了主要事项还毫无觉察，等对方挂断了电话才恍然大悟。因此，应事先把想讲的事逐条逐项地整理记录下来，然后再拨电话，边讲边看记录，随时检查是否有遗漏。

（五）态度友好

有人认为，电话只是传递声音，打电话时完全可以不注意姿势、表情。这种看法真是大错特错。一般来说，站着说话底气最足，可以做到慷慨激昂；坐着说话比较平和，适宜通常的沟通；躺着说话则只适合偶偶私语了。打电话时，虽然对方不能看到你，但从语气、语调里能“感觉”出来你当前的状态，包括姿势（站、坐或躺）和精神状态（好或差）等。因此，我们在电话交谈时必须抬头挺胸，挺直脊背，微笑讲话。

【小知识】

女性在对着镜子说话时，会很自然的微笑，人在微笑时的声音更加悦耳、亲切。根据这一原理，在一些大公司的总机或者前台，管理者有意在接线员的桌上放置一面镜子，以促使她们在接听电话的时候自然地微笑，然后通过语言把这一友好的讯息传递出去。

（六）注意自己的语速和语调

电话交谈时应根据对方的身份、语速、语调等，适当调整自己的语速和语调，从而使双方的交流进入一个自然的状态。

（七）少用内部用语、简略语和术语

电话交谈时，要根据交谈对象的不同，尽可能少用内部用语、简略语和术语。例如，企业内部员工通常称自己的上司为“头儿”或“老板”，但是，如果是客户打电话，再用这种称呼就不合适了。此时最好使用正式的职务称呼，如张部长、李经理等。

另外，电话交谈时最好少用术语。例如，如果两人一个是学机械的，一个是学医的。假如两人在谈话中都掺杂一些各自专业的术语，其谈话结果可想而知会是什么样子。

（八）养成复述习惯

为了防止听错电话内容，一定要当场复述。特别是同音不同义的词语及日期、时间、电话号码等数字内容，务必养成听后立刻复述、予以确认的良好习惯。

（九）轻轻挂断电话

通常是打电话一方先放电话，但如果对方是领导或顾客，就应让对方先放电话。待对方说完“再见!”后，等待 2～3 秒钟再轻轻挂断电话。

无论通话多么完美得体，如果最后毛毛躁躁“咔嚓”一声挂断电话，则会功亏一篑，令对方很不愉快。因此，结束通话时，应慢慢地、轻轻地挂断电话。

二、接听、拨打电话的程序

下图显示了一般办公场合接听和拨打电话的程序。

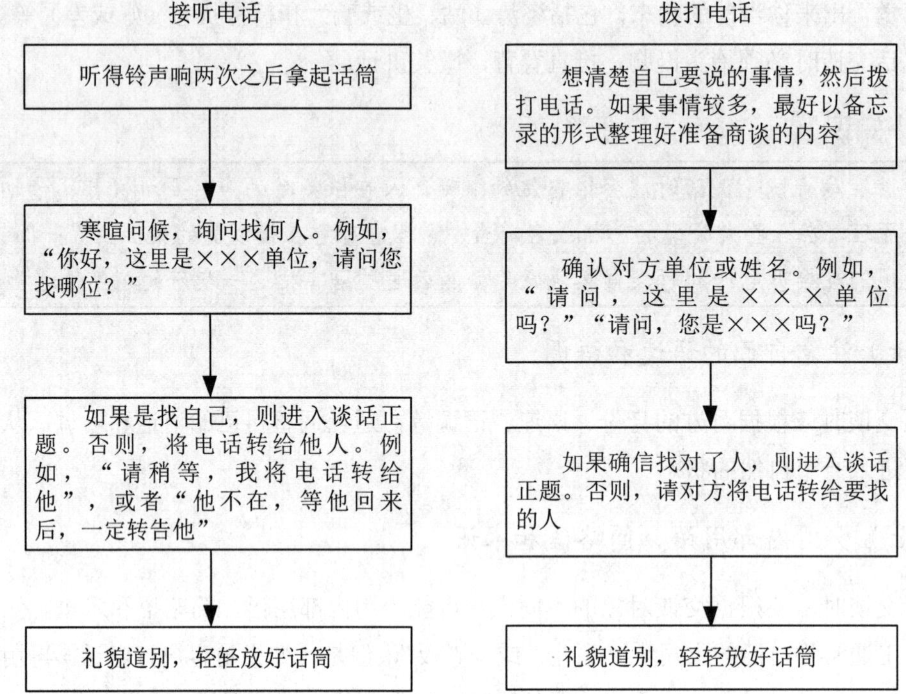

三、应对特殊事件的技巧

（一）听不清对方的话语

当对方讲话听不清楚时，进行反问并不失礼，但必须方法得当。如果惊奇地反问：“咦？”或怀疑地回答：“哦？”对方定会觉得无端地招人怀疑、不被信任，从而非常愤怒，连带对你印象不佳。但如果客客气气地反问：“对不起，刚才没有听清楚，请再说一遍好吗？”对方定会耐心地重复一遍，丝毫不会责怪。

（二）接到打错了的电话

有一些人接到打错了的电话时，常常冷冰冰地说：“打错了。”最好能这样告诉对方：“这是××公司，你找哪儿？”如果自己知道对方所找公司的电话号码，不妨告诉对方，也许对方正是本公司潜在的顾客。即使不是，你热情友好地处理打错的电话，也可使对方对公司抱有初步好感，说不定就会成为本公司的客户，甚至成为公司的忠诚支持者。

（三）碰到自己不知道的事

有时候，对方在电话中一个劲儿地谈自己不知道的事，而且像竹筒倒豆子一样，没完没了。职员碰到这种情况，常常会感到很恐慌，虽然一心企盼着有人能尽快来接电话，将自己救出困境，但往往迷失在对方喋喋不休的陈述中，好长时间都不知对方到底找谁，待电话讲到最后才醒悟过来："关于××事呀！很抱歉，我不清楚，负责人才知道，请稍等，我让他来接电话。"碰到这种情况，应尽快理清头绪，了解对方真实意图，避免被动。

（四）接到领导亲友的电话

领导对部下的评价常常会受到自己亲友对部下印象的影响。打到公司来的电话，并不局限于工作关系。领导的亲朋好友常打来与工作无直接关系的电话，他们对接电话的人的印象，会在很大程度上左右领导对其的评价。

例如：当接到领导夫人找领导的电话时，由于自己忙着赶制文件，时间十分紧迫，根本顾不上寒暄问候，而是直接将电话转给了领导。当晚，领导夫人就会对领导说："今天接电话的人，不懂礼貌，真差劲。"简单一句话，便会使领导对自己的印象一落千丈。

（五）转达电话的技巧

常有这种情况：某人打电话找领导，领导却不在办公室。这时，代接电话者态度一定要热情，可用下面的方法明确告诉对方领导不在。

据自己所知，告诉对方领导回公司的时间，并询问对方："要我转达什么吗？"对方可能会说出下列几种愿望：

（1）稍后再打电话；

（2）想尽快与领导通话；

（3）请转告领导……

如果领导暂时不能回公司，则可告诉对方："领导出差在外，暂时无法联系，如有要紧事，由我负责与领导联系行吗？"

另外，当对方不便告知具体事项时，要留下对方的姓名、电话、公司的名称。

若受委托转告，则应边听对方讲边复述，边认真记录。

给领导打电话联系时，应告诉领导打电话者的姓名、电话号码、打来电话的时间等。

无论如何，都必须复述对方姓名及所讲事项。通话结束应道别："我叫××，如果领导回来，定会立刻转告。"自报姓名，其目的是让对方感到自己很有责任感，办事踏实可靠，使对方放心。

【典型案例】

要账的技巧

何明的广告公司为一个客户完成了一个策划，效果不错，彼此都挺高兴。当何明去客户那里收策划款的时候，意外发生了：对方杨老板不断地谈策划的问题，有时候还显得比较激动，恨不得要把已经付给何明的钱都收回来。这个不对路啊？何明心想，上一次杨老板也挺满意啊，怎么突然变卦了？

他利用自己的关系打听了一下，原来对方最近财务紧张，杨老板不想再付余款了。何明心中有了数，他拿着摄像机去拜访了杨老板公司的好几个相关人，了解他们的对广告的看法和对公司的影响；他也走访了杨老板的几个重要经销商，每次都把场面录了下来。

几天后，何明再一次去见杨老板。杨老板是什么人！经验丰富，浑身是胆，靠欠费出名，一听就知道何明来干啥了。所以，两人一见面，杨老板就开腔了，还是老一套，把何明劈头盖脸数落一顿。何明一直听着没有表态，等杨老板说完了就拿出自己的笔记本电脑，放了几段相关人的采访录像给杨老板看，可杨老板还是不认账。这个时候何明开口了：

“杨老板，这个策划案大家都说好，效果达到了，结果你也看到了，可你偏偏说不好，是不是还有其他原因？”

“没有，我就是觉得效果不理想！道理我也跟你讲了。”

“杨老板，我可以理解你的。我也了解到公司最近不太宽裕，大家都是做生意的，虽然好说不好听，但是说出来大家就可以帮你想办法解决了呀！”

“没有啊！谁说我们财务不宽裕，瞎扯……”

“杨老板，你做生意这么多年了，也是场面上的知名人士了。你的员工都把你当榜样，处处都在跟你学。如果他们也学会这一套办法，拿这套办法来对付你，你觉得你的结果会怎么样？”

“这……你说的是什么呀？”

“杨老板，我们认识也不是一天两天了，你不付余款对我其实不会有太大影响。不过你想想，下属总是会跟老板学样的，种什么瓜得什么果。如果你告诉你下面人这套办法是有用的，那他们就会很快跟你学会，然后拿这套办法来对付你。你经验这么丰富，你知道他们一定会这么干的。这是自己给自己挖坑啊！这对你的影响倒会很大，作为朋友我要跟你说心里话。”

……

“哎，何总，你也知道，我不是那种人，我确实听了很多人说这个方案有问题，我呢也没有跟你及时沟通这些问题，所以这里面是有些问题的，不过今天既然你来了，也不要让你何总白跑一趟，我们这种人名声比什么都重要，赖账的事情是不会做的，这点你要对我有信心，呵呵！”

随后，杨老板拨通了财务电话：“是吴主管吗？广告公司何总的策划案尾款付了没有？怎么还没有付啊？……哦，那拿来我签一下。”

第四章　辩论技巧与艺术

辩论也叫论辩，是指参与谈话的双方，就同一问题，站在对立的立场上进行针锋相对的争论。

【经典案例】

庄子鱼乐之辩

庄子与惠子游于濠梁之上。庄子曰：“鲦鱼出游从容，是鱼之乐也。”惠子曰：“子非鱼，安知鱼之乐？”庄子曰：“子非我，安知我不知鱼之乐？”惠子曰：“我非子，固不知子矣；子固非鱼也，子之不知鱼之乐，全矣。”庄子曰：“请循其本。子曰：‘汝安知鱼乐’云者，既已知吾知之而问我，我知之濠上也。”

庄子和惠子站在桥上，河水缓缓地从桥下流过，水里的鱼看得很清楚。于是庄子愉快地说：“出游从容，是鱼之乐也。”庄先生是一位“诗人哲学家”，他的话充满了诗意。然而惠先生是哲学家，因而就有一个世界是否可知以及如何认识世界的问题。何况这位老兄又是一个“以善辩为名”的“抬杠老手”，便免不了要表示诘难与质疑：“子非鱼，安知鱼之乐？”这话问得很实在：你又不是鱼，怎么知道鱼是快乐的呢？不过庄子的回答也很机智：“子非我，安知我不知鱼之乐？”也就是说，你又不是我，怎么知道我就不知道鱼的快乐？反之，如果我不是鱼就不能知道鱼，那么，你不是我也就不能知道我。你既然不能知道我，那么，我知不知道鱼，也属于你“不可能知道”的范围。

正所谓“若以我非鱼，不得知鱼，子既非我，何得知我？若子非我，尚得知我，我虽非鱼，何妨知鱼？”反正，不管怎么理解，惠兄说的都是废话，且看你如何辩白。没想到惠子欣然同意庄子“子非我，安知我不知道鱼之乐”的结论，并以此为前提进行反击：是啊，正因为我不是你就不能知道你，你不是鱼，当然也不可能知道鱼。“你不可能知道鱼”这一点既然已在逻辑上推定，其余的也就不再成为问题。

惠子的说话显然是合乎逻辑的，而且是以庄之矛攻庄之盾（因为庄子已同意“子非我安知我”），也就把庄子逼到了墙脚，使他不得不认真对付。于是庄子说：请让我们从头说起。一开始你就问我“怎么知道鱼快乐”。也就是说，你早已知道我已经知道鱼之快乐了。知道了还问什么？既然一定要问，那我就告诉你吧，我是在河上知道的。

这显然是诡辩了。因为所谓“子非鱼，安知鱼之乐”的准确意思，是说：你不是鱼，怎么可能知道鱼是快乐的？正确的回答应该是把这种“可能”说出来。说不出来，就等于承认“不可能”。事实上，惠子也是认为不可能的。这个意思虽然没有说明，但谁都看得出，包括庄子。然而庄子却一口咬定是“既已知吾知而问我”，当然是诡辩。何况庄子还偷换了概念。惠子“安知鱼之乐”的“安”，是“怎么”和“怎么可能”的意思，庄子却偷换为“在哪里”，并回答为“我知之濠上也”，简直文不对题。

不过庄子说的却并不是假话，他的确是“知之濠上”的。因为所谓“出游从容，是鱼之乐也”，并不是一个事实判断，而是一个审美判断。为什么是审美判断呢？因为庄子实际上是以“移情”的态度在观赏鱼。于是，他便在不知不觉中将自己逍遥闲适的情感移入对象，得出了“出游从容，是鱼之乐也”的结论。这个结论，当然不会是客观事实，只能是一种审美感受。所以，他的判断是审美判断而非事实判断。如果是事实判断，就有一个“怎么知道”的问题；而如果是审美判断，则只须回答“在哪得到”就行了。所以，庄子和惠子讨论的，实际上是两个问题。他们说不到一起去，也就不足为奇了。

第一节　辩论的基本知识

一、辩论的特点

1. 辩论参与者的双向性

辩论要求参与的人员必须是两方及以上，如果只有一方参加，则不能叫辩论。

2. 辩论观点的对立性

辩论要求参加辩论的各方观点有明确的分歧，甚至对立。如果双方的论点是一致的，那也就没有辩论的必要了。

3. 辩论过程的严密性

辩者要让对方接受自己的观点，还要反驳对方的观点，就必须做到有论有辩。在辩论过程中，每一方都必须尽量使自己的观点正确、论据有力、推理严密，否则，就会被对方抓住漏洞，从而失败。

4．辩论方式的灵活性

辩论是语言的交锋，由于各方既要陈述自己的观点，巩固自己的阵地，又要洞悉对方的策略，转瞬之间作出判断，所以，辩者既要有敏捷的思维，也要有随机应变的口头表达能力。同时，在表达方式上要灵活多变，不拘一格。

二、辩论的作用

辩论是人类交际的一种手段，其作用主要表现在以下方面：

（一）辩论是人类文明进步的重要推动力

当一个民族或一个国家处于大变革时，会出现各种各样的思潮，新思想与旧思想必然会激烈碰撞。辩论可以探求真理，辨别是非，从而促进社会的发展。中国历史上的春秋战国时代，正是通过百家争鸣的辩论形式，活跃了学术气氛，使古代文明得到了重大发展。

在改革开放的今天，我们同样会遇到各种各样的思潮和问题，所以要通过争鸣、辩论，汲取新的思想和先进理论，淘汰落后陈旧的观念，使精神文明和物质文明进入更好的发展阶段。

（二）辩论是发扬真理、批驳谬误、维护尊严的有力武器

俗话说：真理愈辩愈明。辩论的目的就在于通过争辩识别真伪、判断是非，达到对真理的共同认识。辩论的过程是揭露和批驳谬误、证实和宣传真理的过程。所以，古今中外，人们都把辩论当做斗争的一种武器。

例如，古代的晏子出使楚国，高傲的楚国人让身材矮小的晏子从城门旁的小洞进城。晏子面对这种侮辱，平静地说："出使狗国的人应当从狗门进入，我现在出使的是楚国，不应当从此门进入。"宫殿上，心有不甘的楚王问晏子："齐国没有人了吗？"言外之意是"怎么派你这样一个小个子来当大使？"晏子回答："齐国派出使节，派贤能的人去贤能的国君那里，派不贤的人去不贤的国君那里，我是最不贤的人，只好派我来楚国了。"晏子的几句话令狂妄的楚国从此不敢小看齐国。正如刘勰所言："一人之辩，重于九鼎之宝；三寸之舌，强于百万之师。"

在现实生活中，人们有时会受到他人的攻击、诽谤，甚至诬陷，一个善于辩论的人可以以此维护自己的正当权益。

（三）辩论是培养人们良好口才的有效途径

辩论要求辩者不仅要口齿清楚、措辞得当、言辞流利、以理服人，还要有敏锐的洞察力、灵活的反应能力、高度的分析能力及综合能力。因此，辩论不但能提高语言表达能力，还能

训练思维和敏捷的反应能力。

三、辩论的种类

根据辩论的形式和内容，可以把辩论分为日常辩论、政治辩论、法庭辩论、学术辩论、赛场辩论等。作为大学生，我们要重点了解日常辩论、学术辩论中的答辩及赛场辩论。

（一）日常辩论

日常辩论是指人们在日常生活、学习和工作中，由于立场、观点、思维方式及认识水平等的差异，对某一问题的见解产生分歧而自然引发的辩论。

日常辩论的特点是：第一，没有预见性，随时可能发生；第二，通常是口头语言，不需要文字记录；第三，没有固定的辩题和明确的目的性，一般是各自陈述观点以说服对方，不求一定有结果，也不一定分胜负输赢。

比如有两位坐在同一办公室的同事，因为工作中的问题产生分歧而辩论，这时第三位同事加入辩论支持一方，增加了辩论的激烈程度，而第四位同事看形式不妙，不停地劝解，使大家悻悻然缄口。辩论虽停止，但是对于引起辩论的问题究竟该如何解决，并未取得一致意见。

在日常辩论中，辩论者要注意以下几点：

1．分清辩论的必要性

分清辩论的必要性即分析辩题是否有意义，倘若是原则性问题，则值得辩论；倘若属无意义的问题，就应避免辩论。一则免得浪费时间和精力，再则也防止由于无谓的纠缠而伤害同事间感情。

2．态度因人而异

同事间因工作中意见分歧需要分辩争论时，态度应平和且开诚布公。倘若是亲人间意见相左，发生了争执、辩论，则无须过分认真，只要不是什么至关重要的或大是大非的问题，忍让些，做到息事宁人。

一般日常生活中的辩论，不会是你死我活的敌我斗争，所以要本着温和谦让的原则，通过说理，努力求得意见一致，或者求大同存小异。

3．掌握分寸

日常辩论要紧紧抓住辩题的中心，辩什么就论什么，不东拉西扯，不搞人身攻击。不然，辩论转为争执、吵嘴、打架，就失去了判是非、求真理的辩论意义。日常辩论要着重探求事理，不要纠缠于个人的兴趣、嗜好或愿望。“我喜欢”“我愿意”之类的争辩，是无益的辩论。

4．讲究策略

日常辩论大多即席发挥，很难事先准备，但为了使辩论顺利进行，辩者在辩论中也要讲究策略，应随时分析情况，把握时机，迅速作出判断，施展有效的方法，充分论证自己见解的正确性，求得事情的沟通和问题的解决。

（二）答辩

“答”就是回答质询，“辩”则是辩护。答辩，是指答辩人为自己的观点、主张进行辩解，同时，对与自己对立的观点、主张进行辩驳的过程。这是一种带有辩论性质的回答质询的活动。我们常见的答辩有论文答辩、竞选答辩、议会答辩、经济方面的投标答辩等。

我们日常所说的答辩，经常是专指论文答辩，因为论文答辩是最常见的答辩活动。这里我们着重介绍论文答辩的情况。

论文答辩主要有两种：一种是学位论文答辩，即为获得一定的学位而进行的论文答辩。我国现行的学位制度规定，凡申请学士、硕士、博士学位的人，均应提交相应的论文，并经某一具有学位授予权的院校或科研单位进行论文答辩，合格者即由该高等院校或科研单位授予相应的学位。

另一种是高等院校毕业论文（或毕业设计）答辩。根据有关规定，我国各类高等院校（含成人高校）的本、专科学生学习期满，除通过毕业考核外，均需撰写毕业论文（或进行毕业设计），在校内通过论文（设计）答辩，合格者才能取得毕业资格。某些具有学士授予权的高等院校，其本科毕业生在获得本科毕业资格的同时，大都可以获得学士学位。

论文答辩的特点是：第一，按照一定的程序进行。一般是答辩者先对论文进行简要的陈述，然后回答辩论组的提问，最后由答辩组得出结论，给出分数。第二，答辩的内容是与论文有关的问题，与论文无关的内容不在答辩范围之内。第三，答辩不仅是对答辩人的考核，也是给答辩人提供进一步阐述观点、弥补论文不足的机会。

答辩人一定要充分重视这项活动。答辩时，答辩人要做到以下几点：

1．心中有数

因为答辩内容都与论文（设计）有关，所以事先就应围绕论文寻找有关资料，做好充分的准备。比如确定课题的科学价值和理论意义，有关的通说、前说以及此项研究在理论上的新发展，论文（设计）的基本观点（指导思想）和主要论据，本论文（设计）所涉及的专用概念、定理、定律的诠释以及重要引文的出处、版本，等等。对有关的问题准备充分，考虑成熟，牢记于心，答辩时就会从容不迫、应付自如。

2．听懂答对

对答辩委员会提出的问题，要注意听，听懂题意、听清范围，把握住问题的中心，方可回答。若有不明之处，可以要求答辩委员会成员再作解释。

答对包括三个方面：一是切中题意，不要答非所问；二是符合范围，问一答一，问二答二，既不要过，也不要不及，防止大问小答，或小问大答；三是直截了当，要抓住问题的中心，回答简明扼要、有理有据，不要东拉西扯、含糊其辞。

3．语言流畅

答辩人的回答一定要用词准确、句式严整、语气贯通、口齿清楚，让对方感到明白通畅。

在此基础上再力求修辞优美、用语生动、语调抑扬顿挫，给人以美感，切不可结结巴巴、含混不清。语言的不畅直接影响答辩的质量与水平。

4. 实事求是

答辩是对知识和能力的考察，答辩人一定要充分展现自己的才华。但是，答辩时切忌乱答，要量力而行，既不强求，也不遮掩。对有把握的，要据理答辩；没把握的，可以小心谨慎地试答；根本弄不清楚、把握不准的问题不可乱答，可以申明自己不会。总之，要本着实事求是的态度对待答辩。

5. 文明礼貌

答辩时要讲究文明礼貌。答辩人要尊重答辩委员会的每一位成员，应将答辩视为向专家求教的好机会。回答问题时，言谈举止要庄重，不打断提问，不出语伤人，不使用粗俗的字眼。若与答辩委员会成员发生意见分歧，特别要注意掌握好分寸，使用商榷的语气，委婉地表达自己的见解，以免伤害对方。

（三）赛场辩论

赛场辩论是一种有组织、有计划并当场决出胜负的辩论。

赛场辩论的特点是：第一，双方的观点不是自己选择的。辩论赛的观点是由抽签决定的，抽签决定的正、反方，不一定代表那些辩者的真正观点，但不管赞同与否，在辩论中都要竭尽全力来支持和维护它。第二，比赛规则体现了公平竞争的原则。它要求辩题要中立，参赛人数要相等，发言时间要相等。第三，赛场上有主持人、评判员、记时员等，他们共同组织比赛，最后决出胜负。

第二节　辩论的技巧

一、辩论的智力开发与心理准备

（一）智力开发

辩论需要思维敏捷和语言快速流畅，其魅力可以说不在语言而在智力。语言是辩论的武器，但使它发挥威力的却是智力。只有灵活的头脑，才能使人在辩论中长袖善舞、起死回生。因此，辩论有益于智力的开发。

1. 记忆力

记忆好的人，辩论时可以充分列举出确凿有力的事实，用广博的知识来说明问题，使得论点更加有说服力。

2．分析力

利用分析力，能区分不同事物的相似点和相似事物的不同点。辩论是通过演绎、归纳、逻辑推理，清晰地表达自己想法的过程。

3．直觉力

直觉的判断力要求有丰富的经验，能迅速对某种事物作出准确的判断。在辩论中可以从对方的声调、表情等外在表现洞察对方出语真意，判断对方的思维活动。女性的一般要比男性强。

4．幽默感

在辩论中，具有幽默感的人常常不遵从一般的法则，而是另辟蹊径，使用一些逗笑的妙语，不但给辩论增添活力，也是一种巧妙的反驳。

5．和谐性

和谐性使人善于融合双方意见的长处，在辩论中既坚持己见，又不失气氛和谐，在双方满意的妥协中结束论辩。

6．抑制性

“愚者把所思所想立刻形之于表，智者却常存于心。”辩论时，抑制性使人善于审时度势，发言经深思熟虑，不易走极端，容易赢得别人的信赖。

7．宏观性

宏观性使人在辩论中可以处处把握住事物的总体趋势，迅速从对方零碎、繁杂的话中概括出最主要的问题并加以评论。

（二）心理准备

辩论的特点决定了辩论者必须具有良好的心理素质。从某种意义上来说，心理准备重于巧用言语。我们应建立起“每辩必胜”的心理战略，要看到“气势”在论辩中至关重要的作用。首先在气势上压倒对方，才能在辩论中发挥正常，言辞得当，思路清晰，攻守有方。

辩论中最普遍的心理障碍是怯场。其实，胆怯是人之常态，我们自己有这个弱点，对方也有这个弱点。“狭路相逢勇者胜”，想到对方与自己一样，也会紧张，也会有不安心理，心境就坦然了。

二、辩论中常见的错误

在辩论中，不论所持的是什么观点，所用的是什么方法，实质上都是在做证明工作，这就必须遵守证明的逻辑规则。如果逻辑“犯规”，即使出口成章、滔滔不绝，证明也不能成立，更谈不上论辩致胜。实践表明，人们在辩论中会有意无意地“犯规”。因而有必要借助一些事例，“揭露”一下最常见的“犯规”行为。

1．论题暧昧

暧昧不明的论题，由于其不确定性，因而可以作多种解释，就像一条滑溜溜的泥鳅，人们很难抓住它。

例如，算命先生在谈到父母存殁情况时，通常说“父在母先亡”。这个论题可以有四种解释：第一，父亲在母亲之前去世了；第二，母亲在父亲之前去世了；第三，如果父母全去世了则作为解释父母二人死的先后次序；第四，如果父母都健在，则作为解释将来两个人死亡时间的先后。

2．转移论题

对别人提出的问题避而不答或是答非所问，都是转移论题的表现形式。

例如：歌剧《刘三姐》对歌这场戏中，刘三姐向三个酸秀才问道：“高高山上低低坡，三姐爱唱不平歌，再向秀才问一句，为何富人少穷人多？”三个秀才一个人答一句：“穷人多者不少也”“富人少者是不多”“不少非多多非少”。这里，刘三姐问的是“为什么”，三个秀才答的“是什么”，偷梁换柱。

3．偷换概念

偷换概念是将一些看起来好似一样的概念进行偷换，实际上则改变了概念的修饰语、适用范围、所指对象等具体内涵。

在概念上玩弄游戏，这是诡辩者惯用的手段。只要我们澄清概念，正确地解释概念，明确其内涵与外延，就足以堵住诡辩者的口。

请看下面的一则对话：

经理：你和顾客发生矛盾冲突，大声争吵，责任在你，你应该作自我批评。

售货员：矛盾存在是正常现象，没有什么地方不存在矛盾。我和顾客发生这么点矛盾，有什么值得大惊小怪的？

上例中，经理说的“矛盾”是指售货员与顾客的冲突争吵，而售货员所说的“矛盾”是指辩证唯物主义的对立统一关系。这是两个截然不同的概念，售货员显然是在用偷换概念的手法为自己的错误狡辩。

4．捏造论据

论据，是论点借以成立的根据。因此，在正当的辩论中，论证论点并使之成立，必然要运用真实、正确的论据，这样论点才有说服力。论据是论题赖以建立的基础和支柱，论据虚假就从根本上违背了论证原则。

《雅学》中有一则故事：

叶衡罢相归，一日病，问诸客曰：“我且死，但未知死后佳否？”一士曰：“甚佳。”叶惊问曰：“何以知佳？”答曰：“使死而不佳，死者皆逃回矣。一死不返，以是知其佳也。”

显然，死人无法再生，因此这个论据是虚假的。

5．预期理由

预期理由也称先验理由。即故意使用未经论证也未经实践检验其正确的理由来进行推理。因为理由是想当然的，还有待论证，所以以其作论据推出的结论，肯定是不可靠的，甚至是错误的。使用未经证明其真实性的论据，就是犯了预期理由的错误。

著名的昆曲剧目《十五贯》中，无锡知县过于执在审问苏戎娟时，认定她是杀父的凶手，就是以预期理由为依据的。他是这样判断的：

看她（苏戎娟）艳如桃李，岂能无人勾引？年正青春，怎能冷若冰霜？她与奸夫情投意合，自然要生比翼双飞之意。父亲阻拦，因之杀父而盗其财，此乃人之常情。这案情就是不问，也已明白十之八九了。

过于执的“岂能……怎能……自然……因之……此乃人之常情”这种思路，就是先验的，是不作任何调查研究的想当然。他就凭这种预期理由，制造了一起草菅人命的冤案。

6．循环论证

循环论证是预期理由的一种特殊表现形式，如果那个未加论证的论据本身还需论题加以证明的话，就是循环论证。循环论证等于用论题本身来证明论题。

在莫里哀在喜剧《无病吟》中，讽刺不学无术的医学学士阿尔贡是这样通过口试的：鸦片之所以能催眠，是因为它有催眠的力量；鸦片为什么有催眠的力量呢？因为它能催眠。

7．以偏概全

以偏概全是指只根据个别情况就得出一般性结论。

例如：《晏子春秋》中记载了不少有关晏子的故事。一次，晏子出使楚国，楚王着人绑着一个犯人经过，故意问道：“这人犯了什么罪？”下官答：“这是小偷，是齐国人。”楚王对齐国使臣晏子说：“原来齐国的老百姓都惯于做小偷？”楚王在这里就用了以偏概全的招术。

8．牵强附会

牵强附会又叫机械类比。指把偶然相似而实质上完全不同的两类对象进行类比，从而推出一个荒谬的毫不相干的结论来。

如有人为了证明上帝的存在，把宇宙和钟表进行类比，说既然钟表有创造者，那么宇宙也必定有创造者——上帝。

9．强词夺理

不讲逻辑，把推不出来的论题硬说成是论据中已推得的结果，就是强词夺理。

一则古代笑话：甲乙两人打架，乙咬下甲的鼻子，见官后，乙说甲的鼻子是他自己咬下来的。县官问：“嘴比鼻子低，他怎么能咬到自己的鼻子呢？”乙说：“他是站在凳子上咬的。”而这位“聪明”的青天大老爷居然相信了乙的“强词夺理”。

10．人身攻击

辩论中不用摆事实讲道理的科学方法来论证论题，而是离开论题，无理攻击对方个人品质，甚至谩骂对方，这就是人身攻击。

辩论中的这些错误总是带着巧妙的伪装，其实就是诡辩，诡辩者总是头头是道、振振有辞，仿佛他们总是正确的、有理的。对于诡辩，我们一要能识破，二要会驳斥，要善于抓住这些常见的错误予以还击。

三、辩论中常用的技巧

（一）界定辩题

辩论的题目一般都是有争议的值得一辩的内容，立论的一方首先要对辩题进行界定，使之对自己的立论有利，否则双方不会有交锋，或会随对方的思路陷入歧途。

界定辩题，首先，要明确辩题中的关键词；其次，对这些关键词的内涵和外延进行确定，指出其意义和范围；最后，将辩题的所有概念联系起来，具体说明这个辩题的意义和在当前情况下所涉及的范围。

例如，“外来文化对民族文化的发展利大于弊”这个辩题。正方一辩开篇先明确了三个概念：“文化”、“民族文化”、“外来文化”，并把辩题限定在“只要外来文化对民族文化发展起到积极推动作用就是利大于弊”。而反方一辩开篇也对“文化”、“民族文化”、“外来文化”做了限定，但将外来文化分为“拿来的”和“送来的”，强调外来文化中的糟粕对民族文化的影响，得出“弊大于利”的结论。由于辩论观点不同，正反双方各取所需，限定的内容就有所不同。界定辩题，实际上是立论的出发点和根本点。

（二）攻击矛盾

攻击矛盾就是抓住对方自相矛盾的地方加以揭露，“以子之矛，攻子之盾”，从而暴露对方论点的荒谬。例如，在“长虹杯”全国电视辩论会关于“大学毕业生择业的首要标准在于发挥个人专长”的辩论中，有这么一段辩词：

反二：先指出对方二辩一个小小的错误，我方一辩的首要标准是到祖国最需要的地方去。没有地基的房子没法住，这是一个再简单不过的常识了，可是今天对方辩友不首先向大家论证为什么全体大学毕业生要有统一的择业首要标准，却舍本逐末，大谈特谈所谓首要标准在于什么。难道你们现在还没有发现，你们向大家描述的只是一座没有基础的空中楼阁吗？我方认为，对于全体大学生来说，根本不存在统一的择业首要标准……”

正方：对方二辩刚一开始就说，首要标准是到祖国最艰苦的地方去，但是马上又改口说，大学生没有统一的首要标准，不知道是不是叫做自相矛盾。（掌声）

反方为了驳倒正方，不经意间对同一事物先后作出了不同的判定，开始说大学生择业要有首要标准，这个标准就是祖国的需要，可后来又说没有首要标准，这样便出现了自相矛盾。正方敏锐地发现了其中的矛盾，并将它及时揭露出来，其攻击力量无疑是巨大的。

（三）避实就虚

双方在辩论中会各有虚实，避开对方正面的优势部分，抓住其薄弱之处展开攻击，能够起到回避正面问题，摆脱纠缠的作用。

如王某去某地创办公司，一下飞机被记者追问：“你带了多少钱来？”王某很为难，说吧，事关经济秘密，不说吧，又难以圆场。王某见记者是女的，就笑着说："对小姐不能问岁数，对男士不能问钱数，小姐你说对吗？"

这种方法在正面进攻处于劣势或难以奏效时使用，可以使自己摆脱困境。

（四）针锋相对

辩论中很重要的一个方法就是针锋相对，将对方提出的问题毫不留情地揭穿，逐条加以驳斥。请看"长虹杯"全国电视辩论会总决赛中关于"人类社会应重义轻利"的一段辩词：

正方：二战期间，如果没有四川人民的重义精神，为中国抗日战争输送了那么多的好儿女，中国怎么可能取得反法西斯战争的胜利呢？（掌声）

反方：二战期间，四川人民贡献的不仅是空洞的道义，而是人力、物力、财力。（掌声）

这里，正方列举四川人民为抗战输送了无数的好儿女，得出这是"重义"的结论；反方则针锋相对，阐明四川人民贡献的并不是空洞的道义，而是人力、物力、财力，这些与利有关，得出这是"重利"的结论。对同样一件事，双方各自得出尖锐对立的结论。

针锋相对要求突出针对性。针对性越准，战斗力就越强。

（五）釜底抽薪

错误的观点往往是由虚假的论据支持的。釜底抽薪是指揭露对方论据的虚假，从而驳倒其论题。例如，在首届国际华语大专辩论会的半决赛上，有这样一段辩论。

正方：所以我倒要告诉对方，1987 年中国预防医学科学院副院长就告诉我们，他们的研究人员已经分离出一种艾滋病病毒，已经开展艾滋病病源和分子生物学研究，已经得出了研究的结果，而且是有效的。

反方：著名的中国艾滋病研究专家康来仪先生就说，刚才那个所谓研究结果到现在还无法加以证明。（掌声）

反方引用权威的话，证明这项研究成果尚无法得到证明，从而揭露了对方论据的虚假性，使对方观点不攻自破。

（六）顺水推舟

顺水推舟，指在交谈中，顺应对方的话茬自然而然顺接着说下去，让其向着有利于自己的目标发展，最后使对方心悦诚服。

清朝时，李鸿章有个远房亲戚，胸无点墨而热衷科举，考场上打开试卷，竟有一多半字不认识，急得如热锅上的蚂蚁。眼看交卷时间就要到了，该人灵机一动，在试卷上写道："我乃李鸿章中堂大人的亲妻（戚）。"当考官批阅这份考卷时，不禁拈须微笑，提笔在卷上批道："所以本官不敢娶（取）你。"

（七）请君入瓮

在辩论中，发现对方提出根本无理的问题时，可模拟同样无理的问题，作为许诺解答的前提，只要对方能解答，自己一定能解答，这种语言技巧称为“请君入瓮”法。

传说，云南白族有一位聪明伶俐的姑娘，有个大地主想了个点子，准备难倒巧嘴姑娘。他把姑娘叫来，还让人牵来一匹马，自己骑在马上，一脚踩着马镫，身子向上挺，问巧嘴姑娘：

“你说我是上马，还是下马？”

这意思很清楚：如果说他是上马，他就下马；如果说他是下马，他就上马。无论说他上马还是下马，都不对。

巧嘴姑娘缓步走到门边，伸出一脚踩在门上，另一脚踩在门外，反问地主：

“你说我是进门，还是出门？你先回答我的问题，我就能回答你的问题。”

原先洋洋得意的地主一听巧嘴姑娘的问话，顿时像泄了气的皮球，只好悻悻离去。

这里巧嘴姑娘就是用了“请君入瓮”法。

（八）借题发挥

经验丰富的辩论家总是不放过任何机会宣传自己的观点，并注意扩大其影响。比如，对方提出论题，如未阐述、证明，或论证不合理，我们可接过这一论题趁机加以发挥，不仅变被动为主动，而且还能收到意想不到的效果，这就是借题发挥法。

清朝嘉庆年间，洛阳才子孟习欧因事至一裁缝处。裁缝见孟衣着平平，故应酬冷淡。孟见其事忙，告以稍后再来，即外出散步。

少间，孟散步回来，裁缝一反前态，非常敬重。原来，有人告诉裁缝：“他就是大名鼎鼎的孟习欧。”

裁缝说：“听说先生诗作得好，请赐大作。”

孟略一沉思，即说道：“裁缝离不开针，我就以针为题：一条钢针明粼粼，拿在手中抖精神。眼睛长在屁股上，只认衣裳不认人。”

孟习欧面对裁缝的势利心理，巧借裁缝的常用工具——针为题，对势利之人进行了尖锐的讽刺。

（九）巧设陷阱

巧设陷阱即所谓引诱法，诱导对方陷入自相矛盾，使其走入自我否定的混乱逻辑内。有这样一个故事：

一个人家里丢了一匹马，他获悉是一位邻人偷走了，便同一位警官到邻人家去讨索。但邻人拒绝归还，并声称那是他自家的马。

这个人灵机一动，走上前去，用双手蒙住马的两眼，对邻人说：“如果这匹马是你的，请告诉我，马的哪只眼睛是瞎的？”

“右眼。”邻居答道。

这个人放开右手，马的右眼并不瞎。

“我说错了，马的左眼才是瞎的。”邻人急忙争辩说。

这个人放开左手，马的左眼也不瞎。

警官说：“这样，已经证明马不是你的，必须把马还给这位先生。”

引诱法的巧妙之处在于，它往往使对方在不知不觉中落进陷阱，自己批驳自己，等发现时已为时晚矣，因而只得低头认错。

（十）察言观色

言者，对方的言谈；色者，对方的举止神情。心有所思，口有所言，通过语言这个窗口可以窥测人的内心世界。举止神情，往往是下意识的自然流露，通过它有时可以捕捉到比语言表露更真实微妙的思想。

在辩论中，善于从这两个窗口来洞悉对方思想活动的脉搏，对成功将大有好处。例如，从言谈的微妙处来观察对方的性格特征和内心活动：偏激的言辞，大抵是对方受某种观点蒙蔽，一时难以转弯；用夸大失真之词来维护主张，表明其受这种思想的强烈支配；说话不集中，东一榔头，西一棒子，显然此人没有前后一致的坚定主张；作伪的人，言语转移不定，虚浮不实；论证站不住脚的，开口一定不能理直气壮……

说到举止神情，每个人都有最能反映自身思想活动的典型动作和典型部位，称为“语言定位点”。普遍性的语言定位点易于捕捉，如愤怒时横眉立目，紧张时双手揉搓，思索时指节轻扣桌面，不安时眼珠左右躲闪，等等。

敏锐地捕捉对手的语言定位点，对于辩论致胜大有裨益。每一个辩者都要善于察言观色，注意对方的举止神情，善于抓住对方动作或表情微小变化中传递的信息。

（十一）对症下药

由于每个人的性格、修养等方面的差异，从而使得对某些人适用的辩论方式，对其他性格、修养的人并不一定适用。每个辩者都要善于扬长避短，有的放矢，采用最合适的方式来进行辩论。我国春秋后期的雄辩家邓析在两千年前就提出了“别殊类”的主张，要求根据具体对象因人而异进行辩论，至今仍有借鉴的意义。

他说：“与智者言，依于博；与博者言，依于辩；与辩者言，依于要；与贵者言，依于势；与富者言，依于豪；与贫者言，依于利；与勇者言，依于敢；与愚者言，依于说。”也就是说，与智慧的人辩论，要表现自己的博学多才；与博学者辩论，要发挥自己能言善辩的才能；对于善辩者，须很好地把握要点，毋使对方转移命题；对有地位的人，可因势利导；对富有的人，可以自己的豪气应对；对贫穷的人，可以利诱之；对勇敢的人，要表现自己的果敢；对愚昧的人，要循循善诱。

（十二）善于反驳

在辩论过程中，逻辑手段必不可少，亚里士多德把逻辑作为使人折服的三大手段之一。每个符合逻辑的推理都是由论题、论据和论证三个方面组成的，因此在正面反驳对方的错误观点时，可以针对不同的情况，从这三个方面抓住要害进行反驳，即反驳论题、反驳论据和反驳论证过程。

1．反驳论题

反驳论题即证明对方的论题是错误的。李斯写给秦始皇（当时是秦王）的《谏逐客书》，就是一篇反驳论题的名著。当时秦国的宗室大臣策划排挤在秦国的外籍官员，声称要“逐一切客”，李斯本人也上了黑名单。李斯于是上书秦王，信一开头就开门见山地说：“臣闻史议逐客，窃以为过矣。”这就是在反驳对方的论题。李斯从多方面论证了自己的看法，指出逐客不仅不合理，还会给秦国带来巨大损失，因为逐客等于资敌，等于派许多仇人到别国去反对秦国。秦始皇读了信，终于“除逐客之令，复李斯官”。

2．反驳论据

反驳论据就是证明对方的论据是虚假的，指出对方所提出的理由是站不住脚的。只要证明了这一点，对方的论题便失去了依据。

值得注意的是，驳倒了对方的论据，并不一定就能证明论题必然错误。驳倒了论据后，还必须有新论据驳倒对方的论题。

3．反驳论证过程

反驳对方的论证方式或论证过程，就是指出对方的论据和论题之间没有正确的逻辑关系，论据推不出论题来。

在辩论中，重点反驳什么，要看实际情况和需要而定。在比较复杂的辩论中，常常要把三种方式结合起来，才能驳深驳透。特别需要指出的是，揭露对方论证过程中的各种逻辑错误，是很重要的一环。

最后，请大家欣赏一段精彩的批驳辩词。这是首届国际大专辩论会决赛关于“人性本善”辩论中反方三辩的一段辩词：

“对方一辩说，有的人是‘放下屠刀、立地成佛’的，这不错，但我请问，如果人都是本善的话，谁会拿起屠刀呢？（掌声）第二，对方二辩说，人一教一学就能够会善，那我们看到好多人他们做恶事的时候，是不要教、不要学，就会去做的。（笑声、掌声）我们再看到，对方辩友认为恶都是外因，但我请问，如果鸡蛋没有缝的话，苍蝇会去叮它吗？所以它是有内因起作用的。”

这段辩词体现出一种高超的批驳艺术：第一个批驳借对方引用的一句俗语，借力发力，采用因果论证法，顺势点明“人性本善”的不可信；第二个批驳，以反面事例论证了对方“人一教一学就能够善”这一论据的不可靠；然而贯穿正方整个辩论，支撑正方观点的核心论据是：恶都是外因，所以第三个批驳便针对这一核心论据，又一次采用因果论证法，用一个形象的比喻，指出恶不是外因，而是内因。这里，从哲学高度，从根本上动摇了敌论。三个批驳，层层深入，环环相扣，具有无与伦比的攻击力量。

【典型实例】

耍赖的县官

下面的故事中，县太爷明明是凭借权势在耍赖，但店家也难以反驳他。请你扮演店家来揭穿县官的诡辩。

从前，有一位县太爷到一家金店买金锭，店家拿出两只金锭来。县太爷问："这两只金锭要价多少？"店家答道："大人要买，小人只按半价出售。"县官没有再问具体的价钱，收下一只，还给店家一只，转身就要离店。店家急了，说："请大人赏给小人金锭价款。"县太爷说："不是已经给你了吗？"店家莫名其妙地说："小人根本没有收到啊！"县太爷大怒："好大胆的刁民，本官买你两只金锭，你说只收半价，我已经把一只金锭还你折合一半的价钱？我何曾亏你？"

诸葛亮舌战群儒

张昭等见孔明丰韵飘洒、气宇轩昂，料到此公必来游说。张昭先以言挑之曰："昭乃江东微末之士，久闻先生高卧隆中，自比管、乐。此语果有乎？"孔明曰："此亮平生小可之比也。"昭曰："近闻刘豫州三顾先生于草庐之中，幸得先生，以为如鱼得水，思欲席卷荆襄。今一旦以属曹操，未审是何主见？"

孔明自思张昭乃孙权手下第一谋士，若不先难倒他，如何说得孙权，遂答曰：“吾观取汉上之地，易如反掌。我主刘豫州躬行仁义，不忍夺同宗之基业，故力辞之。刘琮孺子，听信佞言，暗自投降，致使曹操得以猖獗。今我主屯兵江夏，别有良图，非等闲可知也。”昭曰：“若此，是先生言行相违也。先生自比管、乐，管仲相桓公，霸诸侯，一国天下；乐毅扶持微弱之燕，下齐七十余城：此二人者，真济世之才也。今既从事刘豫州，当为生灵兴利除害，剿灭乱贼……何先生自归豫州，曹兵一出，弃甲抛戈，望风而窜；上不能报刘表以安庶民，下不能辅孤子而据疆土；乃弃新野，走樊城，败当阳，奔夏口，无容身之地：是豫州既得先生之后，反不如其初也。管仲、乐毅，果如是乎？愚直之言，幸勿见怪！”

孔明听罢，哑然而笑曰：“鹏飞千里，其志岂群鸟能识哉？譬如人染沉疴，当先用糜粥以饮之，和药以服之；待其腑脏调和，形体渐安，然后用肉食以补之，猛药以治之：则病根尽去，人得全生也。若不待气脉和缓，便投以猛药原味，欲求安保，诚为难矣。吾主刘豫州，向日军败于汝南，寄迹刘表，兵不满千，将止关、张、赵而已，此正如病势尪羸已极之时也，新野山僻小县，人民稀少，粮食鲜薄，豫州不过暂借以容身，岂真将坐守于此耶？夫以甲兵不完，城郭不固，军不经练，粮不继日，然而博望烧屯，白河用水，使夏侯、曹仁辈心惊胆裂：窃谓管仲、乐毅之用兵，未必过此……盖国家大计，社稷安危，是有主谋。非比夸辩之徒，虚言欺人：坐议立谈，无人可及；临机应变，百无一能。诚为天下笑耳！”这一篇言语，说得张昭并无一言回答。

座上忽一人抗声问曰：“今曹公兵屯百万，将列千员，龙骧虎视，平吞江夏，公以为何如？”孔明视之，乃虞翻也。孔明曰：“曹操收袁绍蚁聚之兵，劫刘表乌合之众，虽数百万不足惧也。”虞翻冷笑曰：“军败于当阳，计穷于夏口，区区求救于人，而犹言不惧，此真大言欺人也！”孔明曰：“刘豫州以数千仁义之师，安能敌百万残暴之众？退守夏口，所以待时也。今江东兵精粮足，且有长江之险，犹欲使其主屈膝降贼，不顾天下耻笑。由此论之，刘豫州真不惧操贼者矣！”虞翻不能对。

座间又一人曰：“孔明欲效仪、秦之舌，游说东吴耶？”孔明视之，乃步骘也。孔明曰：“步子山以苏秦张仪为辩士，不知苏秦、张仪亦豪杰也。苏秦佩六国相印，张仪两次相秦，皆有匡扶人国之谋，非比畏强凌弱，惧刀避剑之人也。君等闻曹操虚发诈伪之词，便畏惧请降，敢笑苏秦、张仪乎！”步骘默然无语。

忽一人问曰：“孔明以曹操何如人也？”孔明视其人，乃薛综也。孔明答曰：“曹操乃汉贼也，又何必问？”综曰：“公言差矣，汉传世至今，天数将终。今曹公已有天下三分之二，人皆归心。刘豫州不识天时，强欲与争，正如以卵击石，安得不败乎？”孔明厉声曰：“薛敬文安得出此无父无君之言乎！夫人生于天地间，以忠孝为立身之本。公既为汉臣，则见有不臣之人，当誓共戮之，臣之道也。今曹操祖宗叨食汉禄，不思报效，反怀篡逆之心，天下之所共愤；公乃以天数归之，真无父无君之人也！不足与语！请勿复言！”薛综满面羞惭，不能对答。

……

忽又一人大声曰："公好为大言，未必真才学，恐适为儒者所笑耳。"孔明视其人，乃汝南程德枢也。孔明答曰："儒有君子小人之别。君子之儒，忠君爱国，守正恶邪，务使泽及当时，名留后世，若夫小人之儒，惟务雕虫，专工翰墨，青春作赋，皓首穷经；笔下虽有千言，胸中实无一策，且如杨雄以文章名世，而屈身事莽，不免投阁而死，此所谓小人之儒也；虽曰赋万言，亦何取哉！"程德枢不能对。众人见孔明对答如流，尽皆失色。

第五章　演讲技巧与艺术

只要遵循正确的方法，做好周全的准备，任何人都能成为出色的演讲家。反之，不论年龄及经验多么老到，若没有适当的准备，任何人都会在演讲中出窘。

——卡耐基

【案例精选】

袁隆平院士在湖南农业大学的演讲

各位老师、各位家长，2019 级新同学们:

你们好！中秋时节，湖南农大迎来 2019 级新生入学的美好时刻，我也非常高兴来参加新同学们的开学典礼，藉此，我要对你们成为光荣的大学生并开启求学的新航程表示热烈的祝贺！

同学们，站在人生新起点的你们，是一群有朝气、有热情的年轻人，面对活泼开朗、意气风发的你们，我希望不是以长辈身份，而是作为朋友来与你们交流。你们正值如花的年龄，也正是充满梦想的时候，但是停留于做梦是不够的，我希望你们要树立理想并努力为实现理想而奋斗。我讲我一直有两个梦：第一个梦是禾下乘凉梦，这是追求水稻的高产更高产梦；第二个梦是杂交水稻覆盖全球梦，我始终都还在努力使梦想成真，也寄希望与你们共勉来共同实现这两个梦想。

经常有人问我成功的“秘诀”是什么？其实谈不上什么秘诀，我的体会是“知识、汗水、灵感、机遇”这八个字。

首先，知识就是力量，是基础，同学们不但要打好基础，还要开阔视野，掌握最新发展的动态。

第二点，汗水指的是要能吃苦，任何一个科研成果都来自于深入细致的实干和苦干。特别是我们学农的，光是书本知识不够，还要实践。要在农田里面做试验，免得变成一个“书呆子”。

第三，要有灵感，灵感就是思想火花，是知识、经验、思索和追求综合在一起升华的产物，同学们要做“有心人”，随时注意捕捉思想的火花。

第四是机遇，有一句名言叫做：机会宠爱有心人；还有句话叫做：世有伯乐，然后有千里马。千里马常有，而伯乐不常有，机会宠爱什么人呢？有心人！所以说，我们要做有心人，随时注意捕捉思想的火花。偶然的东西带给我们的可能是灵感和机遇，你们要学会用哲学的思维看问题，透过偶然性的表面现象，找出隐藏在其背后的必然性。

我认为坚持做到这几点，才能突破障碍实现梦想。

同学们，中国进入了新时代，你们是新时代中国青年，肩负着中华民族伟大复兴的使命，未来赋予了你们强农兴农的责任，我相信你们必定会在追求真理的道路上躬行实践、厚积薄发，并将不会辜负时代的担当。

最后，祝愿你们在湖南农大度过你们美好的大学时光！

谢谢大家！

第一节　演讲准备

要想做一场精彩的演讲，细致的准备工作是必须的。例如，要分析听众，了解他们的文化水平、所关注的问题，确定演讲所要达到的目标，并选择合适的演讲题目等。

一、分析听众

（一）了解听众心理特征

所谓听众心理，是指听众对演讲主观反应的一种特殊心理活动。研究听众心理特征，可以帮助演讲者掌握听众各种心理发生、发展和变化的规律，从而做出更好的准备，使演讲获得最佳的效果。

1．掌握听众的感知特征

感知是人感觉和知觉的合称，是客观事物直接作用于人的感觉器官而在人脑中的反映。感知是听众认识和理解的前提。一般来说，听众对演讲信息的感知程度与演讲的效果成正比。演讲者给听众的感知信号越强烈，听众留下的印象和记忆就越深刻；反之，则越肤浅。听众的感知特征具体表现为：

（1）选择性理解。听众对演讲信息的理解程度直接关系到演讲的成败。在理解过程中，听众既受演讲内容与形式的制约，又受自身文化素质的限制，对信息理解具有选择性。

（2）整体性理解。听众所感知的信息，固然是由许多部分组成的，并且各个部分有不同的属性，但他们并不会把感知的信息分割成许多个别的孤立的部分，而是把它们作为一个整体，从而形成整体印象。这就要求我们演讲时，做到各个有机部分协调统一、内容和形式协调统一、内容和情感协调统一、口语和非语言行为协调统一。

（3）差异性理解。外界信息是多种多样的，在一定的时空范围内，人总是有选择地以少数信息作为感知的对象。有的信息与背景之间反差性强，显得特别突出和清晰；有的信息与背景之间的反差性不够明显，导致信息模糊不清。感知的差异性，首先表现在感知对象与背景的反差上。反差越大，感知对象就越突出和清晰；反之，则越模糊不清。因此，我们在演讲中应尽量增设各种反差，给听众以强烈印象，从而提高感知效果。例如，用重音突出某个词语，用手势强调某种意思。此外，会场和演讲台的布置也应该突出演讲者，服务于演讲的内容。

（4）经验性倾向。人在感知对象时，总是根据已有的经验和情绪来感知和评价当前所出现的客观事物，这就是心理定势。

心理定势具有两重性，既可使听众产生积极的心理倾向，也可以使听众产生消极的心理倾向。演讲者应该运用感知的经验性规律，做到从演讲开始就给听众造成一个良好的心理定势。

（5）直观性理解。感知的直观性有实物直观、图像直观和语言直观三种基本形式。在演讲中，我们强调丰富听众的感知，包括尽可能地向听众提供图表、照片、实物和录像等视觉的感知材料。

语言直观的表达手法多种多样。运用拟人、比喻、夸张等修辞手法，可以把抽象枯燥的事物说得形象生动；运用谚语、歇后语等口语的方法，能够增加语言的亲切感，缩短听众与演讲者之间的情感距离。至于描写、示范等手法，更是有把听觉形象转变为视觉形象的“通感效应”。以口语为主要特征的演讲，应该运用语言直观来弥补自己的不足。

（6）群体行为的感染性理解。感染指的是感情或行为从群体中的一个参与者蔓延到另一个参与者。

当许多人聚在一起形成一个群体时，人们的心理状态较之独处时有一些明显变化。一个头脑冷静且比较理智的人，一旦进入某一规模的群体之中，常常会放弃平常抑制自身行为的社会准则，而与集体中的其他成员相互刺激并相互强化情绪和行为反应。演讲中，往往出现数人笑，众人皆笑；数人鼓掌，众人皆鼓掌；数人打哈欠，众人皆有睡意等现象。演讲者要积极控制、调节听众的热情，把演讲推向高潮；及时发现听众的不耐烦情绪，以主动出击的方式控制消极情绪的蔓延。

2．了解听众的注意力特征

听众注意力是指听众意志对演讲者演讲内容的指向和集中。研究显示，人的注意力的持续时间非常有限，大约只有 3 秒到 24 秒。人的大脑时刻准备接受新的刺激，听众很难聚精会神地倾听关于一个问题的长时间演讲。因此，演讲者应做到：

（1）诱发听众的注意力。引起注意的原因，有时是演讲的信息，如是否强烈新奇、对比鲜明、不断变化等；更主要是听众自身的因素，如当时的心理状态、兴趣需要等。因此，可以针对听众的心理特征和需要设计新颖独特的题目、情感真挚的内容，运用引人入胜的艺术手法等吸引听众的注意力。

（2）保持听众的注意力。演讲的开头引起听众注意后，仍然要保持听众的注意。前面说过，听众注意力的持续时间非常短暂，有必要使用各种艺术手法，如提问、试验等方法来活跃会场气氛，促使听众动脑、动口，把分散的注意力重新集中到听讲上。

听众的注意力具有选择性，因此演讲的主题应该是听众的注意中心。如果演讲中穿插了许多与演讲主题无关的题材，就可能使听众形成与演讲主题无关的注意中心。

3．利用听众的注意力特征

注意力还具有转移性特征，即听众根据新的需要主动地把注意力从一个对象转移到另一个对象上去。因此，可以选择以下途径：

（1）演讲内容既不宜平铺直叙，也不宜一味追求刺激，要搭配得当；

（2）情节结构不能高潮不断，要起伏跌宕、有张有弛；

（3）运用幽默和诙谐，使听众心理得到暂时休息；

（4）提示听众，使其作好转移的准备。

（二）分析听众的意愿要求

作为演讲者，还必须事先了解听众的意愿要求，以便有针对性地做好确定主题、选择材料等准备活动。听众参加演讲会的意愿要求大致有：

1．慕名而来

一般群众对各类名人都怀有一种敬仰、钦慕之心。因此，当著名政治家、科学家、演讲家、明星等发表演讲时，往往有大批听众慕名前往。此类听众的主要目的大多是为了一睹名人风采，他们一般不太计较演讲水平的高低。同时，由于潜在崇拜心理，名人的演讲往往激起异乎寻常的热烈反响。

2．求知而来

为了获取新的知识和能力，听众会自觉选择那些满足自己求知欲的演讲。学术讲座、技术辅导、国外见闻等演讲能够吸引大批听众的原因，正是由于这些演讲满足了听众的求知欲望。如果演讲内容充实、条理清晰，听众一般不会过于挑剔演讲技巧。

3．存疑而来

听众对自己渴望的演讲话题总是抱有极大的兴趣。如果关系到听众的切身利益，听众会十分主动地参与演讲的沟通过程。此时，所要做的是分析听众希望了解的话题。此类听众只要求把演讲内容交代清楚，他们对演讲者的身份、地位和演讲水平不会有太苛刻的要求。

4．欣赏而来

相当一部分听众的目的不在于演讲者表达的内容，而在于欣赏演讲者的表达技巧。在此类听众的潜意识中，隐藏着他们对高水平演讲者的崇拜和学习演讲的欲望。这是一批公正的听众。演讲者要充分展现自己的表达技巧。

5．不得不来

工作报告、经验交流、各类庆典的会场上，有些听众是由于纪律约束或出于礼貌而不得不来的。这类听众对演讲内容不甚关心，演讲过程中心不在焉，反应冷漠。如果演讲者想征服这类听众，必须掌握高超的演讲技巧。

（三）分析听众的构成

一般来说，可以从以下几个方面分析听众的构成：

1．年龄

一个演讲者必须对听众的年龄范围敏感，因为兴趣因年龄而不同。大学年龄段的人通常对学校、未来工作、音乐和人际关系感兴趣；年轻的父母通常对影响孩子的问题，如上网和升学等问题感兴趣；中年人倾向把重点放在工作上；老年人则倾向于对休闲活动和健康有关的问题感兴趣。然而，不是所有的问题都与年龄相关联。例如，绝大多数人对计算机、选举和国际及国内新闻感兴趣，因为它们影响每一个人。如果同一话题能适合每一组人所关心的特定问题，它也能引起各个年龄组的兴趣。

2．性别

在一个特定的题目上，20 个男听众与 20 个女听众的看法可能会有极大的差别。由 19 男 1 女组成的听众可能会使男演讲者大量改变他的用语和例子。这未必是因为有 1 个女听众在场，而是因为那 19 个男听众希望演讲者意识到有 1 个女听众。如果演讲者忽视听众中的女性，那么男听众就会不高兴。

3．教育

一个人受教育的程度，是其学识的总和。不要把学校教育同其他教育混淆起来，因为学校教育并非教育的保证。然而，在大多数情况下，正规的学校教育比起其他教育方法来，是一种更快更系统地获取知识的途径。因此，在安排演讲时，学校教育水平应该作为考虑的一方面。演讲者的语言和词汇应适应听众的教育水平和以前所受的学校教育。另外，受过职业技术教育的听众不同于有宗教背景或有大学文科学历的人，演讲时需要采用不同的方法。

4．职业

听众的职业也可以影响演讲效果。职业表明一种专业知识领域，如护理人员和护士知道人体知识、律师知道法律权利、社会工作者知道社会问题。职业也表明对某个题目的兴趣。大多数职业团体或许会对其所在职业领域中的道德问题感兴趣。如果对一个职业群体演讲，要设法使演讲适合于听众的工作兴趣。

5．类型

听众是为了一个特定的目的而来的，他们通常可以归纳为以下几种类型：

（1）行人型。这是一种临时的听众，就好像是在闹市街头的一群行人。没有共同的沟通方式把听众中的每个成员同演讲者联系起来。针对这类听众，引起他们的注意是关键的第一步，之后还能发展到什么程度，随演讲者的目的不同而变化。

（2）被动型。被动型听众是这样一些人，他们的注意力早已由其所在团体的规章确定和保证。演讲者的最初问题——吸引注意力或兴趣，可能成为第二位的问题。同样，演讲者要把听众的注意力吸引住并保持下去，取决于其机遇与成功。

（3）精选型。这种听众都是为了共同目的而聚在一起的。但是，不是所有的人都互有好感或赞同演讲者的观点。在这里，形成良好的印象、说服和指导是演讲者的主要任务。

（4）一致型。这些听众怀有共同的、积极的目的而集合在一起，对共同的事业有相同的兴趣，但是没有明确的分工和严密的权力组织。有坚信感和权力感，这是演讲者的主要职责。

（5）组织型。这是一种有严密分工和分权、以特定的共同目的和利益维系的团体。每个成员的任务早已由领导分配好，并被牢牢记住。演讲者只需发布指示，因为听众早已被说服了。

6．特殊的兴趣

听众如果有一些共同的特殊兴趣，就常会形成高度的一致。同一个刚获得大学篮球冠军的球队在一起的小团队，有可能会无礼地冷待没有意识到这种特殊荣誉的演讲者。有时听众的特殊兴趣是暂时的，但是，演讲者要认真寻求并熟悉听众的特殊兴趣。

二、确定目标

（一）确定总目标

演讲者的真正目的可以通过想得到的听众反应而确定。无论演讲者讲述的是什么，总有一个总目标来指导。通常，我们可以从以下几种类型中选择：

1．告知

最通常的演讲目的之一是告知人们一些事情，这些事情中既有演讲者掌握的知识，又有演讲者用特殊方法了解的事情。以告知为目的的演讲者有义务使演讲生动有趣、条理清晰、内容通俗易懂，从而便于听众了解和记忆。当然，如果能配合一些录像、声音、动画等手段，可使听众记得更牢。

2．说服

说服性演讲的目的是让人们相信一些事情，让人们去做一些事情，把人们的热情和信心激励到一个更高的水平。说服性演讲可按相信、行动、激励的目的来划分。当没有即时的行动来证明时，演讲者也许会企图说服或劝导人们相信。

需要听众马上随着演讲做一些特别的事情，其目的就是行动。如呼吁为红十字会捐赠的演讲，就可以把一个募捐箱交给听众互相传递。

当一个演讲者要求听众更为主动地关心、更加热爱或更忠于他们已持有的观点和信仰时，其目的就是激励。激励的效果是在诸如此类的情况下出现的：

（1）演讲者并不企图改变任何基本态度，而是强化它们；

（2）演讲者并不试图证明任何事情，而是提醒听众；

（3）演讲者不是号召任何反常的行动，而是激发听众对他们已投入的活动有更高的热情。

3．娱乐

当演讲的目的是帮助人们逃避现实或使听众自得其乐时，总目标就是娱乐。午餐后，广播电视的的娱乐演讲就是最典型的例子。这些演讲包括笑话、故事、各种幽默，而所有这些都取决于演讲者和听众双方的技巧、经验和个性。在一次专为娱乐而安排的演讲中，听众应该理解意图，也应该受到鼓励而放松并自得其乐。

但值得注意的是，在其他条件一致时，娱乐演讲是各种演讲中最困难的一种。当一则有趣的故事或笑话不成功时，就会马上收到听众的反馈。这种失败常常会使演讲者士气低落，影响到后面的发挥。

（二）确定具体目标

具体目标是在实际表述中期望得到的结果和反应。例如，一位语文老师的总目标是传播语文知识，但对特定的班级、特定的时期，其具体目的也许是向学生讲授诗歌在生活中的作用。

三、选择论题

（一）确定主题

中国古代哲学家庄子曾说："语之所贵者，意也。"也就是说，说话贵在有明显的思想，演讲、写作也是如此。在演讲中，必须要明确地提出问题、解决问题，要表明自己的主张和态度，即提倡什么、反对什么、歌颂什么、贬斥什么。也就是说，要明确说明一个问题，宣传一个道理，阐述一个观点，或者表明一种主张。这就是演讲的主题。

主题是演讲的中心思想，是组织演讲的主线，它贯穿于演讲的始终。主题可以包括以下内容：

1．展现时代精神

主题必须有时代意义，必须抓住人们普遍关心的问题，抓住社会现实中急需解决的问题。如"发展与环保并行"、"服务行业中如何体现人文关怀"等都是展现时代精神的主题。

2．适应听众的要求

由于民族不同、职业有别，演讲的听众存在着很大的心理差异。只有主题适应听众的心理特征、愿望要求，才能充分调动听众的注意力，唤起听众的热情和兴趣。例如，对青年人谈爱情、谈追星等问题很合他们的口味，但对老年人则未必适合。

3．符合自己的身份和能力

确立研究主题时，应符合演讲者自己的年龄、身份、气质，适合自己的知识水平和兴趣。这样便自然地融入自己的思想感情，得心应手，措辞、语调、口气也自然、生动、富有活力，给人新鲜感和亲切感。

4. 展现真知灼见

一场具有真知灼见的演讲，就其社会价值来说，远胜于无数拾人牙慧、平庸无奇的演讲。

（二）确定标题

标题不同于主题，它是演讲内容的浓缩和高度概括，是演讲不可缺少的部分，是演讲的“眉目”。好标题不仅能“眉目传神”，给人留下鲜明的印象，引起听众的浓厚兴趣，还如同指示灯，从而为演讲的顺利开展奠定基础。

要拟定好的标题，需要注意以下几点：

1. 揭示主题

演讲标题含义要清楚，与内容切合，能概括演讲的基本内容或揭示主题，不可文不对题或题不及意。如《心底无私天地宽》，就明确揭示了演讲的主题，且富有哲理。

2. 生动醒目

标题的字数不宜过多，用语力求干净利索、简洁明快，不能拖泥带水，还要新奇、生动、醒目。新奇便富有吸引力，使听众产生急欲一听的心理，如鲁迅的《魏晋风度及文章与药及酒之关系》《流氓与人学》等标题。不过，新奇不等于晦涩深奥，艰深难懂使人感到沉闷，激不起听众的兴趣。

3. 富有启迪性

标题要有积极性，有时代精神，适应现实要求，令人鼓舞，催人奋进；还要耐人寻味、富有启迪性，能抓住听众渴望聆听的急切心情。同时，标题要饱含情感、爱憎分明，能引起听众情感上的共鸣。例如，《让中华腾飞》《人类为什么要毁灭自己？》《身残未敢忘忧国》等题目，掷地有声，鼓动性强，令人深思。

第二节　演讲技巧

如果演讲者不能尽善尽美地掌握所要演讲的事物，那就根本谈不上什么演讲艺术。

——西赛罗

就一场演讲来讲，最重要的有三件事：是谁在发表这场演讲，他如何进行这场演讲，以及他说些什么。在这三件事中，排在最后面的，重要性最低。因此，演讲者最宝贵的财产，就是他个人的特色。

——卡耐基

一、开场白

（一）注意第一句话

有人说，演讲时，五秒钟内就要获得听众的注意力。当然，要一直保持这种吸引力，是不容易的，因为听众的注意力极易分散。但如果一开始就没有吸引力的话，那以后就是花上九牛二虎之力，也难以把听众吸引过来。

高尔基曾说："最难的开场白，就是第一句话。如同音乐一样，全曲的音调，都是由它定的，往往要费很长时间才能找到它。"

第一句话讲什么呢？这当然是永远猜不着的谜底。如果真有某种格式，它只能使人墨守成规。因而第一句话最好由演讲本身的内容、环境和听众的情况来决定。

1．不讲多余的话

有的人一上台就向听众道歉，用自己不会讲话之类的词自谦一番，这其实是要革除的陋习。自谦的话会降低说话的可信度。若没有准备或不会说话就免开尊口；若准备好了，就理直气壮地讲下去。

2．引用名言

名言具有很强的说服力。在演讲开头时引用一句名言，既可以起到提纲挈领的作用，也能吸引人。如：

言辞是行动的影子。（德默克里特）

思考是我无限的国度，言语是我有翅的道具。（席勒）

3．根据会场气氛即兴添加

有时，已准备了一段开头的话，但会场上临时发生了一些意外的情况，那么不妨大胆地即景即情，拟一段即兴的开头。这样，讲话就与现场气氛紧密联系在了一起，能引起听众强烈的共鸣。

（二）引起听众注意

如何使听众从一开始说话就立即"全心交付"，是一切演讲者关心的问题。只要善于运用下面一些方法，就可使开场白高度吸引人。

1．以故事开头

要想让一般的听众长时间忍受抽象的叙述，是非常困难的。但是，许多演讲者总是觉得，他们必须先发表一些一般性的声明。事实上并非必须如此。我们可以一开始就讲述一个故事，引起听众的兴趣，然后再说出自己的评论。

如果以自己经历的故事开始，就一定会立于不败之地。因为叙述的是自己的经历，是自己部分生命的再现，演讲者自信闲适的神态能帮助自己与听众建立良好的关系。我们也可以用一个自己没有经历过的故事开始，但必须熟悉这个故事，注意保持完整的情节，叙述时要生动形象。

2．制造悬念

好奇是人的天性。对于一些超出自己想象的事物，人都有特别强烈的求知欲。因此，我们从一开始就要引起听众的好奇心，使他们产生兴趣并注意论题发展。

3．陈述惊人的事实

使用一些惊人的或者使听众震惊的消息是获得注意的一种好办法。把惊人的事实放在演讲一开始，能震撼听众的心灵，建立与他们的接触。在陈述惊人的事实时，可以采用倒叙的方法，即先把事情结果讲出来，然后再叙述事情的经过，这样最容易引发听众的好奇心。

4．向听众提问

在开头向听众提几个问题，让听众帮助共同思考，可以立即引导听众进入共同的思维空间。提出的问题既可以是需要听众立即回答的，也可以是不用回答的，仅仅为了吸引他们的注意。至于选择哪种形式的问题，则要根据演讲主题的需要而定。例如，在谈《如何避免疲劳》时，可以用前一种问题开头：

“让我们来举手瞧瞧，各位当中有多少人，在觉得自己该疲倦前就早早地疲倦了。”

但一定要记住：要请听众回答时，应先给他们一点提示，告诉他们要怎么做。不要劈头就说：“这里有多少人相信所得税应该降低的？让我们举手瞧瞧。”而应该这样说：“我要请各位举手回答一个对各位而言十分重要的问题。问题是这样的：‘各位有多少人相信赠券对消费者有好处？’”

最后记住：无论提什么样的问题，在提出后都要把自己的意见讲出来。

5．使用展示物

吸引听众注意力的最简单办法莫过于高高举起某种东西，让人们看看它。当使用展示物时，人们都会情不自禁地去注意这种刺激性的举动。例如，一位先生在一次演讲时，一开始就以拇指和食指捏住一枚硬币，高高举起。很自然，在场的每个人都望着他的举动。这时，他问道：“有没有人在人行道上捡到像这样的一枚硬币？它上面说，捡到这种硬币的幸运者，将可在这样、那样的房地产开发上获得许多减免优待。他只要把这枚硬币交给主办的公司即可……”接着开始谴责这种错误及不道德的行为。

演讲时可以利用的展示物有很多，但有一点必须注意：展示物必须与所谈的主题有密切关系。在谈论种族歧视的时候拿着一个普通杯子则会让人觉得迷惑，听众或许会以为演讲者是打算喝点水润润嗓子。

二、展开

在开场白之后，就进入了表达过程的第二步——展开主题，对演讲的内容加以阐述和论证。把主题展开论述是演讲的主题部分，直接决定着演讲的成功与否。

（一）合理运用提纲

一般来说，演讲不一定有讲稿，但必须有提纲。演讲稿只是提纲的丰富。因此，演讲的展开，应该按照提纲的顺序进行，不宜随意增减。

1．坚持提纲的安排

提纲是在演讲之前经过深思熟虑、认真准备而写成的，已经较集中、较有条理地论证了某一主题思想，按照提纲的内容和逻辑顺序去演讲，比较有把握取得较好的效果。如果脱离提纲的逻辑顺序，临场随意增减，即兴发挥较多，客观效果往往并不好，或者弄得条理紊乱、层次不清，或者材料不当、论证无力，甚至造成思想、观点上的错误。

2. 带而不念提纲

演讲时如何处理和使用提纲呢？最好的办法是带提纲而不念提纲。带上提纲并把它摆放在讲台上，一方面可以表示自己郑重其事，有充分的准备；另一方面，在偶尔忘掉演讲内容时，可以随手翻看提纲而获得提示。

在演讲时，不宜照本宣科。演讲，不仅在于讲，还在于演。

（二）控制展开的时间

演讲的主体部分在于展开阶段，所以要注意控制这一部分的时间。

一般来说，报告性演讲，如政治演讲、学术演讲以及其他专题讲座，应控制在1～2个小时以内。时间太长，内容庞杂，容易使听众分散精力，影响演讲的安静气氛。时间太短，演讲者无法把问题阐述清楚，听众会产生乘兴而来、败兴而去的感觉。

展开的时间要根据主题、主客观情况而定，该长则长，该短则短。

（三）充分展现主题

开场白的目的是为了吸引听众，使之保持注意力则在于展开阶段。在展开阶段，要使听众听有所得、听有所思、听有所动。刘勰在《文心雕龙》中说："若首唱荣华，而媵句憔悴，则遗势郁湮，余风不畅。"也就是说，如果展开部分在好的开场白基础上难以为继，那么再好的开头也会被湮没在展开阶段。展开是演讲的主体，主题主要在这一阶段展示，听众的兴奋点也在这一阶段得以激发和凝聚。所以，要充分展现主题，使演讲充实饱满。

1. 保持严谨的思路和清晰的条理

演讲时既要重点突出，又要层次分明；论证问题环环相扣，叙述事情有条有理。只有这样，才能引起听众思维上的连锁反应，使他们顺着自己的思路去领会演讲内容的精神实质。李燕杰在《爱情与美》演讲中，首先指出研究爱情与美的关系是当代社会青年的迫切需要；然后从《红楼梦》中宝黛爱情入手，揭示爱情的内涵与真谛，围绕真正的爱情展开讨论。

2. 理论和事实相结合

如果在展开部分只有道理而没有生动的事实，演讲就会空洞乏力；如果演讲只讲事实而无道理，那么演讲就会没有深度。只有两者有机融合，才会既有深刻的思想性，又生动感人，有血有肉。例如，人民的好医生周礼荣在巡回演讲时，常以自己治病救人的事例和切身体会阐发哲理，他说："人生的价值在于贡献而不是享受，在于给予而不是索取。当我把自己的鲜血输给病人，当我用自己的双手救活垂危的病人，治愈被病魔折磨的患者时，我感到无比的幸福，我认为自己实现了人生的最大价值。"

我们一定要记住：在将事实和观点融合时，首要的前提是事实能够支撑观点，而观点又能够统领事实。

3．制造高潮

成功的演讲，展开阶段必然要波浪起伏，高潮迭起，时而低沉，时而高亢。在展开演讲时，如果不去有意识地掀起两三次高潮，就不能有力地论证观点、展现主题，也不能维持听众的注意力。下面就以复旦大学一位学生在《青年与祖国》演讲中的展开阶段进行分析：

学生：关于祖国与青年的关系，人人皆知。但是，我想提个问题，谁能用一个字概括青年对于祖国的关系？（以提问吸引听众）可能会有人说是“希望”。

听众（插嘴）：不对，“希望”是两个字，你不是说一个字吗？（中圈套了）

学生：你说得不错，“希望”这意思对了，可惜用了两个字。我说可以用“根”字表示。青年是祖国的根。（观点新颖，掀起一次小高潮。）因为我曾经注意到这么一个有趣的现象，过去要是哪一家生了个男孩，家长很喜欢用“根”作儿子的名字，姓张的叫张金根，姓李的就叫李银根，还有王宝根、赵贵根，七根八根的样样都有。为什么要用“根”呢？无非大人们总是把男孩看做传宗接代的希望。根作名字就是祝福他命长如根，深深扎在泥土里。要是生个女孩就不行了，哪个家长要是用“根”给她取名的话，将来这姑娘肯定嫁不出去，因为根是要留在自己家里的。所以，女孩子的名字常常带有“秀”字，电影《牧马人》中被女秘书赞为山口百惠的不就叫李秀芝吗？当然，这似乎有些重男轻女的封建意识了。（听众爆发愉快的笑声，又是一个高潮。接着挖掘“根”的含义，阐发主题。）我们每一个男女青年，对于祖国来说，都像命根子那样重要。祖国的未来完全寄托在青年人身上，在这个意义上说，我们每一个青年都可以有一个共同的姓，那就是“中华”；都拥有一个共同的名，那就是“根”。“中华根”应该是中国青年最自豪、最光荣的名字！（热烈的掌声，推向最大高潮）

从上面的分析可以看出，制造高潮首先要有思想，有自己的观点。高潮的引发处，往往便是思想的一个闪光点。

三、结尾

俗话说，凤头、猪肚、豹尾。演讲的结尾和开头一样，都是最能显示演讲技巧的环节。出色的开场白能够赢得听众的兴趣和注意力，而精彩的结束则能使听众留下难以忘怀的印象。

演讲的结尾应着意构筑一个突起的异峰，用出奇制胜的办法和不同寻常的言语说出最精彩、最感人的要点，把演讲的主题和特殊感情或突出、或揭示、或象征、或呼吁地表现出来，使自己的意境和听众的感情来一次升华，形成说服和感染听众的强烈效果。

（一）用充满激情的话语

激情的话语，饱含情感和力量，最容易拨动听众的感情之弦，引起和谐的共鸣。结尾说一段热情洋溢的话，可以使人振奋，使人激昂。这就仿佛在看一场足球比赛，中场进一球与临终一分钟前进一球，群众的情绪是大不相同的。

（二）提出令人深思的问题

“曲终人不见，江山数峰青。”如果能在结尾时把听众带入这样的意境，自然能令听众浮想不已。

《在血与火的征途上》是这样结尾的：

朋友们，你是否感到自己是在幸福之中呢？当你躺在柔软舒适的沙发床上的时候，你不用担心会有凶恶的炸弹落在房顶上；当你在那五光十色的舞会上，随着欢快的音乐翩翩起舞的时候，你也不用担心脚下会有地雷。我们都是幸运的，我们有着优越的工作环境和生活条件。难道我们不应该珍惜这一切而发愤地工作、学习、为人民多做一点事情？难道我们能在英雄阻挡枪弹的躯体后面一味追求个人幸福和前途吗？我们没有理由，也决不能！对于那些为人民而捐躯的烈士，朱德总司令曾这样说：你们活在我们的记忆中，我们活在你们的事业中。同志们，我们应该怎样去纪念那些牺牲的战士？我们应该怎样活在他们的事业中？让我们每个人用自己的行为来回答，去告慰那九泉之下的英灵吧！

（三）总结自己的观点

即使在只有五分钟的简短演讲中，一般的演讲者也会不知不觉地使谈话范围涵盖得很广泛，以至于结束时，听众对于其主要论点究竟在何处仍感到有点困惑。不要以为观点在自己的脑海中如同水晶那样清楚，因此听众也应该对这些观点同样清楚。演讲者对自己的观点已经思考过相当时间了，但这些对观众来说却是全新的。它们就好像一把丢向听众的弹珠，有的可能落在听众身上，但绝大部分则零乱地掉在地上。所以结尾处一定要总结自己的观点。下面的结尾就是一个好例子：

简而言之，根据我们在自己后院操作这套信号系统的经验，根据我在东部、西部、北部使用这套机器的经验——它操作简单，效果良好，再加上在一年之内它阻止撞车事件发生而节省下的金钱，使我以最急切及最坦白的心情建议：立即在我们的南方分公司采用这套机器。

我们可以不必听到他演说的其余部分，就可以看到并感觉到那些内容。他只用了几个句子，就把整个演讲的重点全部包括进去了。

（四）运用幽默

乔治·科汉说：“你必须在听众的笑声中说再见。”如果具有这种能力，也有这种题材，当然比较好。但如何才能办到呢？诚如哈姆雷特所说的：“这是一个问题。每个人必须以自己独特的方式来表现。”

（五）步步加强

所谓步步加强，指的是意思一层深于一层，句子一句比一句有力。与全文的论证不同，这种加深是在较短时间完成的，在语势上要迅速推向高峰，像海潮沿着海滩推进，势如虹、声似雷，最终一触礁石，激起飞溅泡沫，卷起千层雪。

1963年8月28日，美国著名民权主义者马丁·路德·金发表演讲，他以美国宪法和《解放宣言》为依据，抨击了黑人所遭受的不公平待遇，号召广大群众立即投入争取自由的斗争中。在演讲的结尾，他对未来作了一番憧憬——

我怀着这样的憧憬，有一天我们的国家会站起来，人民真正过上按它的信念进行的生活……

我憧憬着有一天，在乔治亚州的红山上，奴隶和农奴主的子孙们能够一起坐在充满兄弟情谊的桌子旁……

我憧憬着有一天，我的四个小孩将生活在一个公正的国度里，人们不是凭他们的肤色，而是凭他们的品行来对待他们。

我憧憬着有一天……黑人男孩和女孩能够跟白人男孩和女孩手拉手，亲如兄弟姐妹。

我憧憬着有一天，每一条峡谷将填平，每一座山头都铲低，不毛之地变成平原，崎岖的道路修成坦途，圣光得到发扬，万物齐颂上苍。

马丁·路德·金通过一系列的排比句，使他的感情得到淋漓尽致的发挥，使其主题推向高潮，具有非常强的号召力。

（六）请求采取行动

在获取听众行动的演讲中说最后几句话时，由于要求行动的时间已到，因此要开口要求，可遵循以下原则：

（1）要求听众做明确的事；

（2）要求听众做能力之内的反应；

（3）尽量使听众根据要求而行动。

（七）引用名人诗句

在所有的结尾方法中，最能被听众接受的，莫过于幽默和诗句了。事实上，如果能找到合适的短句或诗句作为结尾是最好不过的。这将产生最合适的效果，将表现出演讲者的独特风格，并产生美感。

世界扶轮社社长哈里·劳德爵士在爱丁堡向在当地召开年会的美国扶轮社代表团发表演讲时，就是以这种方式结束他的演讲的：

各位回国之后，你们当中某些人会寄给我一张明信片。如果你不寄给我，我也会寄一张给你。你们一眼就可以看出那是我寄出的，因为那上面没有邮票（笑声）。但我会在上面写些东西：

春去夏来，秋去冬来，

万物枯荣都有它的道理。

但有一件东西永远如朝露般清新，

那就是我对你永远不变的爱意与情感。

这首诗很适合哈里• 劳德的个性，当然也能与他演说时的气氛相协调。因此，这段结尾对他来说，是极为合适的。

【典型案例】

我热爱导游工作

各位主考官：

你们好！

本来我想朗诵一首诗，但在看了前面十几位考生的口试后，我忽然醒悟到：导游工作更多的应该是娓娓而谈，这样才能更好地完成导游任务。因此，我在这儿想和各位主考官说说心里话，题目呢，就叫《我热爱导游工作》。

我报考导游，有两个不利条件：

第一，是我的年龄。你们的启事上说的是招 19 ~ 24 周岁的，而我却已是 30 岁了。不过，任何事物都不是绝对的。一方面，我可以通过热情和幽默来弥补；另一方面，年龄大些或许正可以成为成熟、稳重、值得信赖的标志呢——而这些，好像正是导游工作所需要的。

我的第二个不利条件是我的性别。毋庸讳言，导游工作，大多是由温柔美丽的女性来干的。但是，当今世界，导游已不是女性们的专利了。在某些情况下，具有男性阳刚之气的导游或许会备受青睐呢！

因此，我来了。因为我知道，报考导游我还有许多有利条件：

第一，我热爱导游工作。

第二，由于我的职业关系，烟台旅游的黄金季节夏季，正是我们中小学放暑假的时候，我有充裕的时间。我可以做到招之即来，来之能战。

第三，由于长期坚持锻炼身体，我有充沛的精力和体力，可以胜任长途奔波、连续作战的任务。

第四，由于对家乡的热爱，由于对史地知识的爱好，我相信我可以在烟台市范围内的导游工作中做到有问必答、有疑必解。

第五，由于在大学四年中经常有外地同学来烟台，由我为他们担任向导，所以我自认为，已具备了初步的导游工作的实际经验。

第六，经过六年多的教师工作锻炼，我认为自己的普通话和语言表达能力均能胜任导游工作。

点评

这是一篇比较优秀的应聘词。从行文结构上来看，本篇演讲使用了先贬后扬的方法，一上来先讲了自己的两个不利条件，一方面用以表达自己谦虚的态度，一方面通过恰当的分析与转化，不利条件也显示了有利的因素，不但透露了演讲者的自信，而且为下面的自我展现作好了准备。接着，演讲者语锋一转，一口气讲述了自己六个方面的有利条件，事实确凿，依据充分，且都是针对导游这一职业的具体特点而发，其强大的说服力量实在令主考官们无法抗拒。演讲者凭借自己的机智与技巧，终于借助演讲的力量赢得了自己喜爱的职位。

第六章　说服技巧与艺术

说服别人就是要改变他们的信仰、态度或行为。我们知道，借助于严密的逻辑推理来展开信息交流，是促使他人改变观点的有效手段。但也不是所有的转变都是推理的结果，成功的说服还依赖于感情的影响。因此，当运用理智和感情劝说别人时，我们提出了“说服”这个概念。

“说服”一词，听上去似乎是这样一种方法：让别人去做他们不想做的事，或者让别人去相信他们不相信的事。其实，说服既不同于强迫，也不同于操纵。强迫意味着使用暴力，或用武力恐吓别人改变其行为；操纵则是通过不老实或幕后指使的方式使别人的行为发生转化。相比之下，说服是指出一些可以自由取舍的论据，以影响别人的信仰、价值观、态度或行为。说服是使人们赞同自己的观点、用同一个角度看问题的艺术。

【案例精选】

刘备为什么能说服诸葛亮不杀关羽
——维护权威策略

曹操率军百万，挥师南下，要一举荡平江东，统一天下。刘备与孙权两家联合，借助东风之威，火烧赤壁，让曹操大败，狼奔鼠窜。诸葛亮早就谋划停当，当即排兵布阵，沿路埋伏，拦截曹操败兵。

刘备手下本来没有几位大将，张飞、赵云等人全部委以重任，连本领平常的刘封等人也各有任务。眼看一干人马全部分派停当，却唯独没有安排刘备手下的首席大将关羽。

关羽看见诸葛亮浑若无人般把自己给忘了，实在忍不住了，主动站出来说：“军师，我自从跟随兄长征战，从来不曾落后他人，今日遭逢大敌，军师不肯委用，这是什么道理？”

诸葛亮没来之前，刘备用兵，一般第一个点的就是关羽。但现在大敌当前，人人都有立功的机会，却唯独曾经的头号种子选手关羽只能当一个局外的旁观者。也难怪他按捺不住，对诸葛亮的安排表示质疑。

诸葛亮微微一笑，非常客气地说：“云长，你可别见怪啊。我本来是要烦劳你把守一个最紧要的关隘的，可是想来想去，还是觉得不能派你去啊。”这是诸葛亮在铺垫情绪。

关羽说：“为什么不能派我去？你倒是说个理由来听听！”

诸葛亮说：“以前你曾经在曹操那里呆过一阵子，曹操对你非常优厚，你受过他很多恩惠，你又是个知恩图报的人。我也听说，你在离开曹营的时候，曾经发过誓，要好好报答曹操。

这次曹操兵败赤壁，肯定会从华容道逃难。我本来是想派你去那里埋伏，将曹操擒拿而来。可是我又担心你会禁不住曹操的苦苦哀求，私自放了他走。所以不敢派你去。”

关羽立刻抗议道：“军师，你也太多心了。当初曹操确实对我不薄，但我已经斩颜良，诛文丑，解了白马之围，也算是好好报答他了。所以我和曹操是两不相欠。现在，两家交兵，曹操就是我们最大的敌人，如果我在华容道遇到他，怎么能放他逃走？！肯定是要将他手到擒来的。”

诸葛亮不依不饶地说：“既然你如此说，那么我就派你去华容道埋伏把守，但如果真的放他走了，又该怎么处置呢？”关羽受激不过，怒道：“我愿听凭军法从事！”

诸葛亮慢悠悠地说：“既然这样，口说无凭，可得立下军令状！”

关羽二话不说，立即写好军令状。但关羽也是个厉害角色，写完军令状后，他对诸葛亮反戈一击，说：“刚才军师说算定曹操会从华容道逃命，但要是曹操不从华容道而来，那又怎么样？”

诸葛亮哈哈一笑道：“那我也与你立下军令状，如果我算计不准，曹操不投华容道，那我的人头就归你了。”

诸葛亮和关羽两人就这样相互写下了军令状。

刘备非常了解关羽的脾气性格，他很担心关羽真的可能抹不开面子放曹操走路。如果不立军令状，到时候还可以网开一面。但军令状一立，白纸黑字，就很难置之不理了，这样，关羽必然难逃一死。刘备把自己的担心对诸葛亮说了。诸葛亮却宽慰他说：“主公，不用担心，我夜观天象，知道曹操命不该绝。所以才故意派关羽去，将这一个大人情送给他去做，也好让他树立一个大忠大义的好名声。”

刘备这才放了心。

此后，曹操果然如诸葛亮所料，从华容道逃命而来。关羽虽然有心严格按照军令行事，将曹操拿下，但最终也果然如诸葛亮所料，无法摆脱曹操昔日恩惠的影响，被曹操运用“形象化策略”轻松说服，公然违背军令状将曹操放走。

诸葛亮为了严肃军纪，要将关羽斩首。关羽自知罪重，无法抗辩。难题就摆在了刘备面前。

不杀关羽，就会导致军纪涣散，有令不行，以后其他人就会以关羽为负面榜样了。可是，关羽是刘备最亲信的兄弟，又是世之虎将，如果听任诸葛亮将他杀掉，那损失就太大了。

所以，刘备必须想办法说服诸葛亮不杀关羽。他至少有两个办法可以让诸葛亮不杀关羽。

第一，刘备是真正的老大，诸葛亮的管理权限是他赋予的。他随时可以将这一管理权限收归已有，从而放了关羽。或者，刘备虽不收权，但也可以诸葛亮顶头上司的身份强行命令诸葛亮不准杀关羽。

第二，刘备可以拿诸葛亮曾经说过的“曹操命不该绝，我特意派关羽去，让他送一个大人情给曹操”这句话来反制诸葛亮。尽管这句话没有白纸黑字写在军令状上，但诸葛亮也不能不认账。从而，诸葛亮也不能自食其言，一意孤行。

但是，这两种方法都有一个大的弊病，就是按下葫芦浮起瓢——虽然救下了关羽的命，但却深深伤害了诸葛亮的心。

诸葛亮也是一个自尊心很强的人，如果刘备这样强行压逼他的话，就会导致诸葛亮的管理尊严荡然无存。诸葛亮也可能会因此拂袖而去，那么，刘备也就会损失一个非常得力的谋士。就算诸葛亮还是留在这里，也会因为刘备这样的处理而威信全无，谁都知道他是个空架子，没有实权，以后也很就难管好其他的下属。

所以，尽管刘备是诸葛亮的上级，可以命令诸葛亮不杀关羽，但事实上却绝对不能采用强行制止的办法。他只能想方设法，既说服诸葛亮不杀关羽，又要确保诸葛亮不会丢了面子，丧失管理尊严。

刘备立即说："军师啊，我们兄弟三人结义之时，曾经发誓同生共死。今日关羽犯法，有军令状在，罪该斩首。但是，却和我们此前的誓言相违背啊。请军师暂时记下关羽的罪过，留他一条活命，让他以后将功赎罪吧。"

刘备使用的就是"维护权威策略"。

刘备的高明之处在于并没有否认诸葛亮的这种管理权威（尽管他才是真正的老大），始终让这件事情的处置是在诸葛亮的管理框架下进行的。这样就既维护了诸葛亮的权威，也给足了诸葛亮面子。

诸葛亮总理军事，对众将士的管理权限在他手中。从这个角度来说，诸葛亮拥有组织赋予他的管理权威，凡是触犯他的管理权威的人，诸葛亮都有权加以处置。

刘备直截了当地承认关羽有罪，而且是死罪。这就确认了诸葛亮权威的合法性。同时，又用刘关张三人结义，誓同生死来向诸葛亮求情。这等于是降尊来服从诸葛亮的权威了。

最后，刘备提供了替代性的弥补方案——留下关羽的活命，让他今后戴罪立功。这还是从认可、服从诸葛亮管理权威的角度出发的。而在关羽戴罪立功的这个阶段，理所当然是要遵从诸葛亮的指挥和安排的。

总之，刘备在非常周到地顾及了诸葛亮的权威的前提下，为关羽求情，成功说服了诸葛亮，既保住了关羽的脑袋，也保住了诸葛亮的面子。

事实上，任何人都存在着一定程度的权威感。当这个人成为你的说服对象的时候，无论他的身份、地位是否远不及你，但在他的"势力范围"内，你都要顾及他的尊严，满足他的权威感需求（即使他的权威是你授予的，也不例外）。

这是人类的心理通病。如果你的挑衅和不敬带来说服对象的激烈抵触心理，那么，说服的最好可能是在表面上达成，而却在内心埋下危险的"定时炸弹"。而更多的可能则是形成僵局，双方互不退让，互相都被伤害。

顾及、尊重、维护说服对象的权威，是说服中最常用的策略之一，也是说服能否成功的"禁区边界线"，作为说服者，一定要记着，绝对不要轻易跨越雷池！

第一节　说服的准备

说服既然是一门艺术，它就不是三言两语可以奏效的，要有一定的技巧。因此，在进行说服之前，必须懂得一些基本原则。

一、说服的前提

亚里士多德曾经根据信息传达的各种因素分析了说服力，认为这些因素或形式是理性、同情心和精神气质。

所谓理性，指的是说服的事实论据和推理。每个人的信念都是建立在自己认为真实的基础上的，那么，说服者只有成功地提出一些与之相矛盾的事实才能改变对方的信仰。为了克服根深蒂固的信念，引用的新材料必须无懈可击，并且包含着合乎逻辑的有力的论证。

同情心的提出，是因为人们持有的信仰、态度、价值观并不总是建立在逻辑和理智之上的。当一个人不想改变自己的信仰时，提出再多的材料也无济于事。时常有这样的情况：感情的因素完全替代了真实的论据。因而，只要呼吁的本身符合道德规范，那么它就是一种合法的说服手段。

精神气质指的是时代、社会、民族的精神气质，这是亚里士多德论证形式中最迷惑人的部分。他强调一个说服者在说服时要表现出这种时代、社会、民族的精神气质，并把它归结为说服者的个人气质。他认为：说服力是靠演讲者个人的气质所取得的。我们相信，出类拔萃的人比别人更容易得到信赖。事实上，人们常常根据说服者的威望决定该相信什么，不该相信什么。

亚里士多德的这些看法，至今仍有指导意义。结合具体情况，我们可以列举这样一些说服他人要注意的前提。

（一）要说服别人，必须先透彻了解别人的意见

前面说过，人总是在自己的思维体系中去发展思想，每个人看问题的观点是长期形成的，与性格、经历、社会地位等都有着密切的关系。所以，对对方提出的论点不加以分析，只顾发表自己的意见，往往容易陷入一种不自觉的盲目之中。这种只有纵向联系、没有横向联系的思维方法，就像拳击手只管自己挥拳，却始终打不到对方身上一样。因此，在说服之前，必须透彻地了解被说服对象的有关看法、想法，才能有针对性地进行说服，只有“知己知彼”，才能“百战不殆”。

（二）要说服别人，必须先了解对方对不同意见的接受能力

有的人精于逻辑思维，能冷静听话；有的人不习惯长期思考，甚至无法与他人同步推理；

有的人喜欢在片言只语中搜寻微言大义；有的人情绪容易激动，偏听偏信；有的人不管别人说什么，自有一定之规；有的人听别人说话，常发挥自己的想象……凡此种种，都要悉心研究，才能够有针对性地采取适当的表达方式。

（三）要说服别人，不可把自己放在与真理等同的地位

当向别人讲出自以为正确的道理时，如果认为真理与自己永远同在，那么说服力就降低了一半。只有把所说的真理与本人分开，才能避免主观性的错误。怎样才能分得开呢？那就要把真理从身上“抽”出来，放在高处，当做和对方共同追求的目标。

此外，应该培养自己富有同情心。“同情”并不等于“同意”对方的观点，但不同意又不等于不同情。人们习惯于看到别人的错误缺点时，一不同意便生反感，这种心理造成了说服别人的困难。当然，我们强调同情心是一种方式，而不是目的，不应模糊是非界限。

（四）要说服别人，应该有灵活多样的应变方式

一个有魅力的说服者应该在说服的方式上同样拥有魅力。同一种内容，可以有千百种表达形式；同样意思的话，可以有千百种说法。当一套话对对方不起作用时，简单重复一千遍也无济于事。第一种说法没有效果，立即换第二种、第三种说法。每换一种说法，都要增添一点新材料，多加一点新的理由，有新的发展。这种做法无疑有很大的吸引力，使得说服者的个人气质得以充分的展现，能给人留下深刻的印象。

二、说服的起步

前面说过，在说服中只能自由取舍，人们有权利接受或拒绝说服者提供的材料。当新的材料与对方原先相信的材料发生冲突时，人们可以立即不予考虑。但如果对方发现，说服者提供的观点具有一定的可靠性，这时就会出现另一种情况，我们称之为“认识的差异”。这就意味着一个独立的理智平衡，已被与原先思想相抵触的观念所破坏。尽管这种情况还不能改变对方的信仰，它却构成了说服过程的第一点。

运用“认识的差异”为对方创造了一个自由选择的机会，即使提出解决问题的方法遭到拒绝，也会使对方相信问题是存在的，并引起对方的注意。“认识的差异”是攻克对方“心理防线”最重要的手段。“心理防线”就像一堵墙，不解决这个问题，再好的理论、再明晰的表达方式，统统不起作用。攻克对方的“心理防线”是实现说服的起跑线。

要攻克“心理防线”，有一些具体的办法，现择要介绍如下：

（一）以对方认识的基点作为起点

不管对方认识如何，它总是个客观存在。不妨先避开分歧点，从对方认识的基点出发。可以从细小的事谈起，而不涉及要害问题。如此，由小而大，逐步迫进。只要同意对方表现出来的观点，就可以立即做出赞同的反应，甚至顺着对方的观点补充一两句事实。这样，通

过强调，有助于抵消对方对立情绪。

【案例精选】

某家用电器公司的推销员挨家挨户推销洗衣机，当他到一户人家里时，看见这户人家的太太正在用洗衣机洗衣服，就忙说："哎呀！这台洗衣机太旧了，用旧洗衣机洗衣服是很浪费时间的，太太，该换新的了……"结果不等这位推销员说完，这位太太马上产生反感，驳斥道："你说什么呀！这台洗衣机很耐用的，到现在都没有故障，新的也不见得好到哪儿去，我才不换新的呢！"

过了几天，又有一名推销员来拜访。他说："这是令人怀念的旧洗衣机，因为很耐用，所以对太太有很大的帮助。"这位推销员先站在太太的立场上说出她心里想说的话，使得这位太太非常高兴，于是她说："是啊！这倒是真的！我家这台洗衣机确实已经用了很久，是太旧了点，我倒想换台新的洗衣机！"于是推销员马上拿出洗衣机的宣传小册子，供她参考。

推销员从对方的角度出发去看问题，获得了对方的好感，使对方产生了购买新洗衣机的想法，至于是否能说服成功，无疑是肯定的，只不过是时间长短的问题罢了。

（二）巧妙地表述与对方的不同点

不管对方有什么偏见，一般总能找出与对方的一些共同点，把它作为解决分歧的出发点，扩大说服的范围。但对于不同点又不能回避，对这个敏感的话题，要找到合适的表述方法。可以旁敲侧击，不触及对方的成见，只谈与之有关的边缘问题；可以不经意地提供一些意外的经验，使对方不知不觉受到暗示；可以把不同点融进共同点里表述，在"共同"的原则下，软化对方的偏见；各种办法都不行时，干脆提出自己的不同点，但可冠之以"这也许是我的偏见"，促使对方检点自己的"偏见"。

总之，首先要把对方从主观转化为客观，使其从固定的体验中解脱出来，"原来还有这样的办法"，只要对方有了这样的感受，说服就成功了一半。

（三）解除对方的心理压抑

说服不当，反而会对对方有压抑作用，容易使其产生反抗心理。发现对方不满时，就要设法让对方发泄。彻底的宣泄，不仅可以使不满慢慢萎缩，还可以从中发现说服的突破点。有了对抗情绪，反其道而行之有时比正面规劝更有益。人还有另一种心理，当自己的"不满"遭受指责时，不满之情顿减。如果他人也表白有类似的不满，双方距离会大大拉近。有了这样的前提，说服工作就容易进行了。但要注意，这一切是为了最终解决问题而采取的步骤，决不是为了对方。

第二节 说服的技巧

一、说服的要领

人生活在这个世界上总会有各种各样的需要，当达不到这些需要时，就会引起为追求它而产生的行为。要说服别人，首要的事情就是引起对方的需要。

（一）引起对方的需要

有了目的，就会产生实现目的的行动。在引起对方需要时可以用高尚的动机来激励对方。譬如指出，这样做将对国家、公司带来什么好处，或将对家庭、对子女带来什么好处，或将对自己的威信有什么影响，等等。这样往往能够很好地启发对方，让对方做应该做的事。

有些人不懂得这个道理，说服时只把自己的需要告诉对方，结果无法促成对方的行为动机。如妻子劝丈夫戒酒，强调说不喝酒省下钱可以多给孩子买点衣物穿。这话固然是好心规劝，但仅仅是从自己的立场出发，有没有激起对方什么需要呢？没有，因而收效也不会大。如果以喝酒过度而瘫痪在床的邻居为例，激起丈夫对健康的需求，劝说效果会比前一种要好得多。

由于社会复杂，不同人的需要是不尽相同的。即使同一个人，在不同条件下，需求也是不同的。当判断对方的需求时，一定要善于分析此时此地的实际情况，做出准确的判断。特别是对那些由于某种局限，已经把自己的需求建立在一种不切实际的基础上的人，就要向其分析现在条件，指出那种“需求”不切实际，而提出另一种“需求”。在激发对方需求时，要注意下列两种情况：

（1）这种需求必须以不危害公共利益为前提；

（2）这种需求必须切实从对方真正利益出发，而不应借满足对方需求而满足自己的私利。

（二）善意地给对方绝望感

满足对方的需要并不是万灵药方，有时所提出的需要对方不一定愿意去追求，这就产生不了行动。对这种情况，就要用另一种方法——善意地给对方绝望感。也就是说，指出对方原来的做法所产生的恶劣后果，从而使对方产生绝望感。这种说服法对一些经验不足的人尤其有效。这些人涉世未深，往往未掌握事物的规律，容易被眼前一时的表象所迷惑。这样的劝说对其扩大视野，深一层认识事物有启迪作用。在启迪对方绝望感时，既可以是“虚”的，也可以是“实”的，或者是“虚”与“实”结合。所谓“虚”，是指比较长远才产生的恶劣情况；所谓“实”，是指眼前就可以出现的恶劣情况。对于一些不善于理性思考的人来说，用“实”

的比较有效。如孩子的思维比较简单，说得过于“虚”往往不起作用。

不管是“虚”还是“实”，在给对方绝望感时，要对问题作具体分析，不能一开始就笼统地抛出结论。只有充分摆事实、讲道理，说服效果才会好。让对方有“绝望感”，必须是善意的。若是出于不良动机，为阻止他人进行某件事情，采用恫吓、威胁的办法，是不足取的。有时虽然也是善意的，但由于不擅分析，把一些偶然性因素当作必然因素大加渲染，也会把人引入歧途。

（三）使对方产生良好的联想

善意的使他人产生绝望感固然是说服的方法之一，但它的局限在于只能阻止他人往坏的方面发展，而不能引导、推进他人向好的方面努力。只靠使别人产生绝望感是消极的做法，我们不妨再采用另一种方法——使对方产生良好的联想。

以推销商品为例，我们必须用巧妙的语言，使顾客产生良好的联想，才可能使货物畅销。要推销全自动洗衣机，与其说“省时省力，质量第一”，不如说“你可以一面看电视，一面洗衣服”；要推销自动开关收音机，与其说“操作方便，价廉物美”，倒不如说：“你可以听音乐入睡，它会自动关闭”。这些都是用简短的话，把商品某一个性能重点表现出来，使顾客联想起良好的场景。

一名销售学家对此做过一番研究。他从卖烤肉串得到启发，认为卖烤肉串不能以牛肉的美味招揽顾客，因为美味是要“尝”过才知道，人家不买，“尝”也无从谈起。所以卖烤肉串要卖其风味，如用正烤得香喷喷和发着滋滋油爆声的肉串来刺激顾客，就足以引起顾客产生“美味”的联想而引起食欲。由此，荷伊拉进一步认识到，推销要靠口才去引起人的联想。在使人联想良好景况时，要实事求是，不能随便向人描绘一幅根本无法实现的美景，更不能把坏的东西说成好的，那是欺骗。对一些表面不利的情况，从另一种角度去分析积极因素，从而使人进行良好的联想，这是必要的。

人的思维是复杂的，说服的方法也不能简单地重复，有时，需要把几种方法结合起来使用。上面介绍的引起别人的需求、善意地使人产生“绝望感”、使人产生良好的联想等，可以在同一事件中结合起来使用。

二、说服的技巧

说服别人，除了遵循上述要领外，还可以使用一些具体的技巧。这些技巧是原则的具体化，关系到说服能否成功。

（一）说服是以互相尊重和讲究方法为基础的

假设在一个百事不顺的早晨，电话铃在响，孩子在哭喊，厨房的面包发出了烤焦的糊味……丈夫看一眼面包对妻子说：“天哪！你什么时候才学会烤面包啊！”对丈夫这样的话，做妻子的会是怎样的一种反应呢？A 太太说：“是我的话，我就把糊面包扔到他脸上去。”

B 太太说："我会狠狠地教训他说，那么请你自己去烤吧。"C 太太说："我将受到极大的刺激，甚至只知道哭。"说法不同，反应是一样的：不服气！这种情绪会导致事态进一步扩大。例如，太太决不心甘情愿再烤一次；丈夫上班后，乱的房子没有人收拾……

假设情况不是这样，恰恰相反，丈夫说："这真是一个紧张的早晨，不过没关系，让我来帮帮你。"对这种话，妻子们又是如何反应呢？A 太太说："我会感激得不得了。"B 太太说："我不但舒服，还要拥抱他。"其实，面包还是糊的！结论只有一个：后一种话理解了他人的处境，没有训斥，没有怨言，自然使人心生感激。

（二）以情动人，以理服人

上面的例子还说明在表达某种意见时，用诚挚而令人感动的语气说出来，别人的心容易被征服。要说服别人，有时激起对方的情感比激起对方的理性思考更为有效。有些孩子做错了事，往往任何斥责都听不入耳，但母亲动人肺腑的痛哭，反而会使其泯灭的良心复苏。如果在说服他人的时候，仅仅着眼于主题突出、例证充足、声音动听、姿态优美，而说出的话冷冰冰，肯定不能奏效。要想感动别人，就得先感动自己。要将真诚通过自己的情感、声音输入听者的心底。

【案例精选】

唐太宗为了扩大兵源，想把不在征调之列的中年男子都招入军中。丞相魏征知道后对他说："把水淘干了，不是得不到鱼，但明年恐怕就不会有鱼了；把森林烧光了，不是猎不到野兽，但明年恐怕就无兽可猎了。如果中年男子都招入军中，生产怎么办？赋税哪里征？兵员不在多，关键在于是否训练有素，指挥有方，何必求多呢？"太宗无言以对，只好收回成命。

魏征借用两件与主要事件相类似的事例作比，既形象又深刻地阐明了不能把中年男子都调入军中的道理，入情入理的说服，让太宗心服口服。

（三）采用影射

当两种意见对立的时候，往往需要一种缓冲的说法来调和，影射就是一种很好的方式。使用一些小故事或生活中一目了然的道理，先与对方取得相同的立场，既为下一步提出自己的意见埋下伏笔，又维护了对方的自尊心，比较容易奏效。我国古代史籍记载中，有许多贤臣劝谏君主的著名故事，如"狐假虎威""鹬蚌相争""杯弓蛇影"等，都是以影射的办法让他人相信某个事理。

【案例精选】

战国时期，吴王夫差决心攻打齐国，朝中大臣多数反对，但他一意孤行，将直言进谏的伍子胥赐死，还下令"敢谏阻伐齐者死"。

这一天，夫差的儿子友来见他。夫差见友瘸着腿就问他是怎么弄的，友回答说："我早晨见一只大螳螂欲捕蝉，而一只黄雀正准备把这只螳螂作为美食，我用弹弓赶打黄雀，却不小心掉进了一个大坑中。”夫差听完，大笑友愚笨。友于是说道：“我只顾眼前利益，没有想到身后的祸患，所以才愚成这个样子，可天下还有比儿臣更愚笨的人呢！”夫差问：“那是谁？”

太子友鼓足了勇气说了一番话，终于让夫差不得不深思伐齐之事。

友说：“那蝉、螳螂、黄雀都只图眼前之物，忘却身后之忧，是贪而愚的。儿臣只顾打黄雀而坠入深坑，也是贪而愚的，但我失去的仅是一只黄雀。父王攻打齐国，也是贪而愚的，但失去的却是国家！父王只想到称霸诸侯、扩大疆土，想到征服齐国的利益而劳民伤财，疲师伐远，殊忘了越王勾践会趁机来攻打我们，所以说父王比儿臣更愚笨！父王不听大臣劝阻还下了死令。儿臣说完了，请父王处置吧！”夫差听了，觉得有些道理，就没有处罚友，而是重新考虑伐齐之事。

友没有拼死直谏，只用了生活中的一件小事就使吴王动了心，可见采用影射的方法更能让人动心。

（四）巧妙利用数字

数字本身是冷冰冰的，但是用它来为列举的事实作精确统计时，就会变得有强烈的说服力。一位政治家在介绍劳工情况，讲到一半时，突然停下来，取出表，站着看听众 1 分 12 秒之久。正当人们窃窃私语以为他忘了词时，他才说：“诸位，刚才大家感到局促不安的 1 分 12 秒时间，就是每个普通工人垒一块砖的时间。”

不过，利用数字来说服要注意准确，不准确的数字会让人觉得虚假。

（五）重复申述

把一件事重复申述，是加深对方认识的常用方法。特别是那些新鲜观点，只讲一次两次是不会留下印象的。刘备三顾茅庐才说服诸葛亮出山辅佐自己。多次申述也可使被说服者感受到对他的重视与尊重。当然，重复申述的次数也要掌握好，次数过多，用的不当，会使人产生厌烦。

（六）举出具体例证

优秀的说服者都清楚，个别的、具体的事例和经验比概括的论证和一般原则更有说服力。在说服他人时，举出一些实例，把亲眼看过的人和事说出来，人家也会自然而然得出这个结论。这种让听者自己得出的结论，比强灌给其的结论要深刻得多。

【案例精选】

历史上，唐太宗以善于纳谏而闻名。当时，国家经过一番治理，已经初现繁荣了。有一天，太宗问魏征：“你看近来政治怎么样？”魏征见天下太平，太宗思想上有些松懈，就回答说：“贞观初年，陛下主动地引导人们进谏；过了三年，遇到有人进谏，还能愉快地接受。这一两年来，勉勉强强接受一些意见，可是心里总觉得不舒服了。”太宗闻言，吃了一惊，问：“你有什么根据？”魏征说：“陛下刚即位的时候，判元律师死罪，孙伏枷进谏，认为按法律不应该判死罪。陛下就把价值百万的兰陵公主的园子赏给他。有人觉得赏的太厚了，您说：‘即位以来，他是第一个向我进谏的，所以要厚赏！’这是您主动地引导进谏。后来，柳雄把他在隋朝做官的资历做了手脚，被人揭发后要判他死罪。戴胄奏请只判徒刑，经过他再三申述，您终于赦免了柳雄的死罪，还对戴胄说：‘如果都像你这样坚持法律，就不愁有人滥用刑罚了。’这是您能够愉快地接受意见。最近皇甫德参上书，说修洛阳宫是劳民伤财，收地租是剥削老百姓等，您听了很不满意，后来虽然赏了他绸缎，心里却老大不愿意。这就是难于接受意见！”

太宗听了，觉得很有道理，对魏征说：“若不是你，谁能说出这样话来。一个人苦于不知道自己的缺点啊！”自此以后，唐太宗更加虚心。

（七）用名人的话来支持言论

名人的话往往有一种号召力，因此借助名人的话，有时可省去与对方许多不必要的对话。引用名人的话要引证得明白确切，有针对性，要把名人的姓名说出来，对原话至少要记得大意。再则，所引用的名人，必须是对方崇敬的，否则，即使引用得再恰当，对方还是听不进。还要注意某些名人在某个问题上不一定是权威，此时引用他的话，听者会产生某种心理障碍。如介绍经商经验以引述大企业家的话为好，引用战斗英雄的话未必奏效。

（八）提示具体方法

当对方对我们所讲的原则有所理解时，不要以为自己的说服工作已大功告成。接受了，并不等于懂得具体处理问题的方法，所以紧接着应该给对方指点迷津，告诉其一些切实可行的解决办法。这样有利于对方了解行动的步骤目标，自动付诸实现。

（九）让人多说“是”——苏格拉底问答法

让人多说“是”的方法，是说服他人的一个重要技巧。其全部内容就是：开头先让对方连连说“是、是”，假若有可能，尽量不要对方说“不”。据说这是两千多年前古希腊哲学家苏格拉底常用的方式，故称苏格拉底问答法。

心理学表明，多说“是”，能使整个身心趋向于肯定的方面，身体组织呈开放状态。而说“不”时，全身的组织——分泌腺、神经与肌肉都聚集在一起，成拒绝状态。心理学家指出：一个“不”字的反应是最难克服的障碍。“不”字出口之后，人格尊严就会驱使人坚持到底，即使自己觉得错了。

因此，和一个人谈话时，开始就要让其不反对是非常重要的事。生活中许多人忽略了这一点，一开口就使人发怒，做出蠢事。要说服别人，就要运用理智，不惜做出忍耐和牺牲，才有可能将对方的否定意见改为肯定意见。有一位推销员说：“我费了很多年时间，才懂得争辩是最不合算的。从别人的观点看事物，设法让人多说‘是’字，才最有利、最有趣。”这确是经验之谈。

（十）“使人信”定式

一位心理学家提出了说服他人的“使人信”定式。“使人信”定式由五个密切相关的步骤构成：

第一，直截了当告诉对方某处存在着某个极其严重的问题（状况）。

第二，帮助对方分析研究该严重问题产生的原因。

第三，帮助对方搜集各种可能解决问题的办法。注意，必须尽可能穷尽一切办法，并把自己准备提出的观点放在最后介绍。

第四，帮助对方依次分析和斟酌这些可能的解决方法。

第五，最终使对方认可并接受其中最理想的解决方法，也就是放在最后提出的自己认为最正确的方法。

这个定式在实际运用中，各个步骤可详可略，但其精髓不会改变。

（十一）归纳和演绎

逻辑推理中的归纳法和演绎法，是说服他人的最基础的逻辑手段，也是人们在说服中最常用的两个方法。

1．归纳法

所谓归纳法，是一种从众多的个别事例中归纳出其共同点的推理法，曾在科学研究中发挥过无比的威力，有时也被称为科学法。它从大量的实例或观察开始，然后得出某个结论，结论的可靠性取决于用于证明的论据要有一定的数量及真实度。具体地说，归纳法说服技巧的特征是：

（1）先举出许多例证；

（2）把例证中的各种共同点全部集中起来；

（3）借此强调结论的真实性与可靠性。

显而易见，归纳法是我们用以说服他人的有利武器。

2．演绎法

说服他人的另一种利器，便是跟归纳法逆向运行的演绎法。这是一种“闻一知十”的方法，是从抽象的原理断定具体事实的演绎手法，也可以说是由普遍原理判定“特殊事实”的方法。更简单地说，就是从某种共同点去举出众多实例，最后把它集中投向对方，形成锐不可挡的说服力。演绎推理的基本形式是绝对三段论，即大前提、小前提，以及从两个前提中得出的结论。

归纳法是从各种特例中引出某些共同原理；演绎法则是从共同原理中推出各种特例。或者说，当从论据中得出结论时，用的是归纳推理；而把信念应用于实际情况时，所用的就是演绎推理。两者过程相反，效果上却是殊途同归。归纳法和演绎法虽然是说服中最常用的手法，但在具体应用中，并非像我们上面讲的那么简单。它们在实际应用中变化无穷，在各自基本原理的基础上，演化出种种说服妙法来。

【典型案例】

触龙的游说能力

战国时，赵太后（威后）管理朝政。为抵御秦国的进攻，赵国向齐国求救。但是，齐国提出的条件是：必须将赵威后的儿子长安君作为人质放在齐国才能出兵。

赵威后心疼儿子，不顾大臣们的反复劝谏，骂道：有人再敢提出劝说，我将向他的脸上吐痰。

大臣们没有人再敢劝谏了，可问题并没有解决。

左师触龙是一位优秀的游说者。他要求晋见太后，太后十分生气地等着他。触龙故意地称自己的脚有病，慢慢走到太后身旁说："老夫的脚有病，不能快走，因此很久没有晋见太后了，请恕罪。我十分担心太后的身体，所以特来晋见。"

触龙又关切地问太后的日常饮食等，使赵太后稍微平息了怒气。接着，触龙向太后提出：自己的儿子舒祺年少又淘气，自己已经年老了，请太后批准让舒祺做王宫的卫士。

提起子女，赵太后作为女人，自然关心。她询问了那孩子的年龄，并且问触龙："男子汉也这么儿女情长吗？"

触龙回答："可能超过女人呢！"

触龙见自己的话打动了赵太后，于是，他巧妙地将自己所要表达的意思提出来：

"老夫认为太后将爱女嫁到燕国作为王后，这个做法超越了对长安君的做法。因为父母疼爱子女，就一定会为他们的长远打算。您送女儿出嫁时，抱着她的脚痛哭，但您并不希望她回来。因为您希望她与邻国结亲，繁衍后代，使两国共同发展，对吗？"

赵太后不得不承认："是的。"

触龙进一步劝诱：赵国从建立至今，子孙们还有封侯的吗？没有了。因为他们位尊而无功、奉厚而无劳，身边珠宝玉器遍地。可是，一旦国家出了大事，长安君没有战功和统治国家的能力，凭什么在赵国生存呢？所以，我认为太后对燕后的爱超过了长安君。

触龙成功地说服了赵太后将长安君送到齐国做人质。齐国立即出兵协助赵国抗秦。

第七章　谈判技巧与艺术

人们常将“磋商”、“洽谈”、“商谈”、“谈判”相提并论，并在同一场合交替使用，这几个词在本质上没有区别，它们基本上都体现了讨论、交换意见、争议、协商、评断等意义。如果说有什么区别的话，那就是“谈判”更具严肃性，不像其他几个词那样灵活、温和，具有外交色彩。那么，究竟什么是谈判呢？尽管目前学术界对它的定义不尽相同，但美国谈判学会会长尼尔伦伯格的观点得到了大多数人的认可。他说：“所谓谈判，就是人们为了改变相互关系而交换意见，为了取得一致而相互磋商的一种行为。”

谈判有广义和狭义之分。广义的谈判不仅指正式场合下的谈判，还指一切“协商”、“交涉”、“商量”等行为。狭义的谈判仅指在正式场合下所进行的谈判。

【案例精选】

11个农夫和1个农夫的故事

在一个边远小镇上，由于法官和法律人员有限，因此组成了一个由12名农民组成的陪审团。按照当地的法律规定，只有当这12名陪审团成员都同意时，某项判决才能成立，才具有法律效力。有一次，陪审团在审理一起案件时，其中11名陪审团成员已达成一致看法，认定被告有罪，但另一名认为应该宣告被告无罪。由于陪审团内意见不一致，审判陷入了僵局。其中11名企图说服另一名，但是这位代表是个年纪很大、头脑很顽固的人，就是不肯改变自己的看法。从早上到下午，审判不能结束，11个农夫有些心神疲倦，但另一个还没有丝毫让步的意见。

就在11个农夫一筹莫展时，突然天空布满了阴天，一场大雨即将来临。此时正值秋收过后，各家各户的粮食都晒在场院里。眼看一场大雨即将来临，那11名代表都在为自家的粮食着急，他们都希望赶快结束这次判决，尽快回去收粮食。于是都对另一个农夫说：“老兄，你就别再坚持了，眼看就要下雨了，我们的粮食在外面晒着，赶快结束判决回家收粮食吧。”可那个农夫丝毫不为之所动，坚持说：“不成，我们是陪审团的成员，我们要坚持公正，这是国家赋予我们的责任，岂能轻易作出决定，在我们没有达成一致意见之前，谁也不能擅自作出判决！”这令那几个农夫更加着急，哪有心思讨论判决的事情。为了尽快结束这令人难受的讨论，11个农夫开始动摇了，考虑开始改变自己的立场。这时一声惊雷震破了11个农夫的心，他们再也忍受不住了，纷纷表示愿意改变自己的态度，转而投票赞成那一位农夫的意见，宣告被告无罪。

按理说，11个人的力量要比一个人的力量大。可是由于那一个人坚持己见，更由于大雨的即将来临，那 11 个人在不经意中为自己定了一个最后期限：下雨之前，最终被迫改变了看法，转而投向另一方。在这个故事中，并不是那一个农夫主动运用了最后期限法，而是那 11 个农夫为自己设计了一个最后的期限，并掉进了自设的陷阱里。

在众多谈判中，有意识地使用最后期限法以加快谈判的进程并最终达到自己的目的的高明的谈判者，往往利用最后期限的谈判技巧，巧妙地设定一个最后期限，使谈判过程中纠缠不清、难以达成的协议在期限的压力下，得以尽快解决。

第一节　谈判概述

在现代社会，无论什么意义上的谈判，在我们的政治生活、经济生活和社会生活中都占有重要的位置。不仅战争、外交、国界、民族、党派、经济贸易等重大问题需要用谈判来解决，文化、教育、家庭、社交等问题同样离不开谈判。有关资料表明：在发达国家中，有 10% 的人每天直接或间接从事谈判工作。

正因为谈判所显示出的魅力和独特的功能，世界上一些国家纷纷成立了专门的研究机构。例如：美国很早就成立了“美国谈判学会”；日本于 1988 年 6 月成立了“交涉谈判学会”。不仅如此，一些发达国家的著名学府也建立了自己的研究机构。例如：哈佛大学的谈判培训中心不仅负责培养政府机构、公司企业的高级谈判人员，而且经常参与一些重大的国际谈判活动。20 世纪 80 年代中期以来，随着我国对外开放、对内搞活的社会改革的进一步深化，谈判越来越受到人们的重视。

一、谈判的特点和作用

（一）谈判的特点

谈判是两方或多方的交际沟通活动。不论是上街买菜与小贩讨价还价，还是国家首脑之间为政治、经济、军事、领土、战争等进行磋商，谈判至少有两方以上，只有单独一方无法构成谈判。

谈判作为一种人类的交际活动，是双方在谈判过程中，站在某种角度宣传和表明自己的立场、观点和要求，即所谓“谈”；同时还要判断、理解对方的意图，即所谓“判”。

谈判建立在人们需要的基础上。人们的需要是多种多样的，有物质需要和精神需要，有生理需要和心理需要，有高级需要和低级需要。当一方的需要与另一方的需要发生联系而又相互冲突时，双方就有必要交换意见，改变关系，或寻求对方合作，这种相互的满足行为就是谈判发生的根源。因此，人们的需要是谈判的基础。

谈判是双方通过协商不断调整自己的利益，最终达成一致意见的过程。谈判的双方应该既是对手又是合作伙伴关系；谈判的目的是要通过与对方的合作使自己的需要得到满足，获取最大的利益。为此，每场谈判都充满着竞争。但这种竞争不同于赛场比赛那样要分出胜负、输赢，也没有明确的规则和标准。为了满足自己的需要，在出现矛盾时，双方都要调整自己的策略，或作出让步，以达到利益上的平衡，最终达成一致意见。谈判的整个过程就是提出问题和要求，进行协商，出现矛盾，再进一步协商的过程。这个过程可能会重复多次，直至谈判终结。

谈判作为人类交际活动的组成部分，已遍及社会生活的各个角落。

（二）谈判的作用

1．谈判是解决争端的重要方法和有效途径

生活在大千世界的人们，存在着各种各样的矛盾，如个人与个人之间的矛盾、个人与单位的矛盾，还有单位与单位、党派与党派、地区与地区、国家与国家的矛盾等。这些矛盾会使各方关系紧张，如果不解决，就会导致矛盾激化，甚至于产生对抗。解决争端虽然可以依靠规章制度、行为规范及权威机构裁决等，但谈判也是重要而有效的途径。通过谈判解决争端，可避免使矛盾激化，避免大动干戈。即使已诉诸武力，也可以通过谈判和平解决。

2．谈判可以调整和改善各种关系，增进人际的交流与合作

当今社会，经济合作日益增强，文化交流日益频繁，发展与合作已成为当今时代主流。人与人之间、组织与组织之间、国与国之间都在寻求合作与发展，尤其是国际间多个领域的合作与交流，使得谈判的形式、内容以及作用出现了很大的发展和变化。

当前，建立、调整和改善关系已成为国际谈判的重要内容，如外交关系的建立，控制核武器的发展，改变经济关系，建立经济秩序，科学技术的协作，文化艺术的交流等。在新的形式下，每个社会成员都面临着如何处理和建立、改善人际关系的问题。如应届毕业生向用人单位求职，如何与用人单位商洽条件、待遇等问题；上街买东西，如何与卖主讨价还价，等等。谈判有助于调解和缓和人际间的冲突与矛盾，有利于创造和谐的生活环境，有利于物质文明和精神文明的发展。

3．谈判是市场经济运行的必要环节

我国目前已由计划经济转为市场经济。市场经济最根本的特点就是所有生产者生产出产品以后大部分不是用于自己消费，而是投入全社会的流通与交换，参与全社会的商品竞争。生产所需的原材料不能再依靠国家配给，生产出的产品也不能再依靠国家统购统销，原材料要靠自己到市场上去购买。不论是原材料的采购，还是产品的推销都要靠市场获得，或者说要靠谈判获得。

谈判是整个企业经营，甚至是整个社会经济运行的关键。没有谈判就不能获得足够低廉的原材料，就不能以足够高的价格把产品推销出去以获得利润。

另外，企业的竞争也是人才的竞争，招聘人才也是一种谈判。对于学生来说，毕业之后没有现成的“铁饭碗”，学生毕业后第一件事就是要把自己推销出去。如果没有一点谈判技能，就难以找到一个称心如意的工作。

二、谈判的分类

（一）按性质划分的谈判

1．一般性谈判

所谓一般性谈判，就是指一般人际交往中的谈判。比如，买菜时的讨价还价、儿女为赡养老人问题而召开的家庭谈判等。一般性谈判具有随意性、广泛性和非规范性的特点。

2．专门性谈判

所谓专门性谈判，就是指各个专门领域中的谈判。比如，军事谈判、技术谈判、贸易谈判等，都属于专门性的谈判。专门性谈判是一种预先充分准备后进行的谈判活动，通常将达成一项对参与各方都有利的协议。专门性谈判具有规范性、共同性、经济性的特点。

3．外交谈判

所谓外交谈判，就是指国家间在政治、军事、经济、技术、科技、文教等方面的谈判。外交谈判往往准备充分、程序严谨，所达成的协议对参与各方都有较强的约束力。

（二）按层次划分的谈判

1．个人间谈判

所谓个人间谈判，就是指个人与个人间对涉及两个人的问题进行磋商和达成协议的过程。

2．组织间谈判

所谓组织间谈判，就是指涉及厉害关系的团体间为解决分歧与冲突，达成一个于各方面都有利的结果而进行磋商并达成协议的过程。

3．国家间谈判

所谓国家间的谈判，就是指国与国之间在政治、经济、文化等领域进行磋商，实行合作，达成谅解，并签订具有极强约束力的协议的过程。

（三）按主题划分的谈判

1．单一型谈判

所谓单一型谈判，是指彼此谈判的主题只有一个，即谈判仅就一个单独的问题而进行。

2．统筹型谈判

所谓统筹型谈判，是指双方谈判的主题不只一个，而是由几个构成。其特点是要把不同的问题综合起来考虑。为了在一个问题上有所得，就得在另一个问题上有所失。

（四）按主体划分的谈判

1．直接谈判

所谓直接谈判，是指谈判利益的直接承受者之间的谈判。由于谈判的参与者就是利益的直接承受者，这种谈判具有迅速、具体和明确的特点。

2．间接谈判

所谓间接谈判，是指谈判中的一方为利益的直接承受者，另一方为代理人，或者双方均为代理人的谈判。间接谈判可借助代理人的知识和能力，使谈判依法、全面进行，获得成功的可能性较大。

3．水平谈判

所谓水平谈判，是指具有平等法律地位和社会地位的当事人之间的谈判。由于双方处于同一水平线，这种谈判具有公正性与竞争性的特点。这是社会中最常见的一种谈判形式。

4．垂直谈判

所谓垂直谈判，是指上下级之间的谈判。比如企业与上级公司之间在利润分成问题上的谈判等。这种谈判有两个特点：一是谈判双方有领导与被领导的从属关系；二是就某件事而进行谈判的过程中，双方的法律地位是平等的，不存在领导与被领导、命令与服从的关系。

第二节　谈判的过程及程序

谈判是一项十分复杂的活动，容易受到各种主观、客观和可控、不可控因素的影响。因此，谈判桌上往往是风云变幻、跌宕起伏。谈判者要在错综复杂的局势中左右谈判的发展，就必须有充分的准备。由于谈判涉及的范围十分广泛，因而它不会仅有一套固定不变的模式。但一切较为正式的谈判，总是按照特定的程序进行的。我们以公关谈判为例，重点介绍有关公关谈判的过程及程序。

什么是公关谈判？公关谈判就是协调组织与组织、组织与公众的关系及行为的一种方式，是一种运用人际传播手段进行的活动。公关谈判能够消除和避免某组织与其他组织和公众之间的对立、纠纷和冲突，促使参与各方各有所得、共同受益，为了共同的目的而使合作关系更加巩固；公关谈判能够建立某组织与其他组织和公众之间的良性关系，促使各方相互支持、配合和尊重，树立起良好的组织形象。由此看来，我们今天的生活中主要用到的是公关谈判。

一、公关谈判的准备过程

在现代社会，信息已成为人类生存的基础之一。一个社会组织总是把搜集、储备信息当作调整自己行动的基础，因此，成功的谈判也必定是建立在信息的基础上的。在谈判之前，谈判者首先应准备好有关自身和有关对方的信息。

（一）信息的准备

1．有关自身的信息准备

首先，要了解本组织的情况。其内容包括本组织的社会地位、经济实力、人才力量、设备能力、管理水平、劳动效率、产品的优缺点等基本情况。通过对这些组织情况的了解和分析，谈判者可以明了与对方相比自己有哪些优势或劣势，从而充分掌握事实证据、辩论要点、合理建议等谈判的论据。明了自己的优势与劣势十分重要，它将决定己方的谈判目标，确定谈判的让步区间。

其次，掌握科学知识。成功的谈判者应该是一个博学多闻、机敏灵活的“杂家”。谈判需要政治、经济、法律、历史、语文、决策等科学知识和专门的技术知识，需要看、听、说、表现等技巧。

再次，考察谈判者自身。通过对谈判者的价值观、人生观、性格特征、情感类型和智力水平、能力水平的详细考察，谈判者可以排除影响谈判能力的精神特性与弱点，克服使己方陷于被动的假设，树立起取得谈判成功的信念。

2．有关对方的信息准备

首先，要了解对方组织的情况。其内容包括对方组织的发展历史、社会地位、资信能力以及同其他组织的关系。

其次，弄清对方相关的环境因素。公关谈判是在一定的法律制度和某一特定的政治、经济、文化影响下的社会环境中进行的。双方谈判的成功与否，在很大程度上受不同国家、不同地区、不同社会环境的影响；双方的意见分歧又往往产生于这些不同的社会环境。对对方生活的客观环境要了解，包括政治状况、法律制度、宗教信仰情况、商业习惯、社会习俗等方面。

再次，分析谈判对手。要考察对手的资历、地位和谈判经历，分析其成败记录，以便了解其思考方式和工作能力，从中寻找弱点。了解对手的心理类型，包括气质性格、兴趣爱好、生活方式等，从而进一步确定对手将持有什么样的谈判态度和方式，准备相应的对策。

（二）谈判计划的拟定

谈判计划是谈判者在谈判前预先对谈判具体内容和步骤所作的安排，是谈判者行动的指南针。拟定谈判计划要做好以下工作：

1．确定谈判的具体目标

谈判的具体目标，就是谈判本身内容的具体要求，也可以理解为谈判的主题。谈判的具体目标体现着己方参加谈判的基本目的，是谈判的灵魂。整个谈判都必须紧紧围绕具体目标来进行，都要为实现这个目标服务。谈判者在确定目标时，必须考虑以下问题：

① 自己的利益所在是什么？谈判中要追求什么？需要什么？

② 本次谈判的限期对确立实际的目标是否是障碍？

③ 哪一方想要维护现状？现状与己方目标有多大距离？

④ 出现僵局将付出什么代价？这个代价是否会远离既定目标？

⑤ 本次谈判的各方将采用什么方式沟通信息？信息的可靠度、可信度有多大？

确定具体谈判目标的过程，是一个不断优化、反复论证其可行性与可操作性的过程。谈判的目标并非一成不变，谈判者可以根据谈判形式的变化对它进行调整和修订。

2．确定谈判的议程和进度

谈判的议程即谈判程序，包括所谈事项的次序和主要方法。它可以建立起一个公平原则，也可以使情势倾向一方；它能够使谈判步入轨道，也可以使谈判远离正题而变成讨论其他细节的问题；它可以使谈判双方迅速达成协议，也可以使谈判变得冗长无味。能够控制议程的人，实际上也控制了谈判的一言一行，甚至更为重要的是——控制了己方不愿谈到的问题。

一般而言，确定谈判议程应考虑以下问题：

① 谈判应在何时举行，为期多久？倘若这是一系列的谈判，应分几次举行？每次所用时间大致多久？休会时间多久？

② 谈判在何处举行？

③ 哪些事项应列入讨论，哪些事项不应列入讨论？列入讨论的事项应如何编排先后顺序？每一事项应占多少讨论时间？

谈判进度是对谈判时间的估计，其长短要依据双方的时间充裕程度和具体谈判内容而定。

3．模拟谈判的举行

模拟谈判是对谈判过程的预演，目的在于检验谈判计划的完善与否。一方面，谈判者可以发现谈判计划中的某些薄弱环节，经过修订、变更条件，加强论据；另一方面，谈判者也得到了一些临场经验。

4．谈判时间、地点的选择

（1）谈判时间的选择要考虑以下几点：

① 己方准备的充分程度。当己方还未做好充分准备时，不要轻易开始谈判。

② 谈判者的情绪状况。不要在谈判者自己疲倦、烦躁或心境不佳时谈判。

③ 谈判的紧迫程度。不要在己方求之不得时谈判。

④ 气候、季节情况。

（2）谈判地点的选择有以下三种：

① 己方所在地

在本地谈判具有特定的优势：可以随时向上级和专家请示和请教；可以随时查找资料数据、提供样品；处于主人地位，心理上占有上风等。不足之处是：可能受到杂事干扰；要花费精力照顾对方等。

② 对方所在地

其优势在于：可以亲自去察看和验证某些问题；如希望延迟做某个决定，可借口向上级请示或忘带资料暂时终止谈判，以便充分准备、深入思考问题。

③ 中间地点

双方为地点在谁家争执不下时，或想回避某些关系时，可选择中间地点。这样，双方的处境条件就变得同等了。

一般来说，谈判涉及重大或难以解决的问题时，最好争取在己方所在地进行；谈判涉及一般性问题或需要了解对方情况时，也可在对方所在地进行。

5. 物质准备

（1）谈判环境的安排

① 会场的布置。会场应选择在一个幽静的地方；房间里要具备起码的照明、通风、隔音、恒温条件；会场应有良好的通讯设备；会场应有一定的装饰、摆设、色调，使人心情轻松舒畅；备有必要的香烟、饮料、水果等。

② 谈判桌的布置。首先要考虑桌形。圆桌，双方人员团团而坐，给人以和谐一致的感觉，而且彼此交谈方便；方桌，双方人员面对而坐，显得正规、严肃，有时会产生对立的情绪。选择方桌还是圆桌，首先要考虑谈判中有效传递信息的需要，其次要考虑座次的安排。双方各自分开而坐，从心理上能产生一种安全感，而且便于查阅一些不便让对方知道的资料；双方交叉而坐，给人和平共处的感觉，能增添合作、轻松、友好的气氛。对谈判座次的安排，应参考有关的礼仪规定。

（2）谈判食宿的安排

食宿条件的好坏将直接影响谈判者的精力、情绪和工作效率。食宿安排要保证饭菜可口、住宿舒适，且要特别注意对方的文化、风俗和特殊习惯，对一些有特殊禁忌的人员更要十分尊重。

（3）谈判礼品的选择

送礼是为了联络感情，送礼并非越贵重越好，要避免“行贿”之嫌。普遍的做法是选择价值小但有一定意义的纪念品。此外，送礼也应“入国问禁，入境问俗”，以免产生相反的效果。

二、公关谈判的程序

（一）导入阶段

导入阶段就是谈判各方正式接触，通过简要介绍相互认识的阶段。这一阶段主要是使谈判双方对对方的基本情况有一个概括的了解。介绍的内容包括姓名、地位、职务或职称等。介绍的方法有自我介绍和专人介绍，可以根据谈判的场合、背景、性质的不同而定。从自我介绍中，可以了解对手的性格特征、语言能力、仪态举止等；从专人介绍中，可以更清楚地了解对手的全面情况。

导入阶段最好形成自然结合的有秩序的相互交流，自然大方的举止和热情适中的寒暄是创造和谐谈判气氛的重要因素。双方见面是拥抱、握手还是点头都十分讲究。如果是握手，要把握分寸，既热情又不卑不亢才好。握得轻了，容易让人感觉冷淡，甚至觉得你在轻视他；握得重了，有人会认为你很热情，有人却会觉得你在炫耀优势，还有人会认为你过于虚伪。双方寒暄常见的话题有：对方一路旅途的经历；个人的兴趣和爱好；对方的籍贯及地方特色；文体消息及当前社会上的热门话题等。在寒暄中要注意不应涉及对方的隐私，也不宜过多地开玩笑。

导入阶段是谈判的序曲，时间不宜太长，但应努力创造一种平等、宽松、和谐的人际沟通气氛。在这种气氛中，双方能较迅速地缩短感情上、心理上的距离感。良好的开端是成功的一半。良好地导入谈判有利于发扬合作精神，对以后的相互谅解、友好地达成协议起着不可忽视的作用。

（二）概说阶段

概说阶段，是指谈判各方陈述己方意向，让对方知晓自己的基本想法、目标和意图的阶段。其主要涉及谈判主题、谈判程序、谈判人员的行为等问题。在这一阶段中，双方既要谈出基本想法、意图，又要隐藏不想让对方知道的资料。因此，需持十分谨慎的态度，务必注意以下几点：

（1）内容简洁明了。谈判者进行概说时要把握重点，只谈出己方的基本想法和意图即可。切忌一上来就把己方的底牌全盘托出。

（2）认真倾听。谈判者发表完己方意见后，要留出时间让对方概说。在对方概说时仔细倾听，注意对方对自己的概说有何反应，并将对方的目的与动机与己方的进行比较，从中找出差别。

（3）态度诚恳。谈判者概说的言辞要适中，尽量不要引起对方的焦虑与反感。通过亲切的语言和诚恳的态度，沟通双方感情，消除敌对情绪，寻求相互协作的机会。

（三）明示阶段

明示阶段，就是谈判各方明确地表达不同立场和意见，暴露出分歧点并初步展开讨论的阶段。谈判中必然会有一些不同意见，明智之举是及早提出这些意见和问题，以求彻底解决。一般而言，谈判双方要考虑四个主要问题，即自己所求、对方所求、彼此相互所求，以及内蕴需求。

在明示阶段，各方都应把分歧点摆到桌面上来，然后以坦诚的态度，心平气和地进行讨论，以求妥善解决，将彼此不同的意见纳入共同利益的轨道。为此要做到：己方所求要合理，不要过分；对对方所求不要谴责；彼此所求，尽量使对方认清并接受；对尚未表露出来的内蕴需求，要待时机成熟、条件允许时提出。

在明示阶段，可以在一些非原则问题上作一些适当的让步。这种让步要表现在明处，让对方知道己方的诚意。对原则性的问题，则一定要坚持，不能有丝毫让步。在满足己方需求的同时也满足对方的需求，是最终达成协议的基础。

【案例精选】

我国某出口公司在同东南亚某国商人洽谈大米出口交易时，有这样一个片断，这是谈判明示阶段常出现的情形：

我方："我们对这笔出口买卖比较感兴趣，我们希望贵方能以现汇支付。不瞒贵方说，我们已收到了某国其他几位买主的递盘，因此现在的问题只是时间，我们希望贵方以最快的速度决定这笔买卖的取舍……"

对方："我们的想法和您的一样，都想把这笔买卖做下来。我们认为最好的支付方式是用我们的橡胶，这在贵国也很需要。当然了，如果贵方大米的价格很有竞争力，我们也愿意考虑用现汇支付……"

这样，双方都将自己的要求和意见如实地摆了出来。一个想卖，一个想买，在彼此一致的基础上，双方就支付方式问题可在以后的讨论中充分发表自己的意见。

（四）交锋阶段

交锋阶段就是谈判各方为了获取利益、争取优势而处于对立状态的阶段。交锋阶段的表现方式一般有两种，即"以我为主"和"各说各的"。

1."以我为主"的交锋方式

这种交锋方式就是在双方的交锋过程中，先由一方对某个具体问题加以陈述，对方如有不同看法则提出反驳和攻击。下面举例说明：

卖方："我方这种产品的报价每公吨500美元。"

买方："500美元？太高了！这大大地超出了我方的支付能力。你们怎么能要这样高的价格？"

卖方："这是市场价格。我们一直按这个价格出售。"

买方："据我们所知，市场价格是每公吨420美元。你们应当降价！"

2."各说各的"的交锋方式

这种交锋方式是一方在设法弄清对方陈述的意图之后，再进行自己的陈述。下面举例说明：

卖方："我方这种产品的报价每公吨500美元。"

买方："是否包括运费和关税？贵方开价的500美元不包括运费和关税，是吗？"

买方："是的。不包括。"

卖方："那么，我们希望每公吨的价格降到420美元。"

在交锋阶段，谈判者一方面要提高勇气，坚定必胜信念；另一方面要以科学的态度、严密的逻辑推理和充分的客观事实去分析对方的意见，回答对方的质询。还应随着情况的变化，采用灵活变通的方法，不断重新估计、调整自己的谈判目标。值得提出的是，公关谈判应尽量避免谈判各方之间的对立。出现了对立也应冷静下来，双方要本着友好合作的态度打破僵局，求同存异，促进谈判成功。

（五）妥协阶段

妥协阶段就是谈判各方经过激烈交锋后，寻求都可以接受的途径的阶段。一场成功的谈判，双方都应是胜利者，结果是达成双方都满意的协议。因此，双方的交锋不可能一直持续下去，必要时可在某些方面适当妥协，以满足对方的要求。

妥协的原则是“有所施，就有所受”，即向对方做某一方面的妥协，就要在其他方面得到相应的补偿。如果作出了最大限度的让步而对方仍不作任何妥协时，谈判只能破裂。在妥协阶段，谈判者要科学地分析谈判发展趋势，对可能妥协的范围、谁先妥协、怎样妥协、在什么地方妥协、妥协到什么程度以及妥协带来的补偿等问题做到心中有数。妥协的关键是要把握双方的利益所在。

【案例精选】

1986年，广东某玻璃厂就引进新设备问题与美国欧文斯公司进行了谈判。在全面引进还是部分引进的问题上，双方各抒己见、互不相让，一时谈判陷入了僵局。为了缓和气氛，达到既要引进好设备又要节省外汇的目的，我方代表微笑着转了话题：你们欧文斯的技术、设备和工程师都是世界一流的。你们用最好的东西帮助我们成为全国第一，这不仅对我们有利，而且对你们更有利！我们厂的外汇确实有限，不能买太多的东西，所以国内能生产的就不打算进口了。现在，你们也知道，法国、比利时和日本都在和我们北方的厂家搞合作，如果你们不尽快和我们达成协议，不投入最先进的设备和技术，那么你们就会失掉中国市场，人家也会笑话你们欧文斯公司的无能。

这一番话一针见血地指明了对方更重要的利益所在，僵局立刻被打破了。最后，欧文斯公司作出了妥协，双方达成了只进口主要设备的协议。

（六）协议阶段

协议阶段就是谈判各方经过交锋与妥协，均认为达到预期的目标而拍板签字的阶段。各方可在求大同存小异或求小同存大异的基础上拟就协议书（或公报、合同、意向书等），并签字生效。必要时，应聘请律师参加，以确保协议顺利进行。值得注意的是，不要以为一经达成协议，便大功告成。当某些条件发生较大变化时，往往又需重新谈判，修改协议。

公关谈判协议书的结构一般分为四大部分：第一，标题。标题的形式较灵活，可反映协议的内容，也可不反映协议的内容。第二，导言。导言部分应写明签订协议的目的、原由和根据，概括总结整个谈判过程，并指明协议的法律依据。第三，正文。正文是协议的正式内容，包括谈判各方的名称、主体资格、居住地、具体意见及达成协议的细目、生效时间、实施期限等。第四，结束语。结束语部分应注明执行协议的法律责任。谈判各方要协商规定谈判协议的有效条件，即在什么条件下协议正式生效。协议一旦生效，谈判各方均须执行，不能单方面修改或撕毁，否则即是违约行为，将受到法律制裁。

第三节 谈判的技巧

一、策略技巧

谈判的技巧可分为策略技巧和语言技巧，方法有很多，这里首先介绍几种谈判策略。

（一）攻心战

兵家们常爱运用“攻心战”，并称之为上策。谈判中运用攻心战亦颇多，其基本思想也是从心理与情感的角度使分歧解决，从而达成协议。谈判中经常使用以下攻心战策略：

1．满意感

“满意感”是一种使对方在精神上感到满足的策略。解答内容以有利于对方理解自己的条件为准。哪怕对方重复提问，也应耐心重复同样的解答，并争取做些证明，使你的解答更令人信服。

接待周到，使对方有被尊重的感觉。必要时可请高级领导接见，促使对方接受自己的条件。高级领导只是叙谈双方的友谊及分析对方做成该笔交易的意义，讲话不宜过于“急着做成交易”，否则适得其反。

只有使对方充分感到“温暖”和“实利”，才能达到“促进”的目的。莎士比亚曾经说过：“人们满意时，就会付出高价。”这是对满意感所收效果的最好说明。

2．碰头会

“碰头会”是一种在大会谈判之外，双方采取小圈子会谈以解决棘手问题的做法。通常由双方主谈加一名助手或翻译进行小范围会谈。这种策略有较强的心理效果：突出了问题的敏感性，加重了主谈的责任，寄大会谈判的希望于关键人物上。

这种会谈随时可以进行。会谈之中可暂时休会，而进行“头碰头”会谈，这样讲话自由，气氛轻松，便于灵活交换条件，尤其是不会导致不成熟、尚处探索中的条件泄密而使局面混乱。大会后也可进行碰头会，如家宴就是碰头会的形式之一。

许多重大决策往往不是在全体谈判会议上形成的。在这种“头碰头”的谈判中，大会仅是公布决策或协议的场所。

3．鸿门宴

“鸿门宴”是以“宴”之形求“意”之本。通过宴会来缓解气氛、减除心理上的戒备或对立情绪，这无疑有特殊的效果。例如：某工厂作为卖方在宴会上与买方洽谈，买方在毫无准备的情形下，由于心理上的压力——“宴会的气氛太好了”，仓促出价，使卖方达到了目的，这样卖方的鸿门宴之策就成功了。

4．恻隐术

“恻隐术”是一种装扮可怜相、为难相的做法。这一招为西方人、日本人所常用。“为难”之情人常有之，其影响力不小，有时能够感动没有经验的谈判对手。“恻隐术”常见的表现形式有：

说可怜话——“这样决定下来，回去要被批评”、“要砍头”、“我已退到崖边，要掉下去了”、“求求您，高抬贵手”。

装可怜相——有的日本厂商在谈判桌上磕头请求条件。有的商人精心装扮可怜相。例如：某卖方在二次降价后，坚守价格。为了打破僵局，买方邀请卖方去其住的旅馆洽谈。卖方人员走进房间，只见主谈头上缠着毛巾，腰上围着毛毯，脸上挂着愁容，显示一副病态。他说自己：“头疼、胃痛、腰难受，被你们压得心里急。”心里急不假，头疼也可能是真的。这一招颇有感染力，卖方有的人认为“他可怜，话语真切”，就动摇了谈判意志。

（二）蘑菇战

“蘑菇战”就是人们常讲的“软磨硬泡”，这反映出一种耐心、耐性和韧性。在谈判中，蘑菇战被作为一种重要策略来运用。

1．疲劳战

买卖双方如果均有诚意，有时在日程安排上比较满意，早、中、晚，一口气商谈十几个小时，有的到次日凌晨，以求达成协议，这是正常的情况。除了时间限制等客观情况外，也有人为的情况，这就是使用“疲劳战”。此策略主要是干扰注意力，瓦解意志，制造漏洞，从而在有利的条件下达成协议。

例如，某项目谈判时，双方一直谈到次日清晨 4 点，达成了协议，整出了总价。当整完资料时，卖方倒在沙发上睡了。结果，由于买方专门有人检查所有数据，而卖方仅为获得合同而高兴，漏计了 3 台设备的价格，直到签约时才发现。经过再次谈判，买方仅退一半，因为买方认为“卖方不是漏计，而是降价”，且“已达成协议，向各方面已通报，不宜改动，否则无法解释”。

对于某个争论点，安排人轮流磋谈，会给会谈一种紧张、激烈感，也有使对手精神疲倦之效。还有，对于某种答复的拖延，也会让对方等得疲惫不堪而丧失耐心、兴趣，以致自动放弃。

2．泥菩萨

“泥菩萨”就是谈判者像泥菩萨一样威风凛凛，不进也不退，不论“朝拜者”是虔诚还是虚伪。在谈判中，对于自己不同意的意见持一种否定态度后，即守着不动。无论对方怎样说服，均不同意，只有对方感到无望，改变态度和建议，才重新考虑自己的态度。

3．挡箭牌

“挡箭牌”是指在自己身体前面挡上盾牌，在自己的立场前面寻找各种借口、遁词的做法。

要使用“挡箭牌”，一种做法是隐蔽自己手中的权力，推出一个假设的决策人，以免正面或即刻回答对方。例如：“你的问题我很理解，但需向价格部门的领导汇报”；“我本人无权回答贵方问题，需向社长请示后才能答复”；“我本人的谈判任务结束了。贵方从现在起提出的所有建议，本人均乐于忠实转达。若嫌麻烦，贵方也可直接找有关领导”。

以上说法都是挡箭牌的具体运用，这种做法的优点是十分机动，且谈判对手相互熟悉后，对方也仍希望通过你去继续谈判，去说服那个虚构的“决策者或反对派”。

（三）强攻战

“强攻战”是在谈判中以决不退让的强硬立场迫使对方让步的策略。谈判中可采取各种不同的形式来表达强硬态度，这对制造心理优势、维护自己利益有一定作用。

1．针锋相对

“针锋相对”就是针对谈判对手的论点和论据，逐一予以驳斥，并进而坚持自己立场的做法。例如：对某厂家说“我的人工费高，造价高”，可驳例“你的人工费也没像你所说的那样高”，或“有的人工你可以转移”，边驳边说出新方案。又如：一方拍案而起，扬言“不干了”；另一方冷眼相对，称“你要对你的行为负责”，毫不退让，也不怕僵。使用该策略应注意说话切题。若不对准对方话题，有的对手反过来就会说“你没听明白”，从而使你话出无“锋”。此外，“锋”在有“理”，不能拼嗓门。

2．最后通牒

“最后通牒”是指在谈判陷于僵持阶段时，某一方宣布以某一新条件或某个期限作为谈判中合同成败的最后决定条件，逼对方最终答复的做法。通常人们也爱用“边缘政策”的说法来表达。

例如：卖方降了一次或两次价后，宣布“我是最后价了，请贵方研究”。有的还说：“我已无别的条件，我等到明天中午，如果贵方接受我方建议，则我留下签合同；否则，下午有2点的飞机，我回国了。”

买方也常使用该策略压卖方。有的谈判高手还玩“最后×分钟”的把戏。在某个上午或下午将尽时，说“给你最后×分钟”、“没有新建议就到此散会，下步怎么办？另商量”等，凡带“威胁性的通告”均有最后通牒的味道。

使用该招时应注意：通牒要“令人可信”。如“要走”的可能性存在，下午2点的确有飞机，机票的确订好，如果是个玩笑，就会失去效果，且会影响以后的谈判。此外，通牒不要“滥用”。在一场谈判中，过多地使用此策略不好，会伤感情，也无大效果。

（四）擒将战

在买卖双方的谈判中，许多事态的发展取决于主谈人。因此，围绕主谈人或主谈人的重要助手就会出现一场激烈的争斗。通过征服主谈人或其重要助手，以实现谈判的方法叫“擒将战”。

1．激将法

以话激对方的主谈或其重要助手，使其感到坚持自己的观点和立场已直接损害自己的形象与自尊心、荣誉，从而动摇或改变其所持的态度，这种做法称“激将法”。具体做法可分为“直接激对方主谈”、“间接激对方主谈”，即通过激其主要助手，让他去影响主谈人。可以“能力大小”、“权力高低”、“信誉好坏”等武器去激对方。

例如，己方说：“你方谁是主谈人？我要求能决定问题的人与我谈判。”此话贬低了面前主谈人的权力，反过来激起对方（尤其是年轻，资历浅者）要求“决定权”，使己方谈起来方便，且可寻机得利。又如，己方批驳对方：“既然你有决定权，为什么不回答我方要求，你还要回国请示吗？”迫使对方主谈正视己方条件。针对顽固的主谈采取间接激将的案例也有。在某项目贸易谈判中，卖方主谈不吃激将法，买方反过来对其聘用的律师讲：“你是律师，知道买卖应公道。公道的价，不怕讲。贵方不告诉我方技术费的计算依据，我方怎么能接受呢？”该律师无话可讲，反过来劝其老板告诉了买方计算公式及取数，买方就达到了目的。

该法运用起来较普遍，且花样很多。不过，使用时应注意：“激将”是用“话语”，不是“态度”，即用的话语切合对方特点，切合所追求的目标，而态度要“和气”、“友善”。恶狠狠的态度不能达到激将的目的，只会“激怒”对方，于事无补。

2．宠将法

以好言切合实际或不切合实际地颂扬对方，以合适或不合适的物资赠给对方，使对方产生一种友善的好感，从而放松思想警戒，软化对方谈判立场，使自己的目标得以实现的做法，称为“宠将法”。具体做法有：

（1）给过方主谈“戴高帽子”。抓住对方特征，年老则“老当益壮”、“久经沙场”，年轻则“年轻有为”、“反应敏捷”、“精明强干”、“前途无量”。这些话也许有切题之处，但作为言者，目的是为了拉拢对方，减缓对方进攻的势头。

（2）“个别活动”，单独会见主谈，邀请对方主谈赴家宴、谈家常、谈个人爱好，把严肃的谈判空气变得“生活化”，使讨价还价的气氛更好些。“宴请”，邀请对方主谈去品尝名菜佳肴，体现“好客或义气”，在“干杯”中塑造“知己”，为宴会的谈判抹油。

（五）决胜战

谈判到了一定关头，就不能再拖延了。无论是双方的情绪、上级的要求、同僚们的看法、交易本身的意义、双方已达到的条件，均使谈判进行到最后的交锋，决定成交与否，这样的谈判，称为“决胜战”。

1．抹润滑油

为了解决双方最后的分歧，作一些对自己全局利益影响不大但对对方来讲仍不失为有利条件的让步，称为“抹润滑油”。什么是贸易的“润滑油”呢？不同的谈判项目，“润滑油”的概念不同。一般是指那些事先已知道可以妥协的，有一定价值、总体价格条件影响不大的因素。例如：付款条件，影响价格的 3%～19%；货币的选用，有时要起 3%～20%的调价作用；价格性质，FOB（Free on Board，离岸价）还是 CIF（Cost Insurance and Freight，到岸价），价差可在 3%～6%；专家与实习生的待遇、食宿、交通均占一定费用，还有技术上的考核时间长短等。以上因素的变动对决定合同的成败，在一定阶段具有决定性作用。

比如，在某次会谈中法国某公司坚持不降价，而买方需要该产品技术，根据当时（1982 年）美元对法郎的牌价和日元对法郎、美元的牌价，提出按当时市场牌价换货币报价，结果将法郎改成日元报价后，相对买方手中的美元，该项目总价降了 17%。“抹润滑油”的意义显而易见，因此要求谈判者在一开始就要珍惜这些条件，不要轻而易举地让掉。同时，这些条件在谈判之初就要力求在“决胜”时有其“润滑”的价值，还不伤自己的筋骨。

2．折中调和

“折中调和”就是以平担分歧的分量，也叫共同向对方靠拢来解决谈判最后差距的做法。折中有一次折中和二次折中的做法，也可以“条件”换“价格”。

【例 1】如买卖双方价格条件反差 100 元，最后各让 50 元，这为一次折中。又如，买卖双方最后差距 100 元，虽买方提出折中各担 50 元，但卖方不同意，要求在买方同意的 50 元与其坚持的 100 元之间再对折，即 75 元，他才接受。当然，作为买方也还可再对折，以卖方同意的 75 元与他同意的 50 元之间作最后对折，来解决分歧。

【例 2】在合同条文的谈判中，买卖双方罗列条文的分歧点如有 10 处，那么双方各让 5 处。有时人们称之为“记分法”，这也是折中的策略。

该策略运用时应注意：

（1）时间，在谈判接近尾声时不率先提出折中，以保持“再折中”的机会。

（2）不搞绝对折中。如果条件基本上达到成交要求，要以折中结束。如差很远，即使谈判气氛使人感到“尾声”，也不能同意折中。若对方坚持，那就应打出“附加条件”，绝不搞表面的折中。

（3）搞折中时，自己应还有余力，即手中还有“牌”。

有关谈判的策略还有很多，这里就不一一列举了。

二、语言技巧

（一）陈述技巧

1．陈述过程中要注意概念清晰，尽量使用对方听得懂的语言，尤其对专业术语要用通俗语言解释清楚。

2．从原则出发，不拘泥于细节。陈述尽量简洁，避免冗长。

3．谈判中，当对方要求提供具体数字材料时，若没有确切的数值或材料，宁可不回答或延期回答，也不作概略描述。

4．以肯定性措辞表示不同意。

5. 陈述只是表达自己的观点和建议，要避免攻击性语言，使陈述带有一定的感情。

6. 避免以否定性语言结束会谈。结束语宜采用切题、稳重、中肯并富有启发性的语言，并留有回旋余地，尽量避免下绝对性结论。

（二）提问技巧

根据不同的谈判内容提出不同的问题。即使对同一内容，也要根据谈判的具体情况，采用不同的方法，从不同的角度来提问。

提问要围绕中心。每个提问之间要相互衔接，步步紧扣；提出的问题要由小到大、由易到难，逐步进入敏感点。

提问要选择适当时机。从时间上讲，提问要在对方叙述有明显停顿之际进行；从内容上看，应选择对方正在或已经叙述过的相关内容来提问，便于对方回答。

（三）应答技巧

1. 早做准备，以逸待劳。在谈判前，预先假设一些难度较大的问题进行研究，制定详细的应答策略，一旦谈判中出现这类问题，可以马上作出答还是不答的反应。

2. 没有弄清对方真正意图的问题，不轻易回答。可采用证实性提问，让对方重复或证实。或要求其引申、补充，或要求其举例说明，直到弄清其确切含义，再作相应回答。

3. 对难以回答的问题，可采用拖延应答的方法。比如："对不起，我还不大明白您的意思。请您再说一遍好吗？"当对方重述时，或许已想好了应答办法。

4. 对有些犯忌或事关底牌的问题，可以采取迂回隐含的应答方法。

5. 对对方的质询一般不应针锋相对地直接反驳，而应先尊重对方的意见，然后再提出不同意见。这样的应答往往使对手更容易接受。比如："是的，您说的不错，我们的轿车是提价了 10%，但我们用进口发动机代替了国产发动机，大大提高了轿车的质量。相应的，成本也提高了呀。"

6. 准确地把握应答范围，局部问题局部回答，决不可全盘答出，过早地暴露整个谈判意图。要注意，对方的一些提问实际上是在旁敲侧击、投石问路、探听虚实。例如：日本一商人在与中国某企业谈判中，似乎是漫不经心地问了该企业的一些业务情况，而该企业的谈判人员为了证明自己的实力，就冒失地谈了很多，包括该企业的协作单位和客户。日本商人会后马上对该企业与其协作单位和客户的业务往来情况做了调查分析，掌握了该企业的谈判意图和底细，在后来的谈判中占据了主动权。

（四）插话技巧

1. 插话的时机

（1）当对方说话稍有停顿时，可以插话要求补充说明。比如："请再说下去。""还有其他情况吗？""后来怎么样了？"在对方停顿之际插话，可以使对方谈兴更浓，把更多的想法和情况说出来。

（2）当对方说话间借喝饮料、点香烟思考问题或整理思路时，可以插话进行提示。比如："这是第二点意见，那么第三点呢？""上述问题我明白了，请谈下一个吧。"此时的插话，承上启下，可引导对方更快更清楚地说下去。

（3）在对方谈话间歇的瞬间，进行简单的插话。比如："是的！""没错！""我理解！""可能性很大。"这种插话，可以表示对对方的谈话赞成、认同、理解，使谈判气氛更加融洽和活跃。

2. 插话的方式

（1）重复。当对方谈及一个新的问题时，为了明确其含义或突出其重要性，可以运用重复插话的方法。比如："您的意思是不是……""我想您大概想讲……""您认为这很重要吗？"这种方法如果使用得及时和恰当，往往能使谈判避免停顿和中断，可以收到很好的效果。

（2）概述。在与条理不清或表达能力较差的人谈判时，应抓住机会对其谈话进行一定的整理，以紧扣主题、突出重点。比如："听了您所说，大致有这样几个问题……""用您的话讲，这就是……"这样的概述插话往往使对方感到你理解了他的意思，还给人以礼貌的感觉，因而会引发对方的好感。

另外，与不同国家的人谈判应有不同的方式、方法，因为不同文化背景的人谈判风格是不一样的，这一内容将在"跨文化沟通"一章中详细叙述。

【典型案例】

服装店里的谈判

一位女顾客在一家个体服装店里看衣服。店主指着一身套装说："小姐，你身材这么好，这套衣服你穿着准合适。先试一下吧。"

女顾客试了一下，很合身，便问："多少钱？"

店主回答："360 元。"

"太贵了"，女顾客说着把衣服换下，准备离开。

"这可是名牌，大商场要卖 600 多元呢，我这是最后一套了，昨天还卖 480 元呢。"店主说。

女顾客转回身，拿起衣服又看了看说："180 元，我就买。"

店主道："实话跟你说，我是 300 元进的货，这样吧，就按进价给你，300 元，我就不赚你的钱了。"

女顾客又仔细检查了一下衣服说："你看，这衣服就剩一套了，袖口还脏了一块，有的扣子还松了，最多值 250 元。"

店主道："250 元？多难听呀，图个吉利，280 元。"

女顾客：“别啰嗦了，260元要卖我就买，否则就算了。”

店主：“小姐，你真会砍价，260元，成交了。”

谈判时关心对方的利益

在谈判中、双方的利益不一致是必然的，有时甚至是尖锐对立的。坚持对立的立场、各不相让，常使谈判出现僵局。而奉行互利原则，则可以打破僵局，达成对双方都有利得协议。

戴尔·卡耐基曾经有这样一个谈判。有一段时间，他每个季度都有10天租用纽约一家饭店的舞厅举办系列讲座。后来在某个季度开始时，他突然接到这家饭店的一封要求提高租金的信，将租金提高了2倍。当时举办系列讲座的票已经印好了，并且已经都发出去了。卡耐基当然不愿意支付提高的那部分租金。

几天后，他去见饭店经理。他说：“收到你的通知，我有些震惊。但是，我一点也不埋怨你们。如果我处在你们的地位，可能也会写一封类似的通知。作为一个饭店经理，你的责任是尽可能多为饭店谋取利益。如果不这样，你就可能被解雇。如果你提高租金，那么让我们拿一张纸写下将给你带来的好处和坏处。”接着，他在纸中间画了一条线，左边写“利”，右边写“弊”，在“利”的一边写下了“舞厅，供租用”。然后说：“如果，舞厅空置，那么可以出租供舞会或会议使用，这是非常有利的，因为这些活动给你带来的利润远比办系列讲座的收入多。如果我在一个季度中连续20个晚上占有你的舞厅，这意味着你失去一些非常有利可图的生意。

“现在让我们考虑一个‘弊’。首先你并不能从我这里获得更多的收入，只会获得的更少，实际上你是在取消这笔收入，因为我付不起你要求的价，所以我只能被迫改在其他的地方办讲座。”

“其次，对你来说，还有一弊。这个讲座吸引很多有知识、有文化的人的人来你的饭店。这对你来说是个很好的广告，是不是？实际上，你花5000美元在报上登个广告也吸引不了比我讲座更多的人来这个饭店。这对于饭店来说是很有价值的。”

卡耐基把两项“弊”写了下来。然后交给经理说：“我希望你能仔细考虑一下，权衡一下利弊，然后告诉我你的决定。”第二天，卡耐基收到一封信，通知他租金只提高原来的1.5倍，而不是2倍。

卡耐基一句也没提自己的要求和利益，而始终在谈对方的利益以及怎样实现才对对方更有利，但却成功地达到了自己的目的。关心对方的利益，站在对方的角度设身处地地为对方着想，指出其利益所在，对方会欣然与你合作。

第八章 团队沟通技巧

团队是一个外来词，其含义是：为了实现某一目标而由相互协作的个体所组成的群体。《团队的智慧》（The Wisdom of Teams）一书中对团队是这样定义的：

- 有共同的奋斗目标；
- 团队成员的个人成功要依靠团队其他成员；
- 一致认可的行动策略；
- 团队成员的知识与技能互为补充；
- 人数较少，通常少于 20 人。

第一节 团队概述

一、团队的种类

团队有很多种不同形式。科技已使工作的性质发生了巨大的变化，现在我们再也不能说团队成员就一定要处在同一幢楼、同一个国家或同一个部门了。

目前，常见的团队类型主要有以下几种：

1．职能型团队

这种团队是把具有同种技能和特长的人集中起来，以实现一个特定的目标。如书籍出版团队与杂志出版团队，两者都是出版公司的一部分。

2．跨职能型团队

这种团队由来自公司不同部门的人员组成，比如，一个由来自销售、市场、生产以及财务人员组成的团队，团队成员共同负责产品可行性研究。

3．项目团队

这种团队由为完成某一特定任务而召集起来的人员组成，通常是短期的，任务完成便解散，比如研究安全程序的团队。

4．自主型团队

这类团队通常负责整个产品或生产流程，包括计划、运行、实施、协调及改进。

5．轮班型团队

轮班团队与职能团队类似，不同的是他们要 24 小时轮流工作，比如护理心脏病人的护士。

6．多元文化型团队

这种团队由来自多个不同国家、不同文化背景的人员构成。随着组织的不断全球化，这类团队的数量不断增加。

7．虚拟型或远程型团队

这类团队的成员位于不同的地点，通过电子邮件、电话会议或网上会议的方式结为一体。

二、团队对个人的益处

成功的团队有助于我们获得以下优势：

1．人际关系网

在这里，能接触到许多不同的人，耳闻目睹各种观点，并且也能把自己的观点见解提出和其他成员探讨。或许其中一些人对你的观点感兴趣，或以后需要你的技能。这样既丰富了个人视野，又得到了更多人对自己的了解。因此，作为一名团队成员有助于自己建立人际关系网，使人们对自己产生兴趣。

2．多样性与挑战

团队工作是接触多种观点与经历的大好时机，不仅可以接触到其他人，还可以接触到他们的思想与考虑问题的方法。

第二节　团队合作

如何建立一个有效的团队，并在团队中能发挥自己的才能呢？两个主要因素：团队精神和与他人合作。

一、团队精神的内涵与特征

团队精神，是团队成员在共同的活动中形成的共同的、稳定的、人格化的心理特征。如共同的奋斗目标、价值观、理想、信念、意志、共同的行为规范等。

团队精神集中体现为团队的凝聚力。团队凝聚力强，成员之间相互依存、相互协调，相互团结的程度就强，就能够用向心力、忠诚、责任感、团队荣誉等精神力量，使团队成员众志成城、齐心协力，实现共同的理想和目标。

1．良好的团队气氛

成员间沟通快，信息交换频繁，互相了解，关系和谐、民主。

2．较强的吸引力

团队成员有较强的归属感与向心力。

3．较强的集体主义精神与责任意识

团队成员愿承担重要的团体任务，主动分担责任，不计较个人得失，关心集体，自觉维护集体荣誉和利益。

4．较强的自豪感

团队成员为成为这个团体的一员感到自豪和光荣。

我们都知道，在运动场上需要团队精神才能取得成功，今天，人们越来越清楚地认识到不只是运动场，在我们学习、生活、工作的许多地方都需要团队精神。尤其是现代企业，在日趋激烈的竞争中团队精神是其求得生存与发展的关键。

二、如何树立团队精神

团队精神是在长期的团队活动实践中形成和发展起来的一种人格化的力量。那么，如何培养团队精神呢？

1．配备坚强有力、团结一致的领导班子

民主型的领导核心能使成员有充分表达意见的机会，从而使团队成员容易形成较强的参与意识，进而培养和谐、民主的团队精神。

2．制定共同的奋斗目标

成员的共同性越多，团队的凝聚力就越高。因此，团队成员要有共同的追求、理想、信念，一致的价值观和人生观，大体一致的需要、兴趣、动机，相似的个性及心理特征。

3．培养齐心合力、共同对付外部压力的精神

研究表明，当团队受到外部侵犯、攻击、竞争或威胁时，每个团队成员都面临“生死存亡”的压力和考验，任何人都没有单独逃避的可能。只有团队成员更加紧密地结合在一起，才能抵御外来的压力。因此，让团队参与竞争，能增强团队的凝聚力，更好地形成团队精神。

4．在团队内部实行奖励制度

奖励会影响团队成员的情感和期望。研究表明，个人奖励与团队奖励相结合的方式有利于增强团队的凝聚力，形成团队精神。

5．开展团队文化娱乐活动

丰富多彩的文化娱乐活动，可以让团队成员的精神生活更加充实，增强团队的吸引力和归属感，同时也给团队成员提供了施展才华的机会，增加其成就感。

6．提高经济效益，努力搞好福利

团队工作成效差，工资及福利待遇低，必然降低团队的凝聚力，因此要创造条件提高效益，改善福利。

7．控制团队规模

团队规模过大，容易造成意见分歧，降低凝聚力；规模太小又会失去平衡的力量。因此，团队规模适度才可以增强凝聚力。

8．控制团队舆论

健康的团队舆论和信息传递、沟通可以形成良好的舆论气氛，净化团队风气，提高团队的凝聚力，对形成团队精神意义重大。因此，要用健康、正确的舆论去感染人、鼓励人、影

响人、教育人。

三、团队中如何与他人合作

（一）团队中哪些人不受欢迎

我们以现代企业为例，不受现代企业管理者欢迎的有九种人：

1. 缺乏职业意识的人

职业意识是人们对所从事职业的认识，它可以最大限度地激发人的活力和创造性，是敬业、乐业的前提。

2. 优越感过强的人

自恃才高，我行我素，脱离集体，这样的人与团队的关系难以融洽。

3. 只会说“是”的人

这种人缺少独立性、主动性和创造性，只能因循守旧，难以进行开拓性地工作，不能促进公司的发展。

4. 偷懒的人

这种人被称作“工资小偷”。他们付出的劳动与工资不相符，空闲时间过多，只会发牢骚、闲聊，每天溜溜达达，消磨时间。

5. 片面而孤傲的人

有些人只盯着别人的缺点，看不到别人的优点；或明知是别人的缺点，却偏拿出来讽刺。这两种人即使有能力，也会给公司造成很大负面影响。

6. 僵化死板的人

这种人做事缺少灵活性，对任何事情只凭经验教条处理，不能灵活应对；习惯于将惯例当成金科玉律，不能迅速适应变化了的形式和环境。

7. 感情用事的人

这种人往往以感情替代原则，想怎么干就怎么干，不能理智自控。

8.“多嘴多舌”与“固执己见”的人

多嘴多舌的人不管干什么事，都爱插话说几句。固执己见者是从不倾听别人意见的人，他们不同于那些自己有独立见解、坚持正确意见的人。

9. 虚伪的人

这种人表里不一，表面上恭维别人，待人非常礼貌客气，内心却看不起别人，背地里另搞一套。

（二）合作能力的培养

1. 什么是合作能力

合作是人们为了实现共同目标而从事的共同活动，是社会化劳动和活动的一种协作形式；

也是个体和团队为了达到某种目的，齐心协力，相互配合，相互促进，奔向共同目标的心理状态和行为能力。因此，合作是人类合群性特征的具体表现。

一般情况下，合作可产生分工和互助两种行为方式。分工，指团队内多人合作一件事，每人承担其中的一部分工作；互助，指团队成员相互支持和相互帮助。研究表明，真诚的合作必须具备一定的条件，即共同目标、共同利益需要，并能以互相补偿的方式促使个体或团体的需要、利益、兴趣等得到满足。此外，合作者必须具有一定的知识和技能以确保合作项目的配合及任务的完成。成功的合作常常是缺一不可、相互依存的。

由于在合作中人们的认识水平及能力存在差异，过分强调合作可能使有的团体与个体产生依赖心理，造成“吃大锅饭”和“绝对平均主义”的弊病，不利于个体及团体创造精神的发展。因此，需要在合作中适当引入竞争机制。

2．合作能力测试

了解自己的合作能力

请根据自己的实际情况，从下列各题所给备选答案中选出最符合你的一项：

（1）如果某位中学校长请你为即将毕业的学生举办一次介绍公司情况的晚间讲座，而那天晚上恰好播放你所喜欢的电视连续剧的最后一集，你是：

A. 立即接受邀请

B. 同意去，但要求改期

C. 以有约在先为由拒绝邀请

（2）如果某位重要客户在周末下午 5：30 打来电话，说他们购买的设备出了故障，要求紧急更换零部件，而主管人员及维修师均已下班，你是：

A. 亲自驾车去 30 公里以外的地方送货

B. 打电话告诉维修师，要求他立即处理此事

C. 告诉客户下周才能解决

（3）如果某位与你竞争最激烈的同事向你借一本经营管理畅销书，你是：

A. 立即借给他

B. 同意借给他，但声明此书是无用的

C. 告诉他书被遗忘在火车上了

（4）如果某位同事为方便自己出去旅游要求与你调换休息时间，而你还未决定如何度假的情况下，你是：

A. 马上应允

B. 告诉他你要回家请示夫人

C. 拒绝调换，推说自己已经参加旅游团了

（5）如果你在急匆匆驾车去赴约途中看到同事的车出了故障，停在路边，你是：

A. 毫不犹豫地帮忙修车

B. 告诉他你有急事，不能停下来帮他修车，但一定帮他找修理工

C. 装作没看见他，径直驶过去

（6）如果某位同事在你准备下班回家时，请求你留下来听他“倾诉苦水”，你是：

A. 立即同意

B. 劝他等两天再说

C. 以夫人生病为理由拒绝他的要求

（7）如果某位同事因要去医院探望夫人，要求你替他去接一位乘夜班班机来的大人物，你是：

A. 立刻同意

B. 找借口劝他找别人帮忙

C. 以汽车坏了为由拒绝

（8）如果某位同事的儿子想选择与你同样的职业，请你为他做些求职指导，你是：

A. 马上同意

B. 答应他的请求，但同时声明你的意见可能已经过时，他最好再找些最新资料作参考

C. 只答应谈几分钟

（9）你在某次会议上发表的演讲很精彩，会后几位同事都会向你索取讲话提纲，你是：

A. 同意，并立即复印

B. 同意，但并不十分重视

C. 同意，但转眼即忘记

（10）如果你参加了一个新技术培训班，学到了一些对许多同事都有益的知识，你是：

A. 返回后立即向大家宣讲并分发参考资料

B. 只泛泛地介绍一些情况

C. 把这个课程贬得一钱不值，不泄露任何信息

评分标准和结果分析：

全部回答“A”：你是一位善良的极有爱心的人。但你要当心，千万别被低效率的人拖后腿，更不要被别有用心者利用。

大部分回答“A”：你很善于合作，但并未失去个性。你认为礼尚往来是一种美德，在商业活动中亦不可缺少。你慷慨助人，同时也希望别人同样回报你。

大部分回答“B”：你是一位以自我为中心的人，不愿意为自己找麻烦，不想让自己的生活规律、工作秩序受到任何干扰。无疑，你有困难时也很难得到别人的帮助。

大部分回答“C”：你是一个名副其实的孤家寡人。

通过测试认识到自己在合作上的问题后，让我们来看看我们该如何与他人更好地合作。

（三）如何与他人合作

合作观念的建立是为我们今后走上社会做好准备。有调查显示，大多数企业管理者欣赏的人才应当具备的最重要的品质是：

- ➢ 敬业与团队精神；
- ➢ 创新意识；
- ➢ 律己精神。

这三项基本要求对企业管理者的用人观念具有指导意义，是即将涉足职业场和已进入职场中的人士的良训和准则。今天的大学生，应当不断加强自己在这几方面的修养。

有关调查显示，企业评估人才的关键已由“能力”转为“态度”。企业录用员工时首先考虑的是工作态度与敬业精神、团队观念。相对来说，学习能力、专业能力与解决问题的能力反而不是很重要。特别在高科技企业，它们更多地会强调配合公司发展的能力，而不是仅仅强调个人能力。

有人说：“现在，大学生的专业技术、知识都够，但却普遍缺乏敬业精神和团队合作的素质。”同时也有一位企业家这样说：“年轻人最好能自我警惕。”经过多年试用，许多企业主管普遍有“学历越高、越不敬业”的印象。

许多企业主管指出，团队观念的培养，要从学校开始，因此，不少企业面试时，都会询问求职者的社团经验，即使花旗银行、微软、IBM 等重视个人业绩的企业也不例外。

“懂得与人合作的人，比较会替别人着想，有耐心，会调适，不会动不动就想辞职。”“即使进入企业后，种种工作方式与要求，也将考验新人的团队合作能力。”这是一名制造业负责人对团队观念在工作态度中的重要性的认识。

“业绩不好，但能团结合作的，是可造之才；但如果业绩好，而不能团结合作，是团队之癌。”IBM 人力资源部副总裁如是说。

在与他人合作中要想处理好人际关系，让自己周围充满朋友，必须做好以下几点：

1．克制自我，学会驾驭自己的情绪

【案例精选】

在一家百货商店，一名售货员正忙着给顾客挑选商品。这时，又有一个顾客匆忙来到柜台前：“喂，我买东西，快点，快点！”他见售货员没有反应，不耐烦了，敲着柜台大叫道：“售货员，你耳朵长到哪儿去了？我说话你听不到吗？”

如果售货员针锋相对，以怨报怨：“你没长眼睛？没看我正忙着呢！”那么，双方必然会发生争吵，甚至闹得不可开交。但这位售货员善于控制自己的情绪，能够保持良好的自我状态。她看了看这位火气十足的顾客，微笑着走过来：“对不起，同志。我正忙着给别的顾客挑选商品，让您久等了。您要买什么？我给您选个合适的。”

发火的顾客稍稍一愣，脸上尴尬地露出一丝笑容：“对不起，我要买件衬衣，急着赶火车。”一触即发的冲突终于避免了。售货员把这位顾客的不良状态转移到了正常的状态。

事实上，我们每个人都可以自我控制，从而在任何情况下都表现出沉着冷静、洒脱大方的风度，喜悦而不得意忘形，悲痛而能镇定自若，愤怒而不暴跳如雷，吃惊而不露声色。这不是说一个人不能表现真实的自我，而是要让特定、客观良好的自我状态处于支配地位，不要轻易地发脾气、闹情绪，从而因小失大。

2．容忍别人，学会双赢

什么是容忍意识？就是在人际关系中，尊重人与人之间的差异，接受别人的个性，在一般问题而不是重大问题上宽容大度，谅解别人的过错。这样的一种心理机制和处世态度就是容纳。

（1）尊重差异，容忍他人的个性

每个人脚下都有路，每条路都有人，然而，相互容忍与理解的桥梁并非处处都是。所以，有的人路越走越窄，甚至窄到无法再走，这便是走投无路了。其实并不是无路可走，而是因为没有桥梁来沟通。这个桥梁就是理解、容忍，即尊重人与人之间的差异和他人的特点。

尊重差异——不仅是性别、年龄、出身、职业的差异，还包括人与人在思想、情感、心理、言谈举止、兴趣爱好和生活习惯上的差异——这是相互容忍的根本。

一个人之所以有魅力、有价值，是由于其有独特的素质和个性。我们所要容忍和欣赏的正是其与众不同之处。但是长期以来，我们的文化教育却试图给任何事情提供一个“如何去做”的模式，各种传播媒介也经常指导我们如何去完善自我。因此，我们常常企图把自己和别人当做商品一样分门别类，并习惯于别人按照自己的意愿和方式去表现。

如果我们要做一个可爱的人，就要敢于表现真实的自我，表现自己的个性，同时也要珍惜独一无二的个性，不用某种标准模式衡量别人，不要过高过多地期望别人，尤其不该期望别人变得和自己一样或要求别人一定要听从自己的话。如果期望和要求不能得到满足，就会带来失望和不满，乃至怨恨。许多人际冲突、相互伤害与绝情，不正是因此而造成的吗？

人与人相处，大家都希望自己被别人接受，希望别人能让自己轻松自在、毫无拘束，可以袒露自己的一切。其实就是人人都愿意和容忍意识较强的人在一起，而不愿意和吹毛求疵的人在一起。所以，我们要尊重差异，容纳别人的个性，给对方保持自我的权利。

这种尊重和容纳意味着对对方整个儿地接受，而不是只接受自己喜欢的那部分。也就是说，既接受对方的优点和长处，也要容忍对方的缺点和毛病。正因为两个人有所不同，我们才更需要交流、相处。如果两个人的个性与观点完全一样，就没有必要交流相处了。

（2）容忍他人的缺点，谅解他人的过错

阻碍合作的另一个重要因素是我们常常不能容忍，不能忽视对方的过错。个性总是包括优点与缺点。评论一个人可以有所侧重，但接纳一个人是整个儿地接纳，绝无可能将其劈成两半。

许多人存在一种心理交际的误区，总以为自己有必要也有力量去控制别人。这种想法不是孩童时代的天真幼稚，就是妄自尊大、自寻烦恼。可以指出别人的缺点和过错，帮助他改正，但不能强迫或代替别人作出选择，哪怕是完全正确的选择。

容忍他人的缺点，谅解他人的过错是不是降低了自己的追求和理想呢？不是。尊重、容纳别人，并不需要压抑、损害自己。容纳别人的个性，就意味着容纳别人的缺点。不要因为某人善于奉承老板，就和其他同事一起攻击他；不要因为某一次送报纸的师傅晚来了一个小时而向他开火；不要因为下属在街头碰面不打招呼而记恨在心头。

3．学会赞美，让我们彼此喝彩

人类本质中最殷切的需求是：渴望被肯定。

——威廉·詹姆士

我们应该适应并满足人的尊重需要，把人人都渴望的赞美献给对方，因为这是人的自信心和价值感的一个重要因素，也是充分实现自信心和价值感的必要条件。它能使人们沟通思想感情，摆脱敌对和冷漠的气氛，使人们感到愉快。我们每个人对于别人怎么看待自己是非常敏感的。对某个人来说，别人对他的评价常常会触动他或激励他。为了赢得某个在他的生活中关系重大的尊重，或是为了避免失去这种尊重，他可以忍受疲劳、甘冒风险，甚至作出更大的牺牲。

大千世界，芸芸众生，每个人都需要在别人的肯定和赞美中发现自己存在的价值，吸取前进的力量。只有当我们为他人的优点和成就热情地喝彩，为他人的美好与幸福真诚地祝福，为他人的不俗表现和难得之处献出赏识的时候，才会从中获得快乐和满足，同时也得到他人的认可和赞赏，从而可以最大限度地发挥自己的聪明才智。

鼓励和赞美不应只献给那些有出色成就的人，对于我们周围的普通人，包括那些自己不太喜欢或不如自己的人，也要真诚而热情地鼓励和赞美。我们给予他人每一声赞美、祝贺、好评和掌声都是在展现我们的胸襟和爱心，也是我们奉献给他人最好的礼物。

总之，在市场经济条件下，人们大都是在某一个团队里工作，大家的基本利益融为一体。团队兴旺发达了，作为团队的一员自然也会获益；团队失败了，作为团队的一员也难逃厄运。我们不要做“打破大锅饭大家没有饭吃”的事，而要做“众人拾柴火焰高”的事；对自己严格要求，委曲求全；对同事团结友爱，谅解宽容；千万不要窝里斗，窝里斗的结果，只能互相牵制，造成内耗，使大家成为一盘散沙，团队利益和个人利益都得不到保证。

为求得更大的发展，有时还需要多个团队之间的合作，而且往往是同行之间的合作，不能有“同行是冤家”的陈腐观念。从某种意义上说，同行之间的合作尤为重要，这是因为同行之间的竞争固然多，但可借鉴之处也多。随着全球化的推进，我们还需要在更大范围和更高层次上发扬团队精神。

第三节　团队沟通的技巧

团队中，我们有了与他人合作的精神后，还要注意运用适当的方式方法。在团队沟通中，经常使用的方法主要有两种，分别是面对面交流和书面交流。

一、面对面交流

在团队中，大多数情况下的交流都是与他人面对面进行的，比如向他人询问信息，提供消息给别人，或告诉别人自己对其的业绩的看法等——所有这些交流行为都是面对面的。

（一）小测试

面对面交流是有效沟通的一个最关键的方面。只要稍作努力，大多数人都能够提高与他人面对面交流的能力。马上动手测试一下你做的怎么样吧。

问　　题	经常	有时	很少
1．别人曾经误解过你的话吗？			
2．当与别人谈话时，你经常离开谈话的本意而跳到别的话题上吗？			
3．有人曾经让你进一步确认你的意思吗？			
4．你嘲笑过他人吗？			
5．你总是尽量避免与他人面对面交流吗？			
6．你总是尽量表达你的意思，并且以你认为是合适的方式与他人交谈吗？			
7．交谈时，你注视着对方的眼睛吗？			
8．谈话结束时，你是否询问他或她明白了你的意思？			
9．你总是找一个合适的时间和地点与他人交谈吗？			
10．你总是把事情的前因后果都澄清给别人吗？			
11．如果你要表达的意思很复杂，令人难以明白，你会事先考虑吗？			
12．你征求过别人的观点吗？			

问题 1～5

经常　1 分

有时　2 分

很少　3 分

问题 6～12

经常　3 分

有时　2 分

很少　1 分

得分

（1）32 分以上

具有很强的与他人面对面交流的能力，但在某些方面或许还有提高的余地。

（2）26～32 分

具备一定的技能，但有待进一步提高。

（3）26 分以下

技能有待全面提高。

（二）团队中面对面沟通的技巧

对于面对面与人沟通的技巧，在前几章已经谈了很多，下面主要谈谈若自己在团队中作为一个领导者如何与他人交流。

1．提出意见

在团队中我们可能必须与一个人或一组人面对面交流，不管他们是新的员工还是与自己共事已久的老员工。对于发布消息或者讨论问题来说，面对面交流的确是一个非常见效的办法。这意味着，大家都得到了同样的信息，从而避免了潜在的疑惑。

在进行面对面的沟通时，若想有效地管理别人，就必须给下属提出指导意见，这是基础。大多数雇员抱怨他们的老板不能及时地反馈给他们当天的业绩状况，很多人这样说："我宁愿被告之做得很差——至少我心中有数。"

如果你提不出意见，别人怎么能知道任务完成得是好是坏呢？大家往往认为，给出正面意见，也就是表扬，很容易，但尽量避免给出反面意见。这是误区，因为对整个集体来说，知道是好是坏总比被蒙在鼓里要好。如果不指出问题所在，大家怎么能够进步呢？问题一出现就要提出批评，尽快解决，千万不能让它暗中滋长。就积极性而言，也必须让自己的团队成员知道他们做得不错，在需要的时候，不要吝啬赞扬。

2．利用会议

大多数情况下，我们主要通过会议进行面对面的交流。会议可定期召集，或者以一定的规律召开，也可为处理一些特殊问题临时召开。为了便于讨论的展开，应选择合适的开会形式。按照下面的步骤，可以促使会议顺利进行。

（1）安排会议通知——提前通知开会时间和地点。

（2）做会前准备工作。

（3）准备内容——搜集所有要发布的信息要点。找出这些信息与与会人员的关系，回顾全队的业绩（如果条件允许），努力预测可能出现的问题。

（4）提醒大家注意——告诉每个人会议的主要内容。

（5）列出讨论所涉及问题的背景情况。

（6）解释这则信息对自己和对方及整个组织的重要性。

（7）说明这件事情对对方的益处。

（8）发布信息——解释自己的信息、问题及讨论将要涉及的有关事项。

（9）征求反馈意见——让全队成员发表各自的观点。

（10）主持会议——一次只让一个人发言。

（11）向全队人员征求意见。

（12）小结——总结已经通过的安排。

（13）详细列出每项工作的负责人及时间安排。

（14）预期下一次会议。

（15）会后最好整理出会议记录，确保人人都能随时查阅任务安排、负责人、期限等，以促进工作顺利完成。

这是组织会议的几个有效步骤，在会议中应注意组织好双向交流，鼓励大家敞开心扉，这会使团队的工作更加有效。“你们对此怎么看？”这个问题是发现好建议的一个有效的办法，它也能极大提高大家的积极性。许多人发现经常有好的意见或建议，有益于整个集体，但却存在一些沟通障碍，阻止我们将它告诉别人。为了更好地交流，我们必须消除这些障碍。

获取反馈信息的主要障碍有如下几点：

（1）领导看上去态度很冷淡，根本不想征求大家的意见。

（2）领导似乎从未认真听过任何人的讲话。

（3）没有人提出要征求反馈意见。

（4）员工觉得自己资历浅，没有经验，他们的观点将不会被重视。

（5）没有机会给出反馈意见

（6）与领导的意见不一致，所以有顾虑。

作为一个团队的领导者应该能够做到克服障碍，获取自己要得到的足够的反馈信息。

总之，召开会议是团队中面对面交流的一种非常好的方式，它便于双方双向交流，彼此之间建立信任感。如果团队成员信任领导者，他们就会向领导者敞开心扉，这样会使团队的工作更加有效，完成得更加出色。

3．倾听

面对面交流中一个非常重要的因素是倾听，因此，这里再次强调倾听的重要性。要积极倾听，必须做到：

（1）选择一个合适的谈话地点——在那里，谈话不会被打断。

（2）表现出对谈话人很有兴趣。

（3）听对方说完所有的话。最后几句话往往是最重要的。

（4）用各种身体语言暗示正在注意倾听，如点头、微笑、注视着对方的眼睛等。

（5）用反应或动作等表明支持态度。

（6）确切核实已经完全明白说话人的意见。

（7）必要的时候，帮助说话人确切表达其意思。

（8）进行下一个话题前，先就前面的问题达成一致意见。

（9）不要轻易改变自己的观点，向发言人提问，帮助他们进一步完善。

（10）从对方的角度去思考问题。

（11）留心对方忽略的细节——这些内容可能至关重要。

（12）能够接受不同的观点。

（13）保持放松状态，会收到更好的效果。

二、书面交流

适用于语言交流的原则，同样适用于书面交流。工作中通常所用的主要书面交流形式有：信件（包括 E-mail）、便笺和报告。下面简单介绍一下信件、便笺和报告的写作要点：

（一）信件

在写作之前先要确定写信的目的，问问自己："我写这封信是想干什么？"将要表达的意思说清楚，保证收信人能够理解它。语言简练、平实，尽量不用专业术语。尽可能使信件观点鲜明、中肯，不要让读者对你想要表达的意思有任何不明白的地方。

在我们将自己的想法写出来之前先想一下，假如现在是和别人在交谈，我们会怎么说，这样做有助于我们的书面表达。但是很多人对面对面能说清楚的问题写出来会遇到困难，在开始写信之前可以从六个方面大致规划一下：

（1）写信说些什么。这是信件的目的。我们究竟想对收信人说些什么？如果想让他们做些什么的话，就要先搞清楚到底是什么。

（2）为什么写这封信。我们写这封信的原因是什么？自己为什么要写信？尽可能给出确切的原因来。

（3）时间。有时间限制么？下周？下个月？还是明年？我们希望什么时候能得到问题的答案呢？

（4）方式。我们是否希望这个问题能够以特殊的方式实现，或是这个问题留给收信人来考虑。

（5）地点。有没有任何地理或者其他物质因素的影响？

（6）收信人。通常我们应该清楚谁是收信人，但有时候自己也许不清楚他的姓名。如果想不起收信人的姓名，"尊敬的先生"可以派上用场。如果使用收信人姓名的话，信件的内容会显得更像私人信件。此外，是否需要将这封信转交给其他人？

为使信件能准确表达自己的意思，信的内容可以按照以下步骤书写——我们称之为 SCRAP 法。

（1）事件的情形（Situation）。首先告诉读者信的主要内容是什么。比如："上周交付货物时间晚了。"

（2）产生的后果（Consequences）。接着阐明这一事件带来的后果，比如："这种事并不只发生过一次了，它多次导致我们未能按时完成工作。"

（3）解决的方式（Resolution）。然后可以建议一个可行的办法。"我们了解到是因为交通不便路上耽误了时间。那么，如果司机早点出发的话，是不是可以避免再次发生这样的事情？"

（4）具体的办法（Action）。接着可以指出自己会采取什么办法，或者期望对方做什么样的改进。比如："你们可以确保送货车早些出发，以便按时到达交付吗？"

（5）用词的礼貌（Politeness）。即使我们对对方很反感，在用词上也必须表现得彬彬有礼，着重陈述事实而不能使用冒犯的文字，否则就不可能得到积极的回应。“请尽力确认一下会如期到达交付吗？”最后，尽可能以一些祝福性的话语来结束这封信，至少应该看上去很礼貌，即使仅仅写“谨上”也可以。

（二）便笺

便笺在我们生活中有着很重要的作用，在工作中我们经常通过便笺进行交流。便笺可以作为一种书面信息，核实在谈话或会议中涉及了哪些具体事项，达成了哪些协议。便笺应该看起来如同一封很短的信件，而不是充满术语、行话的专业性文章。可以使用 SCRAP 格式，但要很简短。

（三）报告

写报告可能是一件令人头疼的事情。因为报告是一种正式的书面交流形式，它需要专业性的术语，并且针对专业性或者专门性的问题提出意见或建议。一般来说，报告所涉及的问题都比较重大。

报告需要遵循一些规则，如果公司对报告的格式、内容等有统一要求，就应遵循这些规定。一般而言，报告的结构大致如下：

1．摘要

摘要只有一两段内容。如果没有足够时间详细阅读报告，通过看摘要，就可以大致了解事情的现状、存在的问题、问题产生的各种可能性及自己的建议等。用很少的文字覆盖这么多的内容可能比较困难。但是，对于任何报告来说，这一部分都必不可少。可以在完成整个报告之后，再着手撰写这一部分内容。

2．报告主体

报告主体通常要包括如下内容：

（1）陈述事实，简要说明事情发展的状况。为了表明关系，介绍一下背景材料。

（2）发现问题，也就是完成这份报告的原因。

（3）说明问题产生的可能性，列出所有的可能性，逐一进行分析。即使并不是真正的原因，但至少也给出了一定的方向和范围。这是很重要的一步。

（4）陈述观点。这是整篇报告的“亮点”，要做到让报告对每位读者都具有吸引力，不要因为担心出错或使别人不高兴而省略这一部分。

（5）给出建议。这是报告的主体内容，文字要简洁明了，不要使用晦涩难懂的语句，尽可能多用短句。保证自己的建议确实与存在的问题有密切的关系，不要牵扯无关紧要的东西。

3．参考文献及出处

参考文献是指在完成报告的过程中以各种方式用到的书籍或文章，无论是听到的还是看到的，都要一一列到参考文献中。并且，参考文献列表中要指出文献的来源，特别要注明日期，因为一些信息有日期的限制，过期之后就不适用了。

4．附录

一些对报告主题内容起辅助作用的信息应该列在附录里，例如数字、事例分析、引用的其他报告的结果等。虽然这些对报告有很大作用，但是往往由于内容太多，而不能将其放到主题部分中去。一些基本的研究发现也应写在附录里。在报告主体中，需要的地方应标明参见附录。

如何确定附录中的内容？这里有一个小窍门——问问自己“没有这些内容，是否读者就不能作出选择？”如果答案是“是”，那么这部分内容就应该包括在主体内容中；反之，如果答案是“否”，那么把它放在附录里好了。

撰写报告时尽量不要长篇大论。要在心中时刻提醒自己：报告是要别人看的，整页整页的文字叙述只会另人厌烦。因此在文中要多用一些大标题、小标题、注释等引导读者阅读。如果有可能的话，还应多给出一些图表，以帮助读者理解复杂的内容。

报告写好后，应仔细读几遍，修正其中的错误和问题。如果有可能，也可约请其他人来检查一下，以便最终定稿。

第九章　日常生活中的沟通技巧

在众多沟通内容中，与亲人、朋友的沟通对我们来说是十分必要的，因为沟通既是生活的需要，也是情感的需要。在与亲近的人沟通的过程中，积极情感的体验会加深，而消极的情感体验会减弱。正如一位哲人所说的："快乐与别人分享，快乐会增加一倍；而痛苦与别人分担，痛苦就减轻一半。"正是我们的亲人朋友与我们分享最多的快乐，分担最多的痛苦，因此，如何与他们进行良好沟通是我们要用心学习的。

【案例精选】

勤快的兰妹错在哪里了

兰妹通过中介公司找到一份做保姆的工作。兰妹热情活泼、精明能干，第一天就给对方留下了不错的印象。她的主要工作之一是打扫房间，包括女主人的卧室。细心的女主人特意给兰妹定制了一份时间表，上面规定每天上午 8 点清理卧室，让兰妹按照上面的计划严格执行。

开始几天，兰妹都干得相当好，很令女主人满意。但是有一天，兰妹照例去清理女主人的卧室，却发现女主人并没有像往常一样不在家，而是仍在休息。兰妹心想，我还是得按照计划办事，而且我打扫并不会影响她休息。热情的兰妹认真地干起活儿来。这时，女主人突然醒了，发现兰妹在她的房间里，很惊讶，对她说："你来干什么？我需要休息，请你出去！"兰妹仍是一片好心："您接着休息吧，我一会就打扫完了。"女主人提高了嗓门，一字一顿地说："请—你—出—去！"并且用手指着门。兰妹不明白自己哪里惹了女主人，怎么这种态度。她心想，不是你叫我按时打扫的吗？满肚子委屈地走了。

第一节　家庭中的沟通

一、与父母、长辈之间的沟通——求同存异

我们在与父母、长辈沟通时经常会有一些障碍，这就是很多年轻人认为的"代沟"问题。应该说，代沟的存在对于两代人的交往，对于整个社会的发展，既有有利的一面，也有不利的一面。新一代总要强过老的一代，只有"长江后浪推前浪"，社会才能向前发展；同时，老年人的丰富阅历又是一笔财富。如果各执己见，互不相让，那么不仅难以取长补短，更不利

于家人之间的感情沟通。

子女们与老年父母之间的这条所谓“代沟”由来已久，没有必要也不可能在一夜之间完全填平，要想做到两全其美，实属不易，只有互相谦让。为此，一个能让双方接受的代际交往的和谐之策便是——求同存异。

【案例精选】

吴先生是当地最有钱的人之一。他为人宽厚，头脑敏捷，是当地新闻界和娱乐界的焦点人物。然而如此成功的一个人当被问及最大的憾事是什么时，他却难过地回答：“没能当一个像样的儿子。”

吴先生的父亲当年是一位相当有知名度的广告商，父子俩在早年便有许多思想上的隔阂，在许多方面都难以达成一致。知情人说，这父子俩只要单独在一起超过十分钟，便会争吵得不可开交，谁也说服不了谁，谁也不让谁，每次都搞得不欢而散。那时，年轻气盛的吴先生总认为，有个性的人必须勇于坚持自己的主张，即便是亲生父亲也不例外。

后来，父子俩为是否卖出一部分名下产业而意见对立。正在人们观望这对父子俩到底谁会占上风的时候，吴先生的父亲却突然猝死了。虽说死因并非完全与此事有关，但至少也是因素之一。吴先生为此深受刺激，后悔不迭。他深信，如果自己不是那么激烈地与父亲争论，伤了他的自尊，而是先把自己的观点放一放，慢慢用事实说服他，也许父亲就不会死。自己能与对手求同存异，为什么不能与父亲这样做？

求同存异对于促使家庭关系的和谐确实是一个上策。它不仅可以保存青年人自以为“是”的一些优点，也能在两者之间寻找到对双方有利的地方。

求同存异的基础是理解，是相互之间情感和心理的沟通。在代际交往中，理解更多的是要求能设身处地为对方着想，能做到将心比心。

求同存异还要求双方有时能做到“忍痛割爱”，舍弃有碍代际交往的心理和行为。实际上，这是一种“弃卒保车”之举，虽丢弃了自己的一点东西，却求得了双方的和谐。求同存异的另一个要求是双方要能主动寻觅“共同语言”，达到求同的目的。

有些青年人或老年人很重视和对方的双向沟通，互通有无。例如老年父母经历多、见识广、社会经验多，这些可以通过与青年的交流，传授给他们；而青年人在科技发达的现代社会里，也拥有一些颇具现代化特色的知识、技能，例如电脑的使用，就可以由青年教授给老年人。

特别是当前社会的“信息爆炸”或“组织爆炸”，对每一个人的知识体系和智能结构都造成了很大的冲击，已有的知识无法满足参与社会活动的需要。因此，青年人与老年人应当携起手来，走向同一个结合点——学习新的技能，掌握新的知识，更新知识体系，完善智能结构。这样，两代人在时代变革的潮流中，差距缩小了，冲突消失了，代际交往和谐了。

虽然代际交往的矛盾和冲突无法避免，但也不会令我们束手无策。如果青年儿女和老年父母都能做到求同存异，理解对方，就有利于家庭关系的和谐。作为子女、晚辈，还应特别注意孝敬老人，尽赡养之心。“谁言寸草心，报得三春晖。”父母的养育之恩、春晖之情，做后辈的终难回报。“孝”是与父母、长辈之间沟通的第一要义，一个人最应具备的品德莫过于“孝”了。

二、亲人之间经济关系的协调

现代家庭关系中，很重要的一种关系是经济关系。古往今来，一身傲骨、两袖清风，隔三差五地标榜一番“钱财乃身外之物”的人实属太多。我们姑且不论这种生活态度的贤愚、对错与否，单是在今天这个商品经济大发展的物质社会里，恐怕有99%的人都相信，自己离了钱财，简直无法生存；而一个家如果没有所谓“身外之物”的钱财做保障，真不知该何以为家。毋庸置疑，一个家庭如果在经济关系上没有平等权利，则家庭成员间的平等同样是虚假的。

中国现代家庭，一个很大的优点就是经济权利上比较和谐，不论男人女人哪一位当家，大体上都能比较民主地支配全家的财产。这一点，也是中国现代家庭状况比较稳定的主要因素之一。

目前，多数家庭是妻子掌握家庭的经济大权。女人心细会当家，对家庭开销也了解得比较全面，理财有许多方便之处。当然夫妻在经济问题上不协调、闹摩擦的也为数不少。有些“妻管严”的家庭，男方偷偷摸摸地建起了“小金库”，引来了女方的种种猜疑。有的男女双方各自积攒自己的“小金库”，为的是感情不和时自备退路；或经济拮据时，互不相让等。无论什么原因，其共同点只有一个，那就是家庭的责任感淡薄，没有把家庭真正作为一个整体，使自己完全融于其中。夫妻双方各留“小金库”，表面看来是小问题，实际上是一种感情裂痕的毁灭性积累。如果因经济问题造成夫妻纠葛，空气紧张，终日提心吊胆，偷偷摸摸，那还有什么家庭幸福可言？

夫妻之间沟通时，应以诚相待，家庭经济要公开，财务要协商处理。会理财的夫妻，家庭生活过得很好；不会理财的夫妻，家庭生活会出现矛盾，经常在经济问题上发生争执。

现代家庭理财的模式虽有多种多样，但在共同生活中，一般总有一个“当家人”。理想的做法是：日常生活开支费用，归当家人掌管，另一方可协助，但不可越俎代庖。当家人可以更换，谁愿当谁当。这样，夫妻既避免了那种要钱就拿，随心所欲的“自由化”带来的“经济危机”，也避免了一方财权独揽的“专政”所造成的夫妻矛盾。

三、亲人之间的沟通技巧

在家庭中，亲人之间的沟通是非常必要的。毫无疑问，一个家庭如果缺少交流，则无异于一架机器，毫无欢乐与生机可言。但交流也要讲究方法，才能达到理想的效果。

（一）亲人之间的沟通要彼此尊重

与外人不熟悉，需要沟通，而我们是一家人，需要沟通吗？若要沟通，如何沟通？

1. 要尊重彼此的隐私

在家庭中许多人相信“事无不可对人言”，一个屋檐下的我们既然相亲相爱，就不该有任何秘密。其实，这种想法是错误的，这不仅不利于家庭成员之间的交流，弄不好还会弄巧成拙，平白制造家庭纠纷。

【案例精选】

一位乡下母亲来看望刚刚结婚不到半年的女儿、女婿，在帮女儿收拾房间时，发现了一个精致的绸布小盒，还上着一把锁。经询问知道这东西是女婿的。敏感的岳母毫不放松，非要女婿打开来看看。女婿想都是一家人了，不该有什么隐私，何况妻子一向开明，岳母大人老远来看他们，还不停地帮助收拾屋子，就怀着内疚的心情打开了盒子。原来盒子里装的是他与初恋情人的全部情书和照片。岳母拿着照片端详了好久：“呀，好漂亮的丫头，比我女儿可俊多了。怎么没娶她呀？”女婿只好诚实地说：“让有情人终成眷属，这不过是世人的良好祝愿罢了，那时侯很不现实。”岳母听后更加不快，啪的一声关上盒子道：“那我娘俩真不该看你的宝贝，我今天才知道你娶我闺女是因为被别人挑剩下了没法子了，什么有情人、无情人的，我听不懂，你要是觉得委屈就看着办，我老婆子肯定不怪你。”

女婿惊呆了，他没想到诚实、坦然地面对亲人却换来了如此风波。岳母当天就愤然离去，妻子虽然一向明理，也对他与以前恋人的情况有所耳闻，却从未见过那些情书和照片，一时自然难以接受，也开始用一种怀疑的目光审视着他。岳母临走时给妻子的一番嘱咐被他偶尔听到了一句话，岳母说：“人还在，就心不死啊!”打那以后，他竟然觉得还有些真的“心不死”了。

每个人心里都需要有一个小小的隐秘角落，那是仅仅属于自己的心理空间。情感世界，有些事情是永远不能说的。最亲密的人之间也要尊重对方的隐私，这种尊重不仅是不能随便探听、追问亲人的隐私、秘密，就是自己的内心隐痛，也不要轻易向他人吐露。可以说，尊重亲人内心的芳草地，也就是尊重自己、尊重家庭，有助于维护家庭的幸福和谐，是现代家庭的一种美德，同时也是一种高超的沟通方式。

2. 要尊重彼此的思想

【案例精选】

有一位师范大学英语系的学生，7 岁时，母亲因车祸意外身亡。从此世界上最疼他的人便只剩下父亲与哥哥了。但是由于哥哥比他整整大 13 岁，所以在他的心中，对哥哥的敬畏与日俱增。小时候，他们几乎很少在一起玩耍，后来哥哥结婚另过，兄弟二人见面的机会更少，偶尔见面，也只是互问一下近况，谈一些不疼不痒的问题。于是他认为交流太少了，以后应该多去哥哥家，多谈谈心才好。

不料这种打算未开始实施，却已经被迫夭折了。因为他有生以来第一次同哥哥大吵了一架——哥哥竟擅自做主，答应单位的一位领导，让他免费给领导家小女儿做家教，补习英语。他很愤怒：一来他觉得哥哥太不尊重自己，为了讨好领导，竟连问也不问就把自己给“出卖”

了；二来他马上面临毕业，事情很多，又想考研，根本无法每逢周六、周日都拿出两个下午去做家教。而与此同时，哥哥也愤怒了，他痛斥弟弟没有良心，忘记了这么多年是谁在知冷知热、像妈妈一样照顾他(嫂子待他的确好像妈妈)，忘记了是谁在毫无怨言的供他上大学(他的学费、生活费百分之八十都是哥哥给的)，如今哥哥只有这么点小事用着他——哥哥认为，给个初中小姑娘辅导英语对英语系毕业生来说简直是举手之劳，即便实在不肯去，也用不着如此发火。于是，兄弟间更难沟通了。

有时，我们知道家人在想什么，有时却并不知道；有时我们的越俎代庖会正合家人口味，而有时却恰恰相反——那可能是家人躲都来不及的事情。我们若不尊重对方的想法，随意替别人作决定，必然会引起矛盾。每一个家庭成员都有权利知道其他家人任何可能影响到自己的决定，而且有权尽快知道。随时通报家人自己可能作出的任何重大决定，即使这些决定本身只是与自己有关，但如果这样做了，必然会对亲人间的交流、沟通极其有利。

我们尽管一般都乐意接受照料和保护，有时甚至认为别人替自己作决定相当舒服。但是宠爱和保护若变成包揽一切，越俎代庖，其后果就未必能令人满意。因为，问题的实质通常与信任与否毫无关系，而在于参与和相互尊重。唯有如此，家人间的平等交流才有可能顺畅。

（二）亲人间交谈不要漫不经心，要精力集中

亲人之间沟通要讲真心话，不隐瞒，不夸大或缩小。在交谈中，漫不经心是妨碍交流的一大因素。漫不经心的表现形式各种各样，其中包括：对对方的言行没有反应；对方说话时不作口头应答；不看着对方；无故离开或突然改变话题；忽视对方的要求；和对方在一起时表现得心事重重等。

漫不经心有时可能表现得比较主动。比如说，频繁插嘴或者说话滔滔不绝使对方无法插话。人们一般无法察觉自己漫不经心的毛病，但是对方会由此觉得你的注意力并没有放在他（她）身上。精力集中是社交生活和家庭关系成功的秘诀。

（三）亲人间沟通时不要一味强调自己的道理，要学会倾听别人谈话，全面理解对方的想法

在交谈中常有这样的情况：本来对方说的是这个意思，可听者偏偏朝那个意思理解，造成误会，以致赌气吵起架来。因此，要学会做一个积极的倾听者，尊重对方的谈话，正确领会说话者的意思。如果无法肯定对方的思想、感觉、需要，不要抱有侥幸心理以为对方知道，应主动地告诉他（她）。

积极的倾听还包括“回馈”，就是查证看看自己是否已经了解了对方：“不知我是否了解你的话，你的意思是……”这类的话相当有助于沟通，一旦确定了对对方的了解，就要进入积极实际的交流阶段。

（四）尽可能使用“好的沟通”

所谓“好的沟通”，是指尊重他人的价值，鼓励对方，使对方有勇气与信心。尽可能使用“好的沟通”，主要不在劝人凡事往好的方面去考虑，而是首先肯定对方，然后给出建议。例如：

孩子：妈，我可以吃一块饼干吗？

消极的母亲：不可以。

积极的母亲：好，但是要吃饱饭才可以。（或者：“好，晚上大家一起吃。”）

虽然二者都会引起孩子的不满，但是前者尤甚，因为孩子不知什么情况下自己的要求才能被接纳。在与亲人沟通时，虽难免会有负面的批评，但要提醒自己，正负批评的比率要平衡，若有机会作好的批评（即赞赏）时，不要错过。看下面的例子：

父母：孩子，我们不能让你骑车到那么远的地方去。

消极的孩子：你们什么事都不让我做！

积极的孩子：我们可以来讨论一下，我可以骑到多远的地方去呢？

对人生抱积极的态度，就是接受并强调环境中好的一面，不一定是愿望的实现或需求的满足，或有重大成就。最重要的也许是尊重个人的价值，有好的表现就赞扬，称赞是人际沟通的一剂良药。

（五）在沟通时强调重要的，忽略不重要的

这个原则看起来简单，做起来却不容易。违反了这一原则也会破坏人与人之间的关系。家庭生活中的不和谐，每每发生在一些不重要的小事上，有的人似乎专门在小事上闹矛盾，我们称这种人为“吹毛求疵者”，因为其主要特点是分不清哪些事重要、哪些事不重要。事实上，在这种人看起来每一件事都重要，也都要管。我们每天都可观察到这种破坏性的挑毛病对人际关系的妨害有多大，它破坏家庭生活，造成夫妇离婚，也使孩子对家庭避之如蛇蝎。

其实，适当的批评能帮助一个人成长，如果没有关切的、善意的批评，人生活在封闭的小圈子里，就不能健康地发展成熟的人格。批评必须具有区别性——重要的提出来，不重要的就忽略，否则就是吹毛求疵了。例如：

A．孩子：妈，我做了一个恶梦，梦见我房间那些旧窗帘卷起来，变成一个大怪物。

吹毛求疵的母亲：孩子，你房间的窗帘是新的啊！

善解人意的母亲：孩子，告诉妈你觉得怎么样。

B．母亲：我有个好主意！你可以找个同学陪你到冷饮店去看看那位对象。

吹毛求疵的女儿：妈，他在快餐店做事，不是冷饮店。

善解人意的女儿：好啊，这主意不错！我想可以找圆圆一道去。哦！他是在快餐店工作。

从这些例子我们可以看出，吹毛求疵使事情离了正题，而能分辨、善解人意的人则挑出

重点反应，不重要的细节需要纠正的话，就在后面附带一提。只有这样，才能达到愉快的沟通效果。

（六）亲人间沟通时不要说教或训话，最好用发问的方式

在家庭中，尤其是父母教育孩子时，往往不知不觉地采用说教或训话的方式。孩子小的时候当然还好，但当孩子长大到十几岁时，就不那么容易接受父母的权威了。

父亲答应这个周末带14岁的女儿莉莉去游乐场玩，但因为临时要开会，父亲不能带女儿去玩了。莉莉跑去告诉母亲说她很难过，因为父亲“不守信用”。莉莉的母亲说：“你要想想爸爸这一向为你、为我们这个家做得多辛苦啊！”然后是一段冗长的说教，颂扬莉莉的父亲有多好、多伟大！莉莉的眼睛一直瞪着天花板，脸上是“又来了！”的表情。等到母亲结束了训话之后，莉莉的心情是更愤怒、更难过、更失望，反复叫着：“可是他不守信用！”

年龄稍大的孩子尤其不喜欢说教，说教不仅没用，还会带来相反的效果。母亲应该给她机会，帮她想想这个问题。可以问她：“你觉得一个人应该绝对守信用吗？”如果她答：“当然！”那么再问她：“假定你答应与同学去买东西，但是偏巧你那天发烧去不了，那算不算不守信用呢？”问问题让她自己去想，自己找到合理的结论，这样做使孩子更容易接受。

另外，亲人之间在沟通时还不可忘了“礼”，我们对父母要“孝”为先，在生活上赡养照顾父母，感情上尊敬体贴父母，以适当的方式匡正父母的错误；父母应担负起抚养教育的责任，爱护和平等对待子女；兄长、姐姐要爱护弟弟、妹妹，弟弟妹妹应尊敬兄长、姐姐，大家共同来创造亲睦详和的家庭气氛。

总之，我们的一切沟通方法目的只有一个，就是希望能够减少家庭生活中的矛盾。既然能达到这种目的，那么我们又何乐而不为呢？

第二节　恋人间的沟通

爱情绝对是朵娇艳的鲜花，离不开精心的呵护，更需要坦诚相见的沟通与付出。爱一个人不是一件容易的事，爱是需要不断学习的。与相爱的人相处是一门艺术。恋人之间需要不断地相处和沟通，良好的沟通是爱情长久的保鲜剂；相反，如果不重视沟通，两人之间就可能不断产生摩擦，从而破坏两人之间的情感，让爱情之花凋谢。

一、男子如何博得女子的爱情

（一）向对方展示一个好的外在形象

对于恋爱来说，以貌取人是避免不了的。一对男女能否进入恋爱状态，彼此的印象往往会起到关键性的作用。如果彼此感到满意，就会进入发展角色，如果彼此印象较差，双方的

关系就很难进入恋爱状态。

小张是个活跃、善良的小伙子，单位的人都知道他业务强、能吃苦，就是有个小毛病——不修边幅。每次同事给他介绍女朋友，小张总是随随便便，给人一种邋遢的感觉。这样自然不能给对方以好的印象，所以他总是与爱情失之交臂。

第一印象往往决定双方是否可能进一步交往，所以说良好的外在形象是恋爱的第一步，也是关键的一步。良好的外在形象应该建立在坦白的胸襟、大方的举止、整洁庄重的着装上，适当的加以修饰是十分必要的。

（二）迎合女子的内心需要

在追求女子的时候，一定要对女子的性格特点与内心需求有个初步了解，否则行动起来就有些鲁莽了。女性的性格特点与内心需求不同于男性。在向恋爱发展的过程中，男子必须懂得这几点：女子喜欢男子热烈的追求，喜欢得到男子的呵护，喜欢男子温柔体贴，喜欢男子幽默风趣……

一般来说，一个男子若想赢得中意的女子的爱，可以参照以下几点去做：

1．敢于追求

凡是女子，对男子的追求都会感到高兴，这是自己有魅力的一种体现。在爱情面前畏畏缩缩的男子则容易让女子看不起，女子会认为其缺少男子汉气概。遇到了自己喜欢的女子，男子应主动为自己创造机会，大胆地表明心意，不要信心不足，也许自己所喜欢的女子正期待着表白呢。即便失败，难堪也是一时的；倘若成功，快乐却是长久的。能够鼓起勇气去追求，就等于成功了一半。

2．懂得赞美

女子大多喜欢听到别人的赞美，特别是来自于异性的赞美，更会使其心花怒放、自信倍增。女子的容貌、行为、服装、发型，甚至声音，都是可以赞美的。

如果不懂得赞美女子，就很难赢得其欢心。因为再完美的女子，也有着自己不满意的地方，或者缺少自信，希望从别人的眼中得到信心，证明自己是美好的、令人喜欢的。如果是容貌不突出的女子，就更需要他人的认同与赞美了。本来就不出众，再没有别人喜欢的其他优点，人生还有什么意义？如果能够得到别人真诚的赞美，比如夸其温柔，那么她就知道自己并不是一无是处，是招人喜欢的，阴暗的心情就会立刻变得明朗起来。对赞美自己的人，她也定会视为千里难觅的知音。

3．尊重个人爱好

每个人都有自己的爱好，每个人也都希望别人能尊重自己的爱好，心细、敏感的女子更是如此。若一个男子对女子的个人爱好表现出淡漠，女子无一例外会感到失望。相反，如果男子能对她的个人爱好表现出尊重与重视，那么女子无一例外会感动、高兴，认为对方懂她并把她放在了心上。比如说，男子投其所好地买了一件衣服送给她，对她说：“你不是最喜欢这种款式和这种颜色的上衣吗？特意买来送给你！”她一定会对这位男子另眼相待。

如果男子想得到令其心仪女子的爱情，就应尊重女子的个人爱好。另外，别忘了努力发展自身。对于女子来说，除了以上因素，她还希望自己的“另一半”才华突出、能力非凡，取得令人瞩目的成绩。

（三）让对方觉得自己真诚可信又可靠

男子要想得到女子的好感，善于表现是关键。男子如何在自己喜欢的女子面前表现得体，让对方觉得真诚可信又可靠，从而得到对方的好感呢？如下做法可供参考：

1．诚实而有分寸

做人应当正直、诚实，恋爱也应如此。但是，不能死板地理解“正直、诚实”的含义，因为爱情是需要一定的朦胧感与美感的，并不需要把整个人毫无遮掩地呈现给对方，特别是在双方的感情基础不够扎实时，不宜过早向女子公开自己的某些缺点和无关紧要的不足之处。那种恋爱之初便向女子坦露所有缺点的男子，很少有不碰钉子的。

2．与异性交往要有分寸

爱情是最自私的。恋爱中的女子很可能会把对方当成自己的“私有财产”，对对方爱得越深，这种心理就越明显。所以说，当着女子的面千万不能与其他女性言语暧昧，乱开玩笑，这样很容易引起女子的误会和怀疑，伤到她对自己的感情。

3．表现出关怀、体贴

如果能对女子关怀备至、体贴入微，并甘愿为她作出牺牲，这是最能令女子感动的了。女子病了，若寸步不离地守护在旁，侍奉汤药；天下大雨，若用唯一的雨具使女子不遭淋，自己却被浇得像落汤鸡一样；女子生日她自己都忘了，若送上她最心仪的礼物……

4．要有幽默感

没有哪个女子喜欢整天板着脸、不苟言笑的男子；相反，幽默风趣是许多女子都喜欢的。恋爱中的男子可以适时地来点小幽默，幽默能有效缓解双方的不良气氛，升华双方的感情，对方还会觉得男子格外可爱。特别是在对方不高兴的时候，也许一句幽默话就能使她眉开眼笑，从而舍不得离开你。

二、女子如何主动争取爱情

不要以为在每一场恋爱中，男子都该是理所当然的主动者。不能忽略的是，男子中也有性格内向者。一旦遇到内向、羞涩的男子，若女子喜欢他，他也喜欢女子，可谁也不表白，那么两个人就永远都不会有结局。

爱一定要有行动与表白，不论是爱或者被爱，都是一件很幸福而美好的事。可幸福不都是可以等来的，切忌一味地守株待兔，那样很可能会错失良机，遗憾终身。渴望爱不如创造爱，只要能够勇敢地向男方表白，等待的可能就是渴求的爱情。

当心中理想的“白马王子”出现时，该怎样赢得意中人的好感呢？下面的几点建议可供借鉴：

（一）善于发挥表现力

要想有效吸引对方，就得充分发挥自己的表现力，吸引其注意。好的印象是进入初恋的关键，它往往如电光火石，最深刻、最清晰，爱情的种子可能萌发于偶然的一瞥。因此，在与其相见的场合里，一定要注意仪表美。适当的打扮是必要的，美要美得自然，切忌浓妆艳抹、盲目追求流行却不适合自己的东西，矫揉造作只会使女子最具吸引力的自然美大打折扣。

（二）展现活力与朝气

活力与朝气是最能吸引人的。一个神气活现的女子，最容易使男子产生爱的联想。因此，要尽量使自己显得精神充沛、充满活力，切忌萎靡不振。

（三）制造、利用相处的时机

利用特意制造的相处时机，向对方展示自己女性特有的美好的一面，从而有效获得对方的好感。在相处的时候，一定要注意使自己女性化一些，不要过分滔滔不绝，大唱“主角戏”，相反要温柔自然、轻言细语、恰到好处，这才是吸引男子的有效方式。

（四）巧妙沟通

可适当表现出赏识对方，这会让对方有某种满足感，从而把自己当成其知音，并乐于见到自己。人们都有渴望得到他人赞赏的天性，因此要适当地对男子所做的事情给予真诚的赞赏，不吝惜表扬的话，这是成为对方“重要人物”的最有效办法之一。

三、如何解决恋爱中的矛盾

（一）充分理解对方，努力避免矛盾

恋爱中的男女产生矛盾，原因是多种多样的。最常见的情况就是一方不能理解另一方，从而致使双方的沟通出现障碍，感情出现裂痕。这就要求我们要尽可能地多理解对方，理解对方的性格特点、心理倾向等，这样可以避免许多矛盾的发生。

1．多欣赏，少挑剔

恋人之间产生矛盾的原因之一就是试图改变对方，使对方努力改变成自己理想中的完美爱人。为了达到这个理想，在交往的过程中，我们往往不合实际地要求甚至迫使对方摒除以往的习惯和言行，以吻合自己心目中的理想形象。这种情况是很难能变成现实的。一个人的好多习性都已是定型的，不可能因为一场爱情就整个人脱胎换骨、焕然一新。

既然如此，那么，要想避免双方因心理不合而产生矛盾，就应试着去多欣赏对方，少挑剔对方，把对方看成一件“艺术品”，而不是“半成品”。因为人人都企望被欣赏而不愿意被改造，所以不要把爱当成一把雕刻刀，挖空心思地想把对方雕琢成什么模样。

总之，要想维持爱情、避免矛盾，就要对对方多些欣赏，少些挑剔。

2．不要强迫对方为自己付出

恋人之间有时会强迫对方为自己做什么、付出什么，比如让对方为自己买名牌服装、送贵重物品、去高级餐厅等，这是不可取的，也可能是产生矛盾的根源。

爱应该是发自内心的，为爱付出也应是自发的、心甘情愿的。如果对方对自己的爱到了某种程度，那么，即使不强迫，对方也会付出；相反，如果对方根本不情愿，那么，即使在强迫下去做了，又有什么实际意义呢？这不过是阳奉阴违的行为，丝毫不能真正加深彼此之间的感情。

要想真正加深彼此之间的感情，绝对不要强迫对方为自己付出什么，这无异于拔苗助长。感情没有到，做了也是虚假的行为，可能还会使对方产生厌烦心理。

（二）帮对方改正缺点，有效避免矛盾

有些矛盾的产生是对方存在着某些缺点，如果为了双方的感情不受影响，一味地迁就、忍让，就会成为积怨累加、矛盾激化的根源，到头来还是避免不了产生矛盾。解决矛盾的有效办法就是通过正确的方法帮对方改正缺点。帮助对方改正缺点，并不是一件很容易的事情，需要把握好方式与方法，否则，就会伤到双方的感情。

那么，该怎样让对方愉快地接受自己的建议，并积极去改正缺点呢？可以参照以下的方法：

1．委婉地表达自己的意见

有些时候，对方的缺点是天性使然，如果直接要求对方改正，势必会使对方难堪，以致生气。如果采取委婉的表达方式来发表自己的意见，就较容易使对方接受并改正了。

2．巧用幽默表露不满

当对方的所作所为不适宜时，可以巧用幽默的语言向对方表露自己的不满。

【案例精选】

小梅非常喜欢跳舞，男友小郑却是个好静的人，无奈常被小梅拉去“看”舞。有一次他们从舞厅出来已经很晚了。

小郑灵机一动，说道：“你的慢四跳得很棒，我还没看够。你一路跳回宿舍怎么样？”

小梅说：“你想累死我啊！”

小郑一副认真的样子：“不要紧，我用快三陪你跳。”

小梅：“亏你想得出，丢下我一个人也不怕我碰上流氓。”

小郑这时有话说了：“那你在舞厅丢下我一个人，也不怕我打瞌睡被人掏了包儿。”

小梅这时才知道男友来看跳舞是很不情愿的，以后就再也不拉着他来了。

3．与对方倾心交谈

对恋人的某种缺点进行及时地制止或纠正，有时需要用合情合理的话语与对方进行倾心的交谈。尽管对方的想法存在着谬误，做法掺杂着任性，不过，只要与对方进行倾心的交谈，

自己的立场占理，对方就会认识到自己的不对，听从自己的意思。

【案例精选】

小葛和小陈是一对恋人。春节期间，小葛准备带小陈去她大哥家拜年，见小陈打算带两瓶低档酒，认为很失面子，便自作主张地要把小陈姐姐孝顺给父亲的一瓶高级人参酒带去拜年。小陈当然很不乐意，但他知道小葛爱面子，又不好责怪她，就借故把小葛叫到房间，推心置腹地说："这酒可是我姐姐对父亲的一片心意。我父亲当然没有什么意见，因为他只有我这么一个小儿子还没成家，给你家亲戚拜年大方一点也是应该的。可你想一想，要是这事让我姐姐、姐夫知道了，心里会是什么滋味。假如你嫂嫂把我们送给她的东西拿去孝顺别人，你心里又是什么滋味……"

小陈一番合情合理的话说得小葛无话反驳，便顺从了小陈的意思。

（三）采取有效策略，积极化解矛盾

尽管我们千方百计地避免矛盾的产生，可是有时候矛盾还是会不可避免地产生。可能对方的行为非常过分，使自己非常生气，抑制不住地要爆发。这时，该如何改变不良倾向、有效化解矛盾呢？一般来说，可参考下面三种方法：

1．沉默是金、以静制动

有些时候，一方确实是无理取闹。对于无理取闹的人，越是耐心地劝解或讨好，对方越是闹得凶。如果确认对方是在无理取闹，那么，最好的办法是不予制止，任其发展。

在既不劝说也不制止的情况下，对方就会渐渐觉得兴致索然，一个巴掌拍不响嘛，连个陪着的人都没有，一个人还闹个什么劲！结果，面对沉默，无理取闹者的头脑会逐渐冷静下来，并进行自我反省，主动讲和。

2．亡羊补牢、巧献殷勤

在生活中，经常会出现工作与爱情或家人与恋人之间的矛盾。有些时候，为了顾全大局，我们会冷落了恋人，使对方生气。

女友可能这样质问男子："工作和我，哪一个对你重要？"或者"你妈妈和我，你到底要哪一个？"男子最怕女友提出这类问题。本来嘛，恋人不能舍，工作不能丢；妈妈是亲人，女友是爱人，实在是无法分清哪一方更重要。

这些道理，女友不是不知道，明知故问、有意穷追不舍，不过是心理不平衡，觉得自己受了委屈。这时，男子可以不正面回答其质问，而是采取亡羊补牢的方法，通过献殷勤来弥补对女子的亏欠。只要女子的委屈得到了化解，心理得到了平衡，那么，双方的矛盾也就化解了。

3．先怒后软、恩威并施

有些时候，恋人固执地抱守着错误的做法，甚至这种做法可能会造成严重的后果，使人忍无可忍。这时，就可严厉地批评对方的做法，以自己的威严对其加以制止，否则可能还会有下一次。

当然，这种做法可能使对方下不了台，产生怨恨的心理。为了不致使双方的感情因此而破裂，事后还要采取相应的补救措施。首先要对自己当时的态度进行道歉，说自己只是一时冲动，要对方不要介意。接下来，要条理分明地讲明对方错在哪里，有什么利害关系，会产生什么严重后果，只要说得在情在理，对方就会原谅自己，认同自己的观点，然后双方重归于好。

恋爱中的矛盾无可避免，我们有必要学会努力减少矛盾发生的几率并有效化解矛盾，使我们的爱情变得更顺利、更美好。

第三节　朋友间的沟通

一、朋友间如何沟通

中国人有句口头禅："秦桧还有位好朋友。"意思是说，每个人都有几个比较贴近的朋友。朋友是我们获得幸福的条件，连秦桧那样的大奸臣都有一位好朋友，谁人能例外？朋友是人们生活中重要的沟通对象，在人与人之间，它的影响力最强。爱因斯坦曾经说过："世界上最美好的东西，莫过于有几个头脑和心地都很正直的真正的朋友。"然而，朋友不是偶然遇见的，而是在长期交往中形成的心灵上的沟通，所以说："人生难得一知己，千古知音最难觅。"朋友关系虽然没有血缘的成分，但由于它的真诚和正直的特质而显得更加珍贵。有人说朋友是温暖的源泉，如何保持和发展朋友之间的这种沟通关系，便成了我们能否获得幸福的条件了。

朋友关系不像上下级关系那样有尊卑之分，也不像售货员和顾客的关系那样搀杂着功利目的。朋友关系的特点是：平等、自由、亲密、随便。

（一）朋友间的沟通应是轻松随便的

朋友间的沟通应该是轻松自然、令人快慰的，无须客套，无所顾忌，没有官场上的战斗气，没有生意场上的铜臭味，也没有外交谈判中的虚伪与小心谨慎。朋友之间多的是温暖和坦诚、谐趣和欢笑。所以与朋友沟通的第一个技巧就是要创造宽松自由的气氛。朋友之间不需要虚假的客套，随和的沟通反而有利于友情的加深。

宋代诗人苏东坡与僧人佛印是一对好朋友。一次苏东坡正准备吃鱼，从窗外看见佛印来了，便将鱼藏到书架顶上，想和他开个玩笑。佛印看在眼里，却佯装不知，而向苏东坡请教"蘇"字的写法。苏东坡疑惑不解，但又不知机关何在，就回答说："上边一个草头，底下左边一个'鱼'，右边一个'禾'"。"'鱼'能否放在右边呢？""也有这个写法。""那么如果把'鱼'搁在上边呢？""那可不行。"苏东坡脱口而出。佛印这时得意地指着书架上说："既然鱼搁在上边不行，那就拿下来待客吧。"

虽然这是一个幽默故事，但它显示了朋友之间的随和与无所顾忌，当然也透出了文人的学识、聪慧和雅趣。

（二）朋友间应以诚相待

在朋友交往中，诚实是相互信赖和友好交往的基础。古人说："腹心相照，谓之知心。"知心朋友和牢固的友情是通过真诚相处而获得的。只有诚实对待对方，才能赢得对方的信赖，才会使友谊长存。

一位专门研究社会关系的博士认为：大多数人选择朋友是以对方是否出于真诚而决定的。他说有一个富翁为了测验别人对他是否真诚，就伪装患病而住进医院。测试的结果，富翁感到非常沮丧。

"很多人来看我，但我看出其中许多人都是希望分享我的遗产而来探病的。"

"经常和我有来往的朋友都来了，但我知道他们不过是当做一种例行的应酬。"

"有一个从前欠我许多钱的人也来了，但在来看我之前，他已把所欠的钱还给我了，所以他在病床前很自负地说：'先生，我是还清了债才来看你的。'所以我认为，这人是为了争一口气而来的。"

"还有几个平素与我不和的人也来了，但我知道他们只是乐于听到我病重，所以幸灾乐祸地来看我。"

"有一个和我素不相知的人也来了。他说久仰大名，得悉阁下有病，特来探问，谨祝早日健康。这人不外是为了好奇，所以就来看我了。"

照富翁的说法，他的测验是完全失败的。博士就告诉他说："我们为什么苦于测验别人对自己的真诚？测验一下自己对别人是否真诚，岂不更可靠？"

怀疑别人的真诚，这是朋友交往的大忌。这样不仅会将自己引入沟通的误区，还会伤害对方的自尊，导致友情危机。人际交往是互相的，真诚也是双方的。

（三）朋友间的交往应淡泊名利

朋友间的沟通是不带任何功利目的的，其真谛在于心灵的沟通。古语说，君子以淡泊相亲，小人以利相亲。真正的朋友，其关系绝不能以利益来维系。若交朋友的目的只是名和利，那样只能是为人们所唾弃的"酒肉朋友"。君子之交，应重在心灵的交流。

朋友交往应该是"淡而不断"。交往过密，便有势利之嫌，而断了"来往"，时间便会无情地冲淡友情。特别是在生活节奏紧迫的今天，朋友之间很难有机会在一起聊天、交流，特别需要注意友情的维护，比如平时多打一些电话，相互问候一番，也会起到加深感情的作用。朋友间超脱利害关系的交往，会使双方更加珍视友情。

有一次，德国诗人海涅收到一位友人的来信。拆开信封，里面是厚厚的一捆白纸，一张一张紧紧包着，他拆开一张又一张，总算看到最里面的一张很小的信纸，上面郑重其事地写着一句话："亲爱的海涅：最近我身体很好，胃口大开，请君勿念。你的朋友露易。"

过了几个月，这个叫露易的朋友收到了海涅寄来的一个很大很沉的包裹。他不得不请人把它抬进屋里，打开一看，竟是一块大石头，上附一张卡片，写道："亲爱的露易：得知你身体很好，我心上的石头终于掉了下来。今天特地寄上，望留作纪念。"

这肯定会成为露易一生中最难忘的一封信。他给海涅的信有些"小题大做"，而海涅的回信生动形象。他以大石头比喻对朋友的担忧，以"石头落地"表示收信后的轻松。这不仅体现了朋友之间的随和与坦诚，更让人感到朋友的热情和友爱。

（四）朋友间应相互帮助

朋友沟通还应该注意互相帮助。当对方有困难时，主动地伸出援助之手会使对方倍感温暖。而有时候恰如其分地请求对方帮助，还会加深朋友之间的友情。据心理学家分析，人的性格虽然不同，有宽容的，有吝啬的，有豪爽的，有狭隘的，但是对于给别人一种小惠，却人人都很乐意；而对于那些自称不愿求人的朋友，却是人人都不爱的。

20 世纪 40 年代，我国著名学者石志清教授和一位朋友大吵了一场，两人从此不相往来，甚至在有些演讲场合互相不指名地攻击，冤仇结得很深。后来，石教授南下广西大学任教，觉得那里需要更多的人才，就想请他的朋友也南下任教。但两人吵过架，写信道歉也不是办法，因为那样会引起对方的怀疑，同时自己的面子也过不去。于是他写信给这位朋友，请他在北京代购一本书，原因是在广西此书难以购到。朋友接信后果然迅速代购，并邮寄过去。从此，两人的友谊迅速恢复了。

一个小小的帮助竟使反目成仇的朋友和好如初，其主要原因不仅仅因为一方解决了对方的困难，更主要的是朋友的请求表达了对他的信赖和尊重以及对友情的珍视。

另外，在朋友遇到危难和痛苦时，千万不要揭其伤疤或说风凉话，而应尽量加以开导，伸出援助之手，使对方脱离困境，摆脱痛苦。

充分理解朋友的苦衷，善解他意并以合适的话去安慰，是任何时候都适用的。真情的释放让朋友感到自己在任何时候都会支持他，与他共患难，他的心中便会产生感激之情。

（五）与朋友交谈要有分寸

朋友间的交谈应该直率、大方、亲切，避免过于散漫、不拘小节，让人感到粗鲁庸俗。也许和同事或客户相处会以理性为基准来约束自己，但遇到老朋友就忘乎所以、指手画脚、高谈阔论或肆意打断朋友的交谈，或左顾右盼、心不在焉。也许自己的行为不是故意的，是自然流露，但时间长了，朋友会觉得那样很失体面，没有教养，也会毁坏自己在朋友心目中的形象。

生活中有很多人，受到别人表扬后就飘飘然不知天高地厚，尤其是在朋友面前，觉得得到赞赏是应该的，还沾沾自喜地说："本来就是嘛，你怎么才发现呀。"这样的话一出口就让人感到有些别扭，怎么就不知道谦虚呢？

同样的话以不同的态度说出口，效果就会不同，比如得到朋友的夸奖，用"没什么的，你不也是一样出色嘛"，"有你这样的好朋友支持我会更加努力的"之类的话不是更好吗？这样，对方会觉得自己谦虚、稳重，从而乐于继续交往。

著名作家克雷洛夫的寓言传遍全球，写得既多又好。有一次，他的朋友称赞他的书写得好，一版又一版，比谁的书都畅销。克雷洛夫笑着说："不，不是我的书写得好，是因为大家都和你——我的好朋友一样，懂得欣赏我写的东西，还得感谢你们才对。"

在与朋友的交谈中要懂得感谢，学会赞美。

由此可见，在与朋友的交谈中注意应做到以下几点：

（1）谦虚热情，但不低三下四。

（2）谈话彬彬有礼，句句在理，但不低俗。

（3）幽默风趣，不失风度。

（4）多称赞，勤夸奖，说话甜，但不阿谀奉承。

（5）态度坚定，语言果断，充满自信，但不固执傲慢，言辞不要过激。

（6）理解、尊重对方，不揭短，不打听他人隐私，避免口无遮拦。

（7）语言力求简洁明了，不要喋喋不休、啰啰嗦嗦。

（8）说话开玩笑要有分寸，不过分严肃，也不要过分随意。

（9）多听朋友意见，不自吹自擂。

（10）围绕主题谈话，不要随意打断他人，不乱发问，不随便转移话题。

二、与朋友沟通的禁忌

（一）对朋友不要过于随便

人们在交友处世时常常产生这样的想法：认为好朋友之间无须讲究客套。因为好朋友间彼此熟悉，亲密无间，常常有福共享，讲究客套就太拘束并且太显外道了。其实，这种想法是不对的，朋友关系的存续应该是以相互尊重为前提的，容不得半点强求、干涉和控制。朋友之间，志趣相投则交；反之则断交。

朋友之间再亲密，也不能随便过头、不讲客套，这样，维持友谊的默契和平衡将被打破，友好关系也将不复存在。因此，对好朋友也要客气有礼，这样才不至于伤了面子或伤了和气。

必要的客套会促使朋友之间相互尊重，不轻易跨越对方的禁区。每个人都拥有一片自由的小天地，朋友之间过于随便，就容易侵入这片禁区，从而引起隔阂冲突。如果事出偶然，还好解决些，一旦形成惯性，那么双方必定会发生不愉快，导致朋友关系疏远，友谊淡化甚至恶化。因此，好朋友之间也要讲究必要的客套，这才是交友之道。

（二）对他人不要苛求

在现实生活中，任何一个人都有这样那样的缺点，既然我们谁都免不了有不足之处，就不要对他人苛求，更不能要求他人按照自己的想法去改变。那样，不仅不能达到愿望，相反还会造成双方关系紧张。

“不轻易指责别人”，也可以理解为“不苛求别人”。我们都存在着一定的不足，不能做到某些事达到某些目标，那么又怎么能去苛求他人呢？人与人之间都是相互的，投之以桃，才能报之以李，要想赢得别人的友爱，首先要能够宽以待人，这样对方才不会对我们刻薄。

（三）与朋友交往的误区

朋友间的友谊之所以较难保持长久，是各种各样原因所导致的，其中，也必有我们自己的错误。要想尽量少犯错误，留住得之不易的友谊，就要尽量避免踏入与朋友交往的误区。

下面列举几条与朋友交往的误区，供参考与借鉴：

1．乱动朋友之物

与朋友间的关系再亲密，也不能乱动朋友之物，不要认为“朋友间何分彼此”。对朋友之物，不经许可不要擅自拿用，更不可不加爱惜。一两次朋友可能会碍于情面，不好意思说什么，时间长了朋友就会产生厌恶、防范的心理，进而影响到双方的友谊。

2．对朋友不拘小节

朋友之间也应该讲究谈吐大方、亲切、不矫揉造作，这样才能给对方留下好的印象。如在朋友面前不拘小节、不自制，将会使对方感到粗鲁庸俗，从而对自己产生轻蔑、反感。有些人和一般人相处会保持理性，但与朋友相聚就忘乎所以、信口雌黄，在朋友言语时肆意打断，讥讽嘲弄或顾盼东西……一旦出现这种情况，再亲密的朋友也会觉得自己有失体面，缺少风度和修养，难免对自己产生一种厌恶与轻蔑之感。因此，在朋友面前应自然而不失自重，有分寸、有节制。

另外，朋友之间应讲究礼仪，“你敬我一尺，我敬你一丈”。你送我一只苹果，我还你一束鲜花，“礼尚往来”也是维护友谊的重要因素。

3．没有信用

没有信用，就会使朋友认为不可信赖，甚至因此而失去对方的友情。自己眼中一些无关紧要的承诺总是不能很好地履行，就会使对方无法再相信自己。自己可能习惯对朋友请求想都不想就爽快应承，可由于无法做到，又不得不常常失信……对于这些“失信”的行为，自己可能认为朋友间应当相互谅解宽容，区区小事何足挂齿！可事实上，没这么简单！常常让朋友失望，即使他们不当面指责，也会在心里责怪，认为自己对任何人都是逢场作戏、反复无常，绝对不可信赖，从此就会避开、远离自己。所以说，与朋友交往不可没有信用。

4．不识时务

去朋友家拜访时，若遇上朋友正在读书学习，或正在接待重要客人，自己也许会自恃挚友，就不顾时间场合，不看朋友脸色，一坐半天，夸夸其谈、喧宾夺主，不去注意人家早已如坐针毡，厌烦透了。此后，朋友一定会认为自己太没有教养、不识时务，从此会避开自己。所以，再遇到这种情况，一定要顾及场合，根据情况作合适的选择，不要让对方对自己产生反感。

5．讥笑朋友

有些人爱在大庭广众炫耀自己，为了显示自己的能言善辩，不惜将朋友的短处拿出来作笑料，乱用尖刻词语，尽情挖苦、嘲笑、讽刺对方，以博众人的大笑。结果，一时的欢乐换来得罪朋友、失去友谊的恶果。因此，朋友相处，尤其是在众人面前，应互敬互慕，千万不能乱讥笑朋友。

6．不听朋友劝

是朋友就要互相取长补短，对对方好的意见要给予采纳；反之，如果总是自作聪明，认为自己无所不能、无所不知，而轻视朋友的提议，那么，必然会伤到朋友对自己一片心。毕竟对方是为自己好，可自己却并不领情，好像根本没把朋友放在眼中，这不能不使对方渐渐疏远自己。从另一方面来说，我们也应该多听朋友劝告，两个人的智慧总是强过一个人的智慧。一个再聪明的人，也有疏忽的时候，而多一个人看事情就会透彻些，策略就会高明些。所以在遇到事情时，应多听取朋友的意见，正确理解朋友的一片好心。即使不采纳朋友的意见，也要表示感谢之意。

不能与朋友进行正确的沟通，是友谊淡化、破裂的根源。友谊是脆弱的，它经不起太多的风雨侵袭，需要精心地维护。要想与朋友保持长久、牢固的友谊，切不可踏入与朋友沟通的禁区，触犯了禁忌。

血缘关系是不能自由选择的，唯有朋友是可以自由选择的，因此不同的人就有不同的选择标准。但无论哪种标准，真正的友谊应当是纯洁和真诚的，朋友之间负有道义上的责任和义务。有这样一句话："要想有朋友，先要够朋友。"在朋友面前，我们应当有这样的勇气：你给我友谊，我还你全世界。

第十章　工作中的沟通技巧

对于绝大部分人而言，在单位中接触的人无非是同事、上级和下级。因此，工作中的沟通主要包括与上级的沟通、与下级的沟通，以及与同事的沟通。

【案例精选】

黄刚是某公司销售部负责东北地区的销售员，三年前由一个小公司加入到该部门。前两年黄刚都未能完成销售任务，同时对客户的业务需求和产品的了解也很肤浅。根据这些表现，黄刚的业绩评定连续两年都是及格。

第三年，东北地区突然决定做项目 A，销售部经理和技术部经理立即组织力量投标，经几轮奋战，最终拿到了合同。作为销售工程师的黄刚，在做项目期间工作很努力。他以建立各种关系为重点，成为项目组的骨干。由于项目 A 的成功，黄刚的销售业绩达到了计划的 130%。

但同时，黄刚在与技术工程师合作时，关系非常紧张。工程师们抱怨黄刚不能准确提供用户需求，没有计划，也不与大家沟通，造成几次方案重新设计。大家都不愿与他合作。另外，黄刚没有事先预报项目 A，目前订货、交货期都有问题。

问题：如果你是销售部经理，该如何对待黄刚呢？

第一节　如何与上级沟通

面对上级，唯唯诺诺、唯命是从并不是最佳表现。借助沟通，展现个性，凸显才能，方可游刃有余、平步青云。

一、与上级沟通的重要性

（一）缺少沟通容易出现问题

身在职场中的员工，都避免不了要与自己的上司进行交往，交往的效果将直接影响到个人前途。与上级有效沟通，不仅可以减少矛盾与冲突的发生，还能使双方的关系更加和谐融洽，从而有利于自己获得更多的加薪晋升机会。相反，如果总是把不良情绪积压在心底，即使有强烈的反对意见也不发表，那么，不仅会影响上下级之间关系的正常发展，还可能会导致工作无法顺利进展。

【案例精选】

小李所在的公司要进行人事调动，负责人罗经理对小李说："把手下的工作放一下，去销售部工作，我觉得那里更适合你。你有什么意见吗？"

小李撇了撇嘴，说："意见？您是经理，我敢有意见吗？！"实际上他的意见大得很。当时销售部的状况特别糟糕，他想："这一次人事变动把我调到那个最不好的部门去，肯定是罗经理搞的鬼，见我工作出色就嫉妒得要死，怕抢了他的位置。好，你就等着瞧吧，我会让你难堪的。"

来到销售部以后，小李的消极情绪非常严重，总是板着一副脸孔，对同事爱理不理，别人主动和他打招呼，他只是应付地点一下头，一来二去，同事们渐渐疏远了他。

有一天，一个客户打来电话，请小李转告罗经理，让罗经理第二天到客户那里参加洽谈会，请罗经理务必赶到，有非常重要的生意要谈。小李认为这是个绝好的报复机会，就当成什么事也没发生一样，吹着口哨溜溜达达地回家了。

第二天，罗经理将他叫进办公室，严厉地说："小李，客户那么重要的电话你怎么不告诉我？你知道吗？要不是客户早晨打电话给我，一笔一千万美元的大生意就白白地溜走了！"

罗经理看了看小李，见他一副毫不在意的样子，根本没有承认错误的迹象，便说："小李，说实在的，你的工作能力还不错，但在为人处世方面还不够成熟，我本想借此机会锻炼你一下，可你却让我大失所望。我知道你心里对我不满，而你非但不与我沟通，反而暗中给我使绊子。你知道吗，部门的前途差一点儿毁在你手里。你没能通过考验，所以我现在只能遗憾地宣布：你被解雇了！"

鉴于此案的教训，这家公司高层管理者专门召开了一次名为"张开你的嘴巴"的会议，强调并鼓励所有员工要与上级多多进行沟通，因为这既有益于团队之间的团结合作，又能通过沟通增加彼此之间的信任，同时也能避免小李那样的悲剧重演。

上下级之间的关系，如同相互摩擦而又相互促进的链条，只有以沟通作润滑剂，并经常为这根链条润滑，相互促进的时候才会多一点儿，相互摩擦的时候才能少一点儿，团队才能正常顺利地运转。反之，如果缺少必要的沟通，那么上级与下级之间就会出现问题，特别是当彼此的关系出现隔阂时，问题就很难解决，矛盾就会进一步激化。如果一味地我行我素，遇到分歧意见或遭遇困难也不与上级进行必要的沟通，努力使双方达成共识并齐心协力，那么结果只能是自食其果，最终不是自己主动走人，就是被上级"炒鱿鱼"。

因此，我们应该积极主动地与上级进行沟通。只有不断积极主动地与上级沟通，才可能赢得赏识和器重，个人前途才会有发展。

（二）良好的沟通有助于工作进展

【案例精选】

小莉在一家化妆品公司做财务，自从上班的第一天起，她就踏踏实实地工作，工作能力也很强。但她一直停在那个位子上，没有获得提升，原因是她不善于主动与老总进行沟通，许多事都等着老总亲自来找她。后来由于工作上的竞争，她被同事“踩”在了脚底下。

小莉吸取了失败的教训，积极总结经验，以全新的面貌到另一家公司上班。一个月后，她接到一份传真，上面说她花了两个星期争取到的一笔业务出现了问题。如果在以前，她会等老总来找他，再向老总汇报。但现在她马上就去找老总。老总正准备用电话同这位客户谈生意，她就在此之前将情况向老总做了汇报，并提出具体的建议和意见。老总掌握了这些材料后，与客户交谈时顺利地解决了出现的问题。

此后，小莉常常主动向老总汇报工作上的情况，及时进行良好的沟通，并在销售和管理方面提出一些不错的方案，不断地得到老总的认同。不久，她被提升为业务主管。

与上级进行沟通，并不一定主动就会顺利，遇到挫折的情况也时有发生，这时候，该怎么处理呢？请看下面这个故事。

【案例精选】

陈嘉是某销售公司的文员。快到春节的时候，经理交给她一大堆名片，并亲自挑选了很多精美的明信片，要她按照名片逐一地打印寄出。陈嘉在接过名片时，曾提醒经理将地址已发生改变或在业务上已没有往来的客户挑出来，但经理不耐烦地说：“你别管，把所有名片都寄出去就是了！”

两天后，当陈嘉把打印好的明信片交给经理过目时，经理却大声指责她将一些已经不在中国的客户错误地打印在了“最精美”的明信片上。陈嘉觉得很委屈，想说出来又担心被经理安个“顶撞上司”的罪名开除，便忍了下来。回去后，她大哭一场，可心里还是别扭，以至影响到了工作。后来陈嘉利用休息时间去拜访经理，坦诚地说出内心的想法。结果令陈嘉出乎意料，高高在上的经理竟向她诚恳地承认了错误。从此，他们二人在工作上配合得相当默契，为公司创造了显著的业绩。

要想与上级沟通并不难，即使偶尔出现不愉快，也很快就能过去。上级也是有血有肉的人，只要与其积极沟通，一切问题都会得到解决，从而促使上下级合作融洽、工作顺利进行。

二、怎样得到上级的赏识

（一）关键时刻挺身而出

与上级打交道，不能只是一味地唯唯诺诺，挖空心思地讨好上级。无论上级是对还是错，都不要一味地顺从上级，生怕自己的意见与其不符而得罪对方。其实，这样是不对的。一味地顺从就失去了个性，一味地迁就就没有了主张，特别是在关键时刻，更是要懂得表现自己，勇敢地说出自己的独特见解。

在与上级打交道的过程中，有时可能会出现这种情况：在关键时刻，上级并未发现事态的严重性，员工却看到了。这个时候，员工如果贸然地提出来，可能会使上级认为是不相信他的能力，在其面前过分地表现自我，从而损害到员工在上级心目中的形象。但如果提议可以使公司免受损失，或者增加效益，那么情况就会大大不同了。上级会赏识、感激你，并且器重你。所以说，在关键时刻要懂得表现自己。

【案例精选】

位于日本千叶县的迪斯尼乐园，原来叫做“千叶迪斯尼乐园”，如今改名为“东京迪斯尼乐园”，这是为了吸引更多的游客而重新命名的。当时游客们一听说“千叶”这个名字，立刻就会觉得那是一个非常偏僻的地方，想去游玩的兴趣便会大大减弱。正因如此，某段时期该乐园处于萧条状态，几乎到了破产的边缘。

事情的转变缘于一个员工的挺身而出。就在乐园老板一筹莫展时，员工山本提出了一个绝妙的建议，其内容之一是将“千叶迪斯尼乐园”改名“东京迪斯尼乐园”。山本向老板解释道：“游客不愿光顾‘千叶迪斯尼乐园’，是因为觉得千叶县是个偏僻的地方。而将乐园改为‘东京迪斯尼乐园’，游客们就会认为千叶县离东京很近，实际上，这两个地方离得很远。游客由于产生了这种错觉，就会认为‘去趟迪斯尼乐园很值，都快到东京了’，或者‘去了迪斯尼乐园，可以顺便去趟东京’。这样，游客们到乐园游玩的兴致就能大大提高。”

老板采用了山本的提议。事实果然如此，名字一改，乐园里游客大增，“东京迪斯尼乐园”也从此兴旺了起来。山本也因此受到了重用。

作为一个员工，要懂得在关键时刻表现自己，并具备无所畏惧的精神。因为谁都知道“雷区”很危险，“蹚雷者”时时刻刻都有丢掉性命的可能。员工与老板之间虽然没有如此夸张，但有时员工能够挺身而出确实不容易，这可是搞不好就丢饭碗的事情。不过，也只有具备这种魄力，才有可能发展得更好，受到老板的重用。

（二）勇于为上级作牺牲

【案例精选】

小安是位服装缝纫师。他出生在一个小镇上，拜一位服装店老板老莫为师，学习服装缝纫技术。

由于天资聪颖，又肯上进，时间不长，小安缝纫的服装便在小镇上小有名气。小安是个很会办事的人，每次城里的富人到小镇找他缝制服装，完成后都是他抢先把衣服给他们送去。老莫心里明白，在所有顾客中，给富人送衣服是最麻烦的，那些人总是横挑鼻子竖挑眼，故意说衣服没做好而横加指责，而小安总是这样为自己“蹚雷”，这让他有些过意不去。于是他给小安涨了工资，幅度比别人的两倍还高。小安心安理得地接受了，一如既往地工作着，继续为老板“蹚雷”。

最终，小安受到老莫的重用，两人合伙干起了大事业，将服装店搬到市里。他们生产的服装在市场上占有很大的份额，一年下来总能获得巨额利润。老莫明白，这一切都离不开小安的努力，他尽最大可能去回报小安。

作为上级，也难免遇到棘手的事情，这时往往人人向后躲，生怕捅上马蜂窝。作为一个聪明、有魄力的下级，在这种时候，理智的做法不是往后躲，而是站出来为上级作牺牲。上级的眼睛是明亮的，谁付出得多，他心里最清楚。对于勇于为他作牺牲的人，他是不会亏待的。

（三）为上级出谋划策

不要以为，出谋划策是上级的事，员工只要听从指挥就行了。不必担心别人误解自己“越级”，只要自己的意见是可行的、有利于工作进展的，都不妨提出来。只要能对工作起到促进作用，上级就会另眼相看的。

【案例精选】

有家乡间旅店由于地理位置不佳，生意一直很萧条。一天下午，旅店老板望着后面山上的一片空地出神，忽然间，他的脸上露出笑意，大概是想出了能使旅店生意火起来的妙计……

第二天，老板找来空地的主人，对他说：“我看这块空地不利用十分可惜。你能不能在空地上栽些树，绿化一下，也改变一下旅店的环境。”

空地主人叹气说：“唉，我也有这种想法，可惜资金不够，力不从心呐！”

由于旅店生意冷清，同时也因为缺乏资金植树，老板整天闷在屋子里发愁。一天，一个员工提醒老板：“能不能想办法让顾客种树？”老板茅塞顿开，马上与这名员工商量怎样才能让顾客种树。

第二天，与空地主人协商之后，该旅店登出了一则别出心裁的广告：

尊敬的旅客，您好！本店后面的山上有片空地，宽阔而幽静，特为旅客朋友种植纪念树所用。如有兴趣，不妨种下小树一棵，本店派专人为您拍照留念。树上可留下木牌，刻上您的尊姓大名以及植树日期……

广告一出，旅客们纷纷携树而来，没过多久，旅店后山已是满眼绿色。那些栽过树的人，也常来这里看望，旅店从此顾客倍增。旅店生意的好转，完全是因为那名员工的妙计，老板也为他记了一大功，并给了一定的奖赏，以示感谢与鼓励。

其实上级最需要的不是只知道唯命是从的员工，而是富于创新精神、有谋略的好助手。要想得到上级的赏识，在关键时刻挺身而出帮助上级，是让上级另眼相看的最佳途径。陪同上级去见重要的客户，洽谈对公司生存与发展至关重要的业务时，适时地补充一句，可使上级顺利度过偶然出现的思维“停滞”阶段；在很重要的会议上，上级可能会忘记某些信息或举止有失得体，在此关键时刻，若能及时提醒，给老板一个顺利过渡的阶梯和及时纠正的机会，他就能避免陷入尴尬的境地。

另外，作为一个有责任心的下级，如果发现上级决策错误，从维护公司的利益出发，应对其提出忠告和建议。在向上级提建议时，一般要注意以下几个方面：

1．多从正面阐发自己的观点

要多从正面去阐发自己的观点，也就是说，少从反面去否定和批驳上级的意见，甚至要通过迂回变通的办法有意回避与上级的意见产生正面冲突。

2．注意维护上级的尊严

下级向上级提出忠告和建议时，要多利用非正式场合，少使用正式场合，尽量与上级私下交谈，避免公开提意见。这样做不仅能给自己留有回旋的余地，即使提出意见出现失误，也不会有损自己在公众心目中的形象，而且有利于维护上级的个人尊严和自尊心，不至于使上级陷于被动和难堪。

3．要让自己的想法变成上级的

向上级建议时，注意不要直接去点破上级的错误所在或越俎代庖替上级作出自己所谓的正确决策，而是要用引导、探询、征询意见的方式，向上级讲明其决策、意见本身与实际情况不相符合，使上级在参考自己所提出的建议、资料后，水到渠成地作出自己想要说的正确决策。戴尔·卡耐基曾经说过："如果你仅仅提出建议，而让别人自己去得出结论，让他觉得这个想法是他自己的，这样不更聪明吗？"人们往往对自己得出的看法，比强加给他的看法更加坚信不疑。

三、如何巧妙地拒绝上级

（一）不懂拒绝就会害自己

不懂拒绝上级、唯命是从的员工并不是好员工。这样的员工缺少主见，也免不了会因不懂拒绝而深受其害。

【案例精选】

小霞刚进公司就碰上一位对公司来说相当重要的国外客户。谈判伊始，对方就拿出一些国际惯例跟她谈。由于双方的文化背景、思维方式、运作存在着较大差异，谈判很快陷入僵局。但小霞是那种绝不轻言放弃的人，她一遍又一遍地研究对方的资料，挖掘对方的弱点，用自己的认真和敬业来感化对方，一星期下来，终于扭转了局面，使谈判成功。小霞也欣然接受了顶头上司吃饭的邀请。

小霞说："我当时的高兴劲儿，真可以用眉飞色舞来形容。在上司面前也顾不上矜持，吃过饭，他邀我去跳舞，我也爽快地答应了。"

从此，上司便经常请她吃饭、泡酒吧、打保龄球、逛珠宝店，借口多半是庆祝小霞的出色表现和突出业绩。有时小霞并不想去，但看到上司诚恳的眼神，又想想他是自己的上司，总是不好意思拒绝。上司每次出差都会给她带回一些精致的小礼物，这当然逃不过外人的眼睛。一来二去，同事便在背后议论她和上司的事，这其中不乏对小霞的出色表现心怀嫉妒者。为此小霞烦恼不已，以至于相恋两年的男友听到传闻后也来找她理论。男友怀疑好强的小霞一定是利用了上司的私人感情才做出那么骄人的成绩。小霞怎么解释他也听不进去，最终两人只得分手。小霞由于情绪低落，业绩下滑，也被炒了鱿鱼。

上面的案例中，当上级频频邀请小霞外出时，即使他真的没有非分之想，小霞也不应该不加拒绝。毕竟男女有别，避嫌之说还是存在的。作为下级，在工作中是要服从上级的安排，但也要有自己的主见，不卑不亢。特殊情况拒绝上司并非一定是坏事，恰当、巧妙的拒绝能有效维护个人的尊严，也有助于提高自己在上级心目中的地位。

（二）不懂拒绝就会出麻烦

对于上级交给的任务，一定要量力而行，认真考虑再做决定，决不能为了表现自己或担心得罪上级而一味地听从。一旦不能按时完成任务，失面子是小事，承担后果是大事，甚至有被处罚或开除的危险。

小强是网络公司的一名编程人员，技术不错，但做人不踏实，总是犯浮夸的毛病。一天，公司部门主管拿来一份程序方案对他说："这套方案很重要，你能处理吗？"小强看都没看就拍着胸脯说："小菜一碟，我这双手没有干不了的活儿！"但结果由于理论知识与实战经验欠缺，小强把这套活儿干砸了。最终延误了计算机程序开发的时间，小强被上司无情地解雇了。

其实，上司不喜欢只会说"是"的人。这种人总是盲目地接受命令，缺少独立性、主动性与创造性，很难在工作上做出大的成就，相反还可能因此而影响到工作。因此，限于个人能力，无法完成的事情就应拒绝。

（三）如何巧妙地反驳上级

对于上级的命令，不能承担的时候要给予拒绝。但拒绝时要讲究方式方法，不能直白地说"我不去""我干不了"之类的话，要讲究艺术，运用技巧。一般来说，拒绝上级的技巧主要有以下几个：

1. 以委婉的方式表达自己的立场

在拒绝、反驳上级的时候，应委婉地提出自己的观点，这样既可维护上司的面子，也能让他感觉自己说得很有道理，从而容易使上级改变原来的主张。

2. 借助于他人的力量

当上级要求自己做某件事，而自己想拒绝但又不好说出口时，不妨请来两位同事和自己一起到上级那里去，借助他人达到拒绝的目的。

去见上级之前，要与同事商量好，他们两个谁是赞成的一方，谁是反对的一方，然后与上级争论。争论一会儿后，自己再向反对的一方靠拢，说："原来是这样，那可能太勉强了。"这样一来，就可避免直接拒绝上级，而表明自己的态度。通过这种方法，上级会认为"大家是经过讨论之后才作出这种结论"的，而包括上级在内的所有人，都不会觉得哪一方受到了伤害，从而上级会自动放弃原来的想法。

对上级说"不"的时候，一定要注意方式，采用一定的技巧，使拒绝巧妙而见成效。拒绝上司决不能用生硬的语气，言辞不能过于直白，对于如何运用技巧，运用什么样的技巧，应因时、因地、因人、因事灵活机动的随机应变。

四、如何防止和克服“越位”

正确认识自己的社会角色、地位，真正做到出力而不“越位”，这是处理好上下级关系的一项重要艺术。“越位”是下级在处理与上级关系过程中常发生的一种错误。它的主要表现包括以下几种。

（一）决策越位

决策是领导活动的基本内容，处于不同层次上的领导者其权限不同。有的决策可以由下级作出，有些则必须由上级作出。如果应该上级做出的决策而由下级做了，下级的就是超越权限的行为。

（二）表态越位

表态，是表明人们对某件事的基本态度，一般与一定的身份相联系。超越身份胡乱表态，是不负责的表现，是无效的。一般说来，如果单位之间交涉问题，对带有实质性问题的表态，应由上级或上级授权才能进行。而有的人作为下级，上级尚未表态也未授权，却抢先表明态度，造成喧宾夺主之势，陷领导于被动之中。

（三）工作越位

哪些工作应该由谁干，这里面有时也有几分奥妙。我们应该做权限范围内的工作，越俎代庖就会适得其反。有的人就是不明白这一点，本来由上级出面更合适的工作，他却抢先去做，从而造成工作越位。

（四）答复问题越位

有些问题，往往要有相当权威的人士才能答复，但是有的人明明缺乏这种权威，却擅自答复。这其实也是越位。

（五）某些场合越位

有些场合（如同客人应酬、参加宴会）也应适当突出上级，有的人作为下属，张罗过欢，突出自己过多，也会造成越位。我们在处理与上级关系时，很有必要注意在一些大场合少突出自己，才能避免场合越位现象。

在工作场合中，上级对员工来说是关系重大的。他能使自己节节高升，也可以给自己小鞋穿，甚至炒自己的鱿鱼。为了自己的事业有个良好的发展空间，就一定要学会如何与上级沟通，并能在沟通中让双方的关系正常、健康地发展。

第二节　如何与下级沟通

下级不是宣泄的对象，而是与自己并肩作战的伙伴。凭借沟通，我们将得到一个和谐愉悦的全新团队。

一、与下级沟通的必要性

在日常生活中，上下级出现沟通问题屡见不鲜。领导者在处理人与人之间的各种矛盾时谴责、贬斥、误解，或是以一种“我是领导我怕谁”的态度对待别人，都会把事情搞糟。这类情况，即使在最大、最有名的公司里，也是司空见惯的。

只有有能力进行有效沟通的领导，才能真正激励员工，从而成就自己，成就事业。

【案例精选】

美国银行现任总裁史蒂芬·盖瑟曾经亲身体会了作为领导者与下级沟通的重要性。盖瑟少年得志，20 世纪 80 年代末期，大学刚毕业的他就在一家大规模的投资公司任业务主管。他在洛杉矶西区拥有住宅，又开着一辆奔驰，而他当时不过 25 岁。此时他自认为是商业神童，可呼风唤雨，要什么有什么，而且在他人面前毫不掩饰这种自大的态度。

但是，20 世纪 90 年代以后美国经济开始萎缩，裁员的风暴毫不留情地刮了起来。起初，他还不以为然，认为这与自己无关。可没想到有一天，老板对他说：“史蒂芬，你的能力没话讲，可是问题出在你的态度上，公司里没有人愿意与你配合，我恐怕必须请你离开公司。”

这真是晴天霹雳，像他这样的优秀人士居然被开除了！此后，经过几个月求职的挫折，他以前那种自大的态度已荡然无存，只剩下一层结结实实的恐惧。因为以前自己对别人的态度恶劣，这个时候当然也就无处投靠、无人倾诉。他当时简直就要崩溃了！

盖瑟终于意识到应该对他人感兴趣，做有效的沟通，并帮助那些处境比自己还糟的人。他换了一种态度去待人，变得更有人情味、更可爱、更能共事了。周围的人也开始关心他。三年后，他又回到高级主管的职位，只不过这一次，周围的同事都是他的朋友了。

有效的沟通其实并不复杂。在工作和生活中，我们每个人每天都要同别人打交道，这是很好的沟通机会。可惜的是，真正、有效的沟通实在并不多见。实际上，良好的沟通能力，并不是天生具备的，而是通过学习获得的。

要想学会沟通，并没有什么真正的秘诀，只有几点最基本的观念。以下是成功沟通的三个基本要点：

（1）对沟通要怀有真诚的心态；

（2）对下级保持开放的态度；

（3）主动创造沟通的良好氛围。

不管工作多么繁忙，也必须保留与人沟通的时间。一个领导者，只把自己关闭起来是成就不了事业的。因为再高明的主意，不拿出来与下级沟通并付诸实践也只是空想。真正有效的沟通并不会妨碍工作。比方说开会、讨论、走廊里的短暂同行、共进午餐等都是进行沟通的机会。

二、与下级沟通的技巧

（一）让下级知道你关心他们

每个人都有自己的尊严，都希望得到别人的认可。而上级对下级的关心，对下级倾注的感情，尤其是对下级生活方面的关怀与照顾，可以使他们的这种尊严得到满足。

有许多身居高位的大人物，总会记得只见过一两次面下级的名字。如果在电梯或门口遇见时，点头微笑之余，叫出下级的名字，就会令下级受宠若惊，感到被重视。

经常给予能干的下级以关心和肯定，可以给他们带来一种极大的荣誉感和自豪感，当他们得到这种奖赏后，会很有价值感。为了回报领导的赏识，他们必定会像以前一样，甚至比以前更加勤奋地工作，这也正是奖赏的本意。

领导对于下属，不仅仅是在工作上的领和导，还应在下级的生活方面给予一定的关爱。特别是下级碰到一些特殊的困难时（如意外事故、家庭问题、重大疾病、婚丧大事等），作为领导，此时应伸出温暖的手，那才是雪中送炭。这时候的下级会产生一种刻骨铭心的感激之情，并且会时刻想着要如何报效。他们时刻像一名鼓足劲的运动员，只等领导需要效力的发令枪一响，就会冲向前去。这时的“雪中送炭”比“锦上添花”更有价值。

（二）宽容大度、虚怀若谷

作为领导者，不仅要对下属予以认可，还要向他们显示自己的大度，尽可能原谅下级的过失。俗话说：“宰相肚里能撑船。”对于那些无关大局的事情，不要同下属锱铢必较。要知道，对下级宽容大度是制造向心力的重要方法之一。

【案例精选】

公元 199 年，曹操与实力最为强大的北方军阀袁绍对峙于官渡。袁绍拥兵十万，兵精粮足，而曹操的兵力只及袁绍的十分之一，且又缺粮，明显处于劣势。当时很多人都以为曹操必败无疑了。曹操的部将以及留守在后方根据地许都的好多大臣，都纷纷暗中给袁绍写信，准备一旦曹操失败便归顺袁绍。

半年以后，曹操采纳了谋士许攸的奇计，袭击袁绍的粮仓，一举扭转了战局，打败了袁绍。曹操在清理从袁绍军营中收缴来的文书材料时，发现了自己下属的那些信件。他连看也不看，命令立即全部烧掉，并说：“战事初起之时，袁绍兵精粮足，我自己都担心能不能自保，何况其他的人！”这么一来，那些动过二心的人便全部都放了心，这对稳定大局起了很好的作用。

这种方法的确非常高明，它将已经开始离心的势力又收拢回来。不过，没有一点气度的人是无法做到这一点的。作为领导，就应具有这样的胸怀，只有这样，下属才会尽心竭力地干事。

（三）诚心接受下级的意见

卡耐基承认，每当有人开始批评他的时候，只要他稍不注意，就会马上很本能地开始为自己辩护——甚至可能还根本不知道批评者会说些什么。卡耐基说，每次这样做的时候，他就会觉得非常懊恼。我们每个人都不喜欢接受批评，而希望听到别人的赞美，也不管这些批评或赞美是不是公正。

既然领导者不可能事事都做到完美，那么就需要下级给予坦白的、有用的、建设性的批评。

查尔斯·洛克曼是培素登公司的总裁，每年花一百万美金资助鲍勃·霍伯的节目。他从来不看那些称赞这个节目的信件，却坚持要看那些批评的信件，他知道自己可以从那些信里学到很多东西。福特公司也急于找出他们在管理和业务方面的缺点，所以就对全体员工做了一次意见调查，请他们来批评公司。诚心接受批评的益处在所有的人际关系上都不例外——无论是在公司内、家庭里还是一群朋友相处的时候，它往往能化敌为友，为自己赢来一些新的支持者。

与他人沟通时，如果自己是对的，就要试着温和地、有技巧地让对方同意自己；而如果自己错了，就要迅速而热诚地承认。这样，要比为自己争辩有趣且有效得多。

领导者应该有足够宽阔的心胸，能够容纳得下下级的批评，以此来不断促进自己的工作。一个合格的领导者应向其员工传达批评与自我批评的观念，最有效的方法莫过于当面痛快地承认自己的过错。领导者必须能够勇于接受下级的批评，否则就不可能在批评他人时有说服力。即便是听到那些不很审慎的坏话，也不要先替自己辩护。身为领导者，有必要表现得与众不同，要谦虚、明理，要成为下级们模仿的榜样。只有这样，领导者才能依靠自身，而不是凭权力去赢得别人的喝彩。

三、学会调节下级之间的矛盾

只要有人存在的地方就必然会有矛盾与冲突发生，而矛盾与冲突的结果，不仅使人与人之间的关系紧张，更甚者可能会有人仰马翻、流血伤亡的事情发生。在一个单位里，员工之间的矛盾冲突必然会对工作带来严重影响，而处理下级间的矛盾冲突是一个领导常常要碰到的事情，甚至也可以说是他们日常事务的一部分。所以，处理下级之间的矛盾冲突，协调他们之间的关系，是一个领导所应必备的能力。

那么，怎样做才能调节这些矛盾冲突呢？

（一）不偏不倚

在处理具体矛盾时，作为领导必须做到冷静公允、不偏不倚。

单位的领导是所有下属间矛盾的最后仲裁者，这个仲裁者要想保持权威，就必须以公平的面目出现，在别人的心目中是公正的化身、正义的代表。如果偏袒一方，被偏袒者自然会拥护，可是在另一方眼里将不再有权威，他会对裁决产生成见。所以，冷静公允、不偏不倚、一碗水端平，是在处理下级间矛盾时最起码的原则。尤其是在调节利益冲突时，更需如此。

当然，一碗水端平并不意味着矛盾双方各打五十大板，衡量是非的标准还是存在的，这个标准就是单位的最高利益。一般来说，下级由于维护本部门的局部利益而发生冲突均不带感情纠葛和个人恩怨，所以只要做到公平，晓以大义，双方矛盾不难调节。对于下属间的观点分歧，作为单位领导最好保持超然态度，尤其不能介入其中去拥一派、打一派。如果单位领导介入一派，另一派则会以“在野党”自居，他们将不会再服从你的仲裁；而且会对你所有的决定加以攻击，在他们眼里，领导者的地位将降到对立派领袖的地位，而不再是正义的代表。领导只有游离于各派之外，保持超然，才能团结所有的人。

（二）折中调和

领导者在处理下级间的矛盾时，常常有这样的情况：矛盾的双方均各有道理，但又失之偏颇，很难明确地判断谁是谁非。此时折中调和、息事宁人是最好的解决办法。这比较符合孔子提倡的“中庸”之道。

比如，在某些制度的改革问题上就会存在“激进派”和“稳健派”。“激进派”会指责“稳健派”保守，“稳健派”指责“激进派”冒进，双方发生观点上的冲突。双方的观点都有道理，但又都各有偏颇。作为单位最高领导，既不能拥一派打一派，也不宜各打五十大板，应该指出无论激进的观点也好，保守的观点也好，在社会或单位的发展中均有他们存在的价值和地位。因为社会或单位前进的方向不是任何一种思潮的方向，而是合力的方向，这一运动的方向是妥协的产物，只要各种思潮的力量达到均衡，社会或单位就能稳定地前进。

鲁迅先生曾讲过一个故事，说大家都闷在一个黑屋子里，一部分人无法忍受，扬言要揭掉房顶盖，而另一部分人反对，认为与其挨雨淋，还不如维持现状。于是大家最后妥协了，决定开一扇窗户。

要是没有激进派的叫嚷，大家就会被憋死；但若没有保守派的反对和牵制，大家就要挨雨淋。所以说，各种观点和思潮在这个社会上均有它们的地位，它们的合力将导致中庸。

（三）“冷处理”与“调离”

处理下级间的矛盾，是需要很高水平的。处理得好，可以化干戈为玉帛；处理不当，矛盾会“白热化”，此时领导者就会感到非常棘手。

下级间出现摩擦时，领导者要保持镇静，不要风风火火，甚至火冒三丈，这样对于矛盾双方无异于火上浇油。不妨来个冷处理，不紧不慢之中会给人以此事不在话下之感，人们会更相信领导能公正处理。假如领导自己先“一跳三尺”，处理起来显然不太合适，效果也不会很好。

当下级间因公事而发生“龃龉”时，“官司”打到领导的跟前，这时领导不能同时向两人问话，因为此时双方矛盾正处于顶峰，此时来谈，双方一定会当面又大吵一顿，让领导也卷入这场“战争”。不妨倒上两杯茶，请他们坐下喝完，让他们先回去，然后分别接见。

单独接见时，请对方平心静气地把事情的始末讲述一遍，此时领导最好不要插话，更不能妄加批评，要着重在淡化事情上下功夫。事情往往是“公说公有理，婆说婆有理”，两人所讲的当然会有出入，且都有道理，在细节问题上也不必去证明谁说的对。如果非要由领导断定，必须做到心中有数，不要妄下结论。即使黑白已明，也不要公开说谁是谁非，否则会进一步影响两人的感情和形象。领导公开指出其中一方正确时，那么这一方就觉得有了支持而气焰大涨，但是另一方会觉得领导偏袒了对方。

不妨这么说：“事情吗，我已经清楚了，双方完全没有必要吵得这么凶，事情过去了就不要再提了，关键是你们要从大局出发，以后不计前嫌，精诚合作。”相信经过几天的冷静，双方都有所收敛。这么一说，双方有了台阶下，互相道个歉，也就一了百了了。

如果事情纯属私事，也应该慎重处理，切不可袖手旁观。因为两人私事上的矛盾会直接影响工作上的问题，也要分别召见两人，但和公事应该不同。对于他们之间的私事，没有必要“明察秋毫”，评定谁是谁非，有许多私事是十分微妙的，看以简单，实则越处理越复杂，可能会扯进来很多旁人，事情越闹越大，定会影响公司的整体工作。

不妨说：“我不想知道你们之间的那些事，但基于工作我要你们通力合作，不允许工作受私事的影响，希望你们清楚这一点。”有时也可把他们调离，不见面的时间长了，矛盾自然也就消失了。

处理这种矛盾时，切忌偏袒和自己私人关系较好的一方，一定要公私分开。只有这样，才能显示公平，赢得下级的信任。

第三节 与同事之间的沟通

工作中还有一个很重要的关系是同事关系。与同事关系的好与坏，几乎可以决定一个人在工作中的浮与沉。那么我们如何与同事相处呢？

一、同事之间相处时，不要显示出太强的优越感

在日常工作中，有人虽然思路敏捷、口若悬河，但总令人感到狂妄，因此别人很难接受他的任何观点和建议。这种人多数都太爱表现自己，总想让别人知道自己很有能力，处处想显示自己的优越感，获得他人的敬佩和认可，结果却往往适得其反，失掉了在同事中的威信。

在社会交往中，人与人之间理应平等和互惠，正所谓“投之以李，报之以桃”。那些谦让而豁达的人总能赢得很多的朋友，天天门庭若市，日日高朋满座。相反，那些妄自尊大的人会引得别人的反感，最终在交往中使自己走到孤立无援的地步，别人都敬而远之，甚至厌而远之。在交往中，任何人都希望得到别人的肯定评价，都在不自觉地维护着自己的形象和尊严。如果一方过分显示出高人一等的优越感，那么无形之中是对对方自尊和自信的一种挑战与轻视，排斥心理，乃至敌意也就不自觉地产生了。

一位哲学家说：“如果你要得到仇人，就表现得比你的朋友优越吧；如果你要得到朋友，就让你的朋友表现得比你优越。”这句话非常正确。因为当我们的朋友表现得比我们优越时，他们就有了一种重要人物的感觉；当我们表现得比他们还优越，他们就会产生一种自卑感，造成羡慕和嫉妒。

因此，我们对自己的成就要轻描淡写，学会谦虚，这样才能永远受到欢迎。要知道，从本质上讲，谁都不比谁更优越，百年之后，今天的一切也许就被忘得一干二净了。生命如白驹过隙，不要在别人面前大谈自己的成就与不凡，对此戴尔·卡耐基曾有过这样一番相当精彩的论述：“你有什么可以炫耀呢？你知道是什么东西使你没有变成白痴吗？其实不是什么大不了的东西，只不过是你甲状腺中的碘罢了，价值才五分钱。如果医生割开你颈部的甲状腺，取出一点点的碘你就变成一个白痴了。五分钱可以在街角药房中买到的一点点碘，是使你没有住在疯人院的东西。价值五分钱的东西，有什么好谈的？”

人无完人，没有人不犯错误，有些人甚至一错再错。不过，这也没有关系，只要能认识到自己的错误，并及时改正就可以了。既然错误是不可避免的，那么可怕的并不是错误本身，而是知错不改。如果能坦诚面对自己的弱点和错误，拿出足够勇气去承认它、面对它，不仅能弥补错误所带来的不良后果，使自己在今后的工作中更加谨慎，而且能加深领导和同事对自己的良好印象，从而很痛快地原谅自己的错误。

某公司财务处小李一时粗心，错误地给一位请病假的员工发了全薪。在他发现这项错误后，首先想到的最好办法是蒙混过去，避免让老板知道。于是他匆匆找到那位员工，说必须纠正这项错误，求他悄悄退回多发的薪金。但遭到拒绝，理由是公司发多少就领多少。“这是你们愿意给，又不是我要的，白给谁不要？”小李很气愤，他明白这位员工是故意拿他一把，因为他肯定不敢公开声张，否则老板必然知道。真是乘人之危。气愤之余的小李平静地对那位员工说：“那好，既然这样，我只能请老板帮忙了。我知道这样做一定会使老板大为不满，但这一切混乱都是我的错，我必须在老板面前承认。”就在那位员工还站在那里发呆的时候，小李已大步走进了办公室，告诉老板自己犯了一个错误，然后把前因后果述说了一遍，请求老板原谅和处罚。老板听后大发脾气地说这应该是人事部门的错误，但小李重复说这是他自己的错误，老板于是又大声地指责会计部门的疏忽，小李又解释说不怪他们，实在是他自己的错，但老板又责怪起与小李同办公室的另外两个同事来，可小李还是固执地一再说是他自己的错，并请求处罚。最后老板看着他说：“好吧！这是你的错，可×××（那位错领全薪的员工）那小子也太差劲了！”这个错误很轻易地纠正了，并没给任何人带来麻烦。自那以后，老板更加看重小李了，因为他能够知错认错，并且有勇气不寻找借口推脱责任。

事实上，一个人有勇气承认自己的错误，也可以获得某种程度的满足感。因为这不仅可以消除罪恶感和自我保护的气氛，还有助于解决这项错误所制造的更多问题。卡耐基告诉我们，即使傻瓜也会为自己的错误辩护，但能承认自己错误的人，就会获得他人的尊重，而且给人一种高贵怡然的感觉。

喜欢听赞美（哪怕明知是虚伪的赞美），是每个人的天性。忠言逆耳，当有人，尤其是和自己平起平坐的同事对着自己狠狠数落时，不管那些批评如何正确，大多数人都会感到不舒服，有些人甚至会拂袖而去，连表面的礼貌功夫也不会做，实在是令提意见的人尴尬万分。以后即使自己有再大的失误，也没有人愿意提醒了，这岂不是自己的最大损失？

每个人都会犯错误，尤其是当自己精力不足、工作过重、承受太多的生活压力时，偶尔不小心而犯错是很平常的事情。如果能以正确的态度去面对它、知错就改，那么犯错便不算什么罪大难饶的事情，反而对于日后的工作、升迁大有裨益。

二、与同事沟通时，要注意为别人保全面子

在与同事交往的过程中，聪明人从不会把话说死、说绝，说得自己毫无退路可走。例如“我永远不会做出你所搞砸的那些蠢事”“谁像你那么不开窍，要我几分钟就做完了”，如此种种，估计谁听了都不会痛快，因为人人都爱惜自己的面子。这样绝对的断言显然是不给别人面子的一种表现。

保留他人的面子是个非常重要的问题。但是在现实生活中，我们却很少会考虑到这个问题。我们常喜欢摆架子、我行我素、挑剔、恫吓、在众人面前指责同事或下属，而没有考虑到是否伤了别人的自尊心。其实，只要多考虑几分钟，讲几句关心的话，为他人设身处地想一下，就可以缓解许多不愉快的场面，使沟通更加愉快地进行。

真正有远见的人不仅要在与同事一点一滴的日常交往中为自己积累最大限度的“人缘”，同时也会给对方留有相当大的回旋余地。给别人留面子，其实也是给自己挣面子。在言谈交往中，可以多用一些“可能”“也许”“我试试看”和某些感情色彩不强烈、褒贬意义不太明确的中性词，以便自己能“伸缩自如”。

三、同事之间的沟通，朴实的行动比华丽的言语更为有效

在日常的工作生活中，同事之间免不了互相帮忙。平常我们总说“助人为乐”，但是在办公室这个没有硝烟的战场上，怎样助人为乐才能真正既帮了别人又帮助了自己呢？一个同事请你提意见，如何是好呢？诸如“你认为我的工作态度不对吗？”“是不是我不该以那种方式处理同老安的矛盾？”这些问题当然不易处理，但是一个帮助对方进步和表现气度的机会。最愚蠢的回答是直接答“是”或“不是”，回答应有一些建设性，就是说应该提出一个可行办法。因为要是答案不能令对方畅快，他肯定不会接受意见，甚至认为是敷衍他，白白辜负了他的信任。

正确的做法是，告诉同事如果换了是自己，会怎样处理这件事，为什么这样处理。例如，同事因为未能准时预备开会用的文件，遭到领导责备，就应规劝他："大家谁都知道李主任那人认真得很，所以我替他做事永远都是以最快的速度去完成，还得认真仔细，使他知道我的确已经尽力去符合他的要求了。"千万不要跟着附和，指责对方或其他领导的错处！这样无异于火上浇油，对同事、领导，甚至自己，肯定都没有好处，那又何苦为之呢？

当然要表示自己的关切，这跟其他人际关系一样，必须是诚挚的。这不仅会使付出关切的人有所得，接收这种关切的人也是一样。它是条双向道，当事人双方都会受益。努力学会为别人效力，做那些不惜花时间、精力，诚心诚意为别人设想的事情，这样才能获得真正的帮助。人是感情动物，而行动往往更能打动人心，因此，千万别忘了"行动"这个非常棒的沟通武器啊！

四、学会与同事进行友好合作

好多人都遇到过这样的尴尬：刚换到一个新的工作岗位，总会感到万分别扭、战战兢兢，对很多事情都是既新鲜又提防，总想尽快磨合，适应新环境，可是一些资深的同事却对自己带答不理，甚至在一些事情上还故意作对，自己觉得简直无所适从，可又别无选择。谁让他们是自己的同事呢？不跟他们好好合作、套近乎，今后简直难以工作。该如何面对这种处境呢？

【案例精选】

这里有一个关于天堂和地狱的故事。一个人请求上帝带他参观一下这两个地方，希望在比较之后能聪明地选择他将来的归宿。上帝满足了他的要求，先带他看了魔鬼掌管的地狱。进去之后的第一眼让他大吃一惊，他看到所有的人都坐在酒桌旁，面前摆满了美味佳肴，包括水果、蔬菜和各种肉食。但当他仔细看那些人时，却发现他们一个个愁眉苦脸、无精打采地坐在桌子旁，一副营养不良的样子。原来这里每个人的左臂都捆着一把叉，右臂捆着一把刀，刀和叉都有4尺长的把手，根本就不能送到自己嘴边，所以每个人都在挨饿。

随后，这个人又跟随上帝来到了天堂。那里的景象和地狱几乎一模一样，同样的食物、刀、叉以及那些很长的把手，可是天堂里的人们却都笑容满面。这位参观者开始的时候感到很困惑，但随后就发现了其中的原因。原来天堂的每一个人都是喂对面的人，而且也被对面的人所喂，他们互相帮助，所以非常快乐。而地狱里每一个人都试图喂自己，可是一刀一叉以及4尺长的把手使他们根本吃不到任何东西。

这个故事告诉我们，如果想得到别人的帮助，首先要帮助其他人，而且帮助的人越多，得到的也越多。只有彼此间的相互协作才能使大家都幸福快乐。

因此，在工作中最好不要只寄希望于对方向自己伸出援手，而是要考虑与对方合作，尤其是与关系不太好的人。首先，可以尝试着去了解对方的难言之隐，如能化敌为友，说不定还会有意想不到的收获。同时应扪心自问无法与对方精诚合作的原因究竟出在对方还是自己身上？自己是不是也应该负一点责任？清楚这些之后，应努力营造愉快融洽的气氛，学会与同事和平相处、友好合作。

要知道，善于与他人团结协作的人大都会取得事业上的成功。因此合作是许多成功人士的共同特征，而且合作本身就是一件快乐的事情。有些事情人们只有互相合作才能做成，不合作彼此都得不到好处。通常，在与同事合作时要掌握下面几个要领：

（一）能够帮助他人

不要错误地认为，帮助别人自己就要有所牺牲，别人得到了自己就一定会失去。实际上，帮助别人就是强大自己，帮助别人也就是帮助自己，别人得到的不会是自己失去的，因为付出总会得到回报的。

（二）主动参与集体活动

在团队中，每个成员都应具有奉献精神，并有责任作出自己应有的贡献，贡献自己的聪明才智。如果不敢抛头露面，大胆地表述自己的观点，或觉得自己的观点不如他人的有价值，那么，必须要首先排除这种消极认识。因为做一个旁观者的结果只能是无法培养自己的社交能力，也无法赢得团队中其他成员对自己的认识和尊重，更无法对团队的决定施加影响。

（三）在会议或讨论中表述自己的观点

清楚地表达自己的观点，并提供支持的理由。认真地聆听他人的意见，努力了解他人的观点及理由。这些做法可以提高自己在团队中的参与性。

（四）要尊重他人

即使确信自己比其他同事更有知识更有能力，也不要太张扬，而要尊重其他人的意见。重要的是，要让他人充分地表达自己的观点，不要随意打断或表现出不耐烦，做到这些对于团队力量正常地发挥是很必要的。

（五）倾听他人的意见，不要过于武断

除了提出自己的观点外，还应该注意倾听其他同事的观点。当他人提出观点时，要作出积极的和建设性的反应。要客观地评价别人的观点，不要意气用事。即使不同意也不要冷冷地反驳，要平和地表达自己的意见。

另外，在每个单位，都会有一些老资格的同事。人品好的会帮助你、教导你，使你能尽快掌握工作技能；而一些道德教养低劣的人，对于新同事会压制，甚至欺负，在领导面前说坏话、打小报告，所以尽量不去招惹这些人。我们在工作中一定要注意与老同事的交往，要把握好与资格老、阅历深的同事间沟通和交流的尺度。

最后要注意的是，与同事交往还应当真诚。当同事需要自己的意见时，不要使劲给他戴

高帽，做无意义的赞叹；当他工作中遇到困难时，要尽力而为伸出援助之手，而不冷眼旁观、落井下石，甚至乘人之危；当同事无意中冒犯了自己，又忘记或根本没意识到说声“对不起”时，应该有宽宏、豁达的心情，真心真意原谅他，日后他一旦有求于己，还要毫不犹豫地帮助他。

如果与同事有了矛盾，明明是自己有理，“为什么还要待他这么好？”原因很简单，因为他是同事，必须待他这么好！不能得理不饶人，毕竟我们每天有三分之一的时间与同事相厮守，自己能否从工作中获得快乐与满足，能否敬业乐业，同事们扮演着一个很重要的角色。

同事，要的就是相互合作，共同做事。而合作愉快，贵在和善、真诚。如果始终心存芥蒂，寸步不让，就只会弄得成事不足、败事有余。

“巴掌不打笑脸人”，多以笑脸待人就能赢得友谊、理解和发展，化干戈为玉帛。“没有人喜欢挨耳光，没有人拒好意于千里之外”，这句话真是再正确不过了。人与人都是平等的，你怎样对人，别人也会怎样对你。在沟通时一定要牢牢记住这一点。

第十一章 跨文化沟通技巧

随着世界经济的日益全球化，企业管理人员必然面临跨文化沟通的问题。无论是在进入国内市场的外资企业，还是在为寻求市场多元化而开拓国际市场的中资跨国企业，各级管理人员都必须掌握跨文化沟通的技能。文化影响人的的思想、行动和每日所做的事情，已成为我们生活中无法分割的一部分。

文化包括我们模式化的思想、感觉和行为方式，因此，它不仅由沟通来维持存在，同时也经常通过沟通表达出来。由于各民族文化迥异，家庭、习俗、价值观等也互有差异，这样住在汉堡的科尔、纽约的杰克逊、伦敦的爱米莉、东京的田中、北京的老张等人沟通时便会产生困难和误解。

【案例精选】

飞利浦照明公司某区人力资源副总裁（美国人）与一位被认为具有发展潜力的中国员工交谈。想听听这位员工对自己今后五年的职业发展规划以及期望达到的位置。中国员工并没有正面回答问题，而是开始谈论起公司未来的发展方向、公司的晋升体系，以及目前他本人在组织中的位置等等。

这位员工说了半天也没有正面回答副总裁的问题。副总裁有些大惑不解，没等这位员工说完已经有些不耐烦了，因为同样的事情之前已经发生了好几次。“我不过是想知道这位员工对于自己未来五年发展的打算，想要在飞利浦做到什么样的职位罢了，可为何就不能得到明确的回答呢？”谈话结束后，副总裁忍不住向人力资源总监甲抱怨道。

“这位总裁怎么这样咄咄逼人？”谈话中受到压力的员工也向甲诉苦。作为人力资源总监，甲明白是双方之间不同的沟通方式引起了隔阂，虽然他极力向双方解释，但要完全消除已经产生的问题并不容易。

第一节 文化的多样性

人类技术的进步日新月异，但是基于千百年发展形成的文化的嬗变却慢得多。文化的多样性使这个世界精彩纷呈，但也正是这种多样性造成了跨文化沟通的障碍。文化上的差异有时使人们彼此难以理解，因此学习跨文化的沟通对不断国际化的中国企业和中国人来说，就显得十分重要和迫切。

一、语言和非语言因素对沟通的影响

（一）语言因素对沟通的影响

有人统计，当今世界上有3000多种语言。一般来说，说不同语言的人之间不易相互理解，而说相同语言的人则可以沟通思想。但不同的方言也会形成障碍，北京人和广东人说的是同一种语言——汉语，但一个普通的北京人是听不懂广东话的（由于大众传播的发展，现在广东人一般可以听懂普通话），同属汉语的北京话和广东话听起来完全是两种语言。与此相反，虽然挪威人和瑞典人说的不是同一种语言，但他们却可以沟通思想。

语言和非语言是人们赖以沟通的两个重要因素。共同点越少，沟通越难。以语言为例，全球说英语的人约有七亿，但英国人、美国人、印度人、澳洲人等说的英语也不尽相同。美国人称戴的小圆软帽和穿的皮靴分别是“bonnet”和“boot”；而在英国，这两个单词分别指汽车引擎的盖子和汽车的后备箱。美国人的“scheme”是阴谋的意思；英国人却是指计划。“satisfactory”对美国人来说是指“可以接受的”；而在英国，外延却大得多——可解释为“可以接受的”“最好的”。其他例子还有：

公　寓——英国：flat　　美国：apartment

创可贴——英国：elastoplast　　美国：Band-Aid

尿　片——英国：nappy　　美国；diaper

药剂师——英国：chemist　　美国：druggist

就连标点符号的称法也不同：美国人称句号为“period”，而英国人是“full-stop”。南非共和国的官方语言为英语和“南非荷兰语”，但后者已不同于欧洲本土的荷兰语。

（二）非语言因素对沟通的影响

在所有的文化中，大量的沟通是通过非语言进行的，非语言的暗示从手势到身体运动等，应有尽有。例如，跟中国人交往，如果不看着他的眼睛，让人觉得眼神游移不定，那么他就会担心你是否够诚实，或生意中有诈。跟日本人交往如果盯着对方，他可能认为不尊重他。有趣的是，美国西南部的印第安人跟日本人有着相同的看法。

二、信仰与行为习惯对沟通的影响

沟通者之间信仰与行为习惯的差异，必然使双方对同一事件产生不同的理解。通常，我们都是带着有色眼镜去看待别人的。

一位思想家说，世界分裂并相互对立的原因之一，就在于虽为同一地球的各个民族，但相互之间极其缺乏了解。

不同文化背景的人群在信仰与行为习惯方面存在着差异，这是无法回避的客观现实，沟通时产生障碍也就成为必然。这种障碍甚至冲突大到什么程度，则取决于沟通双方对另一方信仰与行为的了解与接受程度。

一次，我国一家出口商向日本出口泥鳅，但发现冷库中只有黄鳝，此时发货期又近在眼前，再采办泥鳅时间不允许。考虑到与日本进口商是老关系，出口商遂将黄鳝装运出口。货到日本，日商大吃一惊，并立即要求退货，同时提出索赔要求。我出口商解释说，鉴于贵方是老主顾，这才将我们心目中营养价值更高、价格更贵的黄鳝当做泥鳅卖给你方，何故如此呢？日方回答说，黄鳝像蛇，很可怕，我们日本人是从来不吃的，泥鳅倒是吃了一百多年了。所以黄鳝虽好，在日本却是废物一堆。结果我出口商只能接受退货并赔偿。

这是由于我出口商对日本饮食习俗缺乏了解，而未能办成事情。

全球范围内不同文化背景的人们，只有对其他文化理解与尊重，才能有效地进行沟通。在现实生活中，每个地区和城市，都有自己独特的文化底蕴。譬如，在“中华文化”这一概念下，北京、上海、广州、武汉这些大城市的文化都有自己的特点。所以同为中国人，北京人同伦敦人、大阪人、法兰克福人、赫尔辛基人之间的交往就不同于上海人同这些人的交往。虽然这种沟通同为跨文化沟通，但行为人之间交往的模式、遇到的障碍可能很不相同，因而在沟通中要注意的问题也不同。因此，我们讨论跨文化沟通时，不能笼统地说是中国人同“外国人”之间的沟通，而且对“外国人”也一定要细分。

改革开放至今，中国北方城市的普通居民见到外国人往往笼而统之称其为“老外”；相比之下，上海居民在涉外活动中能细致地将交往对象区别开来，如美国人、日本人、英国人……甚至还进一步细分，谨慎地分析对方来自哪个城市，应该注意什么。这种细分，正体现了跨文化交流中的特殊性问题。越细分，沟通遇到的麻烦就越少，沟通也就越有效。具体沟通对象具体分析，这是跨文化沟通的精髓所在。对于多数尚无丰富经验的人来说，有必要学习、研究合作伙伴的文化——不打无准备之战，然后在交往实践中进一步完善。

在中外文化对比中，我们注意到这样一个有趣现象：在国外，如果主人邀你同车出行，他必请你坐在副驾驶的位子上，这个位置被认为是贵宾座。因为车子往往是主人自己的，客人自然应坐在其身边，这样也便于交流。而在国内，后座的右边是贵宾座。如果同来自墨西哥或意大利的商人做生意，那么就应当让他们更多地占据自己的个人空间，也就是说交流时相互很接近；而同德国商人交流则正相反。意大利人说话很激动，可能很靠近你，而你可能会后退，这时两个人都会糊涂，你会想：“为什么他靠我那么近？”而意大利人则会想到：“我亲近他，他为什么后退？他不接受我吗？”这种沟通上的障碍就是源于不同文化背景下的个人空间大小不同。

另外，不同文化对待时间的态度差别很大。时间对于发达国家的人来说是极其重要的，几乎什么活动都以时间为中心，以至于如果他人不遵守时间，人们就觉得十分恼怒。而在有些国家和地区，人们对待时间就比较随便，因为这“只是时间”问题。例如，在巴西，合作伙伴可能让你等上1～2小时，他们赴约迟到是常有的事。整个拉美地区，只有圣保罗的商人最守时。有些文化则认为守时是头脑僵化的表现，如墨西哥人和希腊人，他们的时间观念不强。

一般来说，在工业化、现代化的时程中，人们会逐渐改变对时间的看法，会变得越来越守时。准时赴约是一回事，如何花时间谈正事又是一回事。例如有些国家的商人喜欢单刀直入，见面之后很快进入正题，而有些国家的商人通常先天南地北扯一番。如在土耳其，商人在会见时必定会奉上一杯苦不堪言的土耳其茶，再聊上好长时间别的事才谈正事；在中东，阿拉伯商人喜欢先喝上 2～3 小时的咖啡，眼看天色已晚，临结束时才轻描淡写地说某事就这样定了——他们相信“欲交易，必先交友”。

由此看来，与不同文化背景人进行沟通，必须尽可能了解有关他的情况，包括文化背景、生活习惯、历史传统、性格秉性、爱恶嗜好等，切不可莽撞死板，让人觉得你不通情达理。

第二节　如何与不同国家的人沟通

有这样一件有趣的事：有一些来自不同国家的贸易代表，应开会国地主之邀，坐上豪华游轮，一面旅游，一面洽谈商务。

没想到船开到了大海中时，竟然因为机器部件过热爆炸，船舱进水，船开始缓缓下沉。船长让大副通知所有乘客，赶快穿上救生衣跳到海里去。可是这些贸易代表不肯跳入漆黑冰冷的大海里，即使大副用威胁强迫的口气命令他们，也无法说服这些伶牙俐齿的贸易代表。

船长只好亲自来到客舱说服各国代表。船长分别将他们带到旁边说了几句话，没想到，船长说完之后，大家都乖乖穿上救生衣跳入海里，等待救援。就在船长弃船前，大副好奇地问他：“你是怎样说服他们的？”

“啊，没什么，我只是顺着他们的心理去说。我对英国人说，跳水绝对有益健康，不用担心；对德国人说，这是船长的命令；对法国人说，跳到水里获救时会上电视，很出风头；对俄国人说，这是伟大革命的一刻；对美国人说……”

“对美国人说什么？”大副追问道。

船长笑了笑说：“上船前我为他们买了高额保险……”

看，这位船长多会与不同国家人打交道。他了解他们不同的文化背景，懂得他们的不同需要，才获得了与他们沟通的成功。这一节我们就来了解如何与不同国家的人交往。

一、如何与美国人交往

与美国人交往，赴约准时至关重要。早到在门外等候，晚到要说明原因并致歉。在有些国家中，故意迟到以显示自己身价的做法在美国绝对行不通。在美国人面前过分谦虚往往只能招致对方怀疑你的水平、能力和实力，因此不能让谦虚这一传统美德成为我们被美国人小觑的原因。在国内问别人年龄、收入、婚姻等往往是表示关心，在美国这些都是个人隐私，故回避为上策。在同日本人交往时，要注意的是建立长期的相互信任的个人间关系；若同美国人交往也如此，美国人会认为你的产品技术等有问题，是在试图通过拉拢关系做成生意。

所以不必强求建立很密切的私人关系，还是公事公办为妙。

在与美国人沟通时，应当充分了解美国人的特点。美国人比较崇拜力量，认为只有自己的决定才是正确的，往往不愿去听对方的陈述。这样，往往使得谈判气氛紧张、难以进行。

与一些美国人打交道，首先要有充分的思想准备，最好是宽怀大度、机敏果断、以柔克刚。一些美国人谈判喜欢用“不”字，这样的事常常发生在他犹豫不决时。他不喜欢说：“等等，让我想想。”而是干脆地用“不”字加以拒绝。

之所以出现这种情况，与美国人的性格特点有关。美国人的个人主义情绪比较浓厚，一切以自我为中心。这种意识上的自我中心主义，在行动上体现出来就是甚至利用他人的成果达到自己的目的。别人在他们眼里无足轻重，他们也不太顾忌别人的自尊心。如果有谁在竞争中失败了，他们则会认为他们自己做得不够，表现得不够，应重整旗鼓，以期在下一轮的竞争中反败为胜。

二、如何与法国人交往

在餐桌上谈生意，这种习惯在法国会碰壁。法国人很注意生活情调，他们把在优美环境中的会面、小酌、喝咖啡看做交友的好时光，也是一种令人舒心的享受，此时如果谈生意就会显得不合时宜。

法国人的自我感觉很好，但若一味奉承法国人，就会被看不起。无论是对人，还是对事，若能有根有据地指出其缺点、不足，反而能获得法国人的尊敬。法国人要求别人赴约一定要准时，而自己却常常迟到。如果有求于法国人，自己应及时赴约；对方若迟到，不必感到意外，因为这种习惯为普通法国人广泛接受。

另外应注意，在法国越有身份的人参加活动时，会越晚出现，以此来表明其身份。与法国人交往，应注意衣着，应根据不同的场合、活动选择合适的衣服。如果始终穿同样一套衣服参加很多活动，就会被小觑。

法国人喜欢追求完美，所以爱抱怨、发牢骚。对于这种好上加好的要求，我们可表示理解，如果真的不能做得更好，那就随他去。抱怨后，他们会忘了一切。

三、如何与英国人交往

与英国人交往，若不事先约定就直接登门拜访，是失礼之举。

英国人酷爱动物，虐待动物犯法。在英国碰到对方养猫、狗之类的宠物，“平等友好”对待是良策，切勿表现出讨厌之情，更不可动手去打。但英国人唯独忌讳大象，所以商品包装出现“象”字及其图案，绝对是下下策。

英国人认为“7”是个能带来好运的吉祥数字，而“13”则是个不吉利的数字，所以商务活动避免 13 人参加，也不要安排在 13 日。和英国人握手时不能越过两人正在握的手去和第三人握手，因为这样交叉握手被认为会带来不幸。点火时也不可连续点三支烟，应该在点完两支后重新点火再为第三人点烟，否则被认为会给其中某人带来不幸。

英国人最怕自己被别人称老，这一点与我国截然不同。我们可以说“老张”“老何”，倒过来称“张老”“何老”，更表尊敬之意，后者还特别适用于称呼德高望重的老前辈。这一思维定势已经无数次使国人在对外交往中遇上麻烦与尴尬。譬如，20 世纪 80 年代一批中国留学生在英国格拉斯哥举办隆重的聚会，特别邀请了大学校长的母亲。当主持人特别表示感激老夫人光临晚会而提到“老太太”时，校长大人的母亲吓得脸色苍白，夺路而逃。

英国人在得到馈赠的礼品时，必定当面打开。无论礼轻礼重，他们都会热情赞美，同时表达谢意。中国人出访英伦，务必入乡随俗，在客人走后再细看是何物被证明是不妥当的。慎用“聪明”（clever）一词，英国人常把它用作贬义词。如果英国人用它评论你，你就需要自省有何不妥之处了；同样，也不要随便用它来夸奖英国人。英国民族个性中有保守的一面，所以不易接受新事物。譬如，英国商人一旦习惯了我方某种品牌的商品，如果我方对其包装稍作改进，他可能坚决不接受。跟英国人交往，很多人会觉得他们矜持傲慢、寡言少语，其实内向而含蓄的英国人寡言少语是出于对别人的尊重，怕的是影响别人，我们完全可以消除这层顾虑而主动与其交往。

作为企业经营管理人员，与英国人在商务往来中还应注意以下几点：不佩戴条纹领带；免谈政治；向英国出口商品，忌用大象、人像做商标、图案。

四、如何与德国人交往

在与德国人进行交往时，应当注意到德国是一个充满理性的国家。德国人做任何事情都一丝不苟，细心谨慎，他们会把每一个细节、每一步计划都设计得十分周密，并且一步一步地去完成。

德国人的沟通方式比较特别，他们的准备工作往往做得十分充分，一切都尽量达到完美无缺。这与他们的民族性格是相符的。德国人不喜欢含糊其辞、躲躲闪闪。如果他们希望达成这笔交易，就会明确表示自己的意愿，愿意通过谈判来取得合作。在这之中，对于如何交易、谈判的实质问题、中心议题以及要达到一个什么样的目标，德国人都会加以详细考虑，并拟出一份完备的计划表，在谈判的过程中按照这份计划表一步步地去实现。

德国人在谈判中比较固执己见，不喜欢让步。比如，如果德国人在谈判中已经提出了产品的价格，那么这个价格往往难以改变，因为德国人是经过深思熟虑才提出的，他们会极力坚持自己的意见。

与德国人打交道，必须有充分的准备，做好打一场攻坚战的思想准备。在实际的谈判过程中，最好在谈判的实质问题上先行一步，抢在德国人之前谈出自己的意图，并表明立场，这也算是对德国人的一种试探。德国人比较聪明，一旦进入实质性谈判，他们善于占据主动，并按自己的意愿把谈判引入最终阶段。

五、如何与北欧人交往

在与北欧人进行交往时，应当注意到北欧人在谈判中一般都显得比较随和、平静。北欧人在谈判中不易激动，常常沉默寡言，在不该谈论的时候决不主动表述自己的意见。他们讲话大都慢条斯理，但却有条不紊。

北欧人这种沟通方式的优点是不易被对方窥破秘密，在接下来的过程中可以把自己的立场慢慢展示出来。其缺点是，如果所面对的是咄咄逼人的对手，就比较容易被对方压服，不利于提出谈判筹码，也不利于展开自己的观点。不过，北欧人在谈判桌上一般不玩花样，他们的态度通常比较坦率而且客观公正。他们会表明对这场谈判的立场、态度以及相关的一切情况，以此显示其诚意。

在沟通中，如果出现一些障碍，北欧人不是绕开它，而是提出一些建设性意见，作出一些有益的努力，使谈判的气氛重新开始好转。

所以，当我们与北欧人谈判时，最好是投桃报李，以诚相待，不要过于死板，也不必拘泥于某一问题而拖延谈判，使得谈判出现障碍。对北欧人应该采取灵活而有效的措施，积极寻找达成协议的最佳途径。因为对方是值得信赖的，所以我们应充满信心地把事情谈好。

六、如何与日本人交往

与日本人交往时，应当注意到日本人非常注重团结协作和团体精神。但是，其个人能力相对来说不是那么强。

日本社会里处处充满了集体主义，几乎一做事就是团体行动。在个人与团体的配合上，日本人显得很默契，也做得非常成功。即使个人能力并不十分突出，甚至不能独挡一面，但只要能与团体很好地配合，也往往能受到领导的重视，甚至会被委以重任。日本是一个很重视配合的国家，这种观念植根于日本人的脑海里，成为他们为人处世的一大准则。

在日本，人们并不十分强调个人的卓越能力，即使强调，也只是强调与团体的配合精神和配合能力，而不是单打独战的能力。因此，日本人很少考虑培养自己独立办事的能力，一旦有事，首先想到的也是依赖团体。日本的各类团体遍布全国，形成了一张张大大小小的网。有人说，日本人就生活在“网”里，受“网”的束缚，也得到“网”的保护。

通常，对于日本人个人与组织之间互相配合的办事能力和办事效率是不可低估的。但是，如果把日本人单独地与组织分开，他们往往会感到茫然无措。在一对一的谈判或竞争中，失败的往往多是日本人。因此，对日本人应当多采取些分化瓦解的策略和手段。

日本社会等级森严。如果一群人在一起交换名片，应让职务高的人先交换。交换时应说出对方名字，加上“先生”，千万不可接到名片后直接塞入口袋——这意味着你认为对方很不重要。接名片时应鞠躬，接到后看内容时再鞠躬。西方人一般在会谈结束时交换名片，日本人则在会谈之始。如果交换名片之后，以后再次见面而忘了其姓名，日本人会认为这是一种污辱。送礼也要根据职务高低将礼品分成不同等级，如果常务董事与董事收到同样的礼物，那么前者就会觉得这是对他的污辱，而后者则会觉得很尴尬。

跟日本商人交往，重在建立一种长期的信赖关系，就事论事。操之过急则会得不偿失——真诚友好的关系远胜过单笔交易。中国人对外谈判时，为了确保生意成功，往往喜欢先略作让步，以表诚意。跟日本人交往，这一定会事与愿违。因为在日本人眼中，首先作让步既是弱者，也无诚意。因此如果有必要让步，那也一定要使日本人作出相应的让步，这种针锋相对、近乎固执的谈判策略能赢得日本人的尊重。

日本人远不像欧美人那样对待合同严肃认真，他们可能会经常要求对已达成的协议重新商谈，所以合同签好并不意味着大功告成。我们只有努力适应这种风格，才不至于造成僵局。起草合同时，也应竭力用通俗易懂的语言，因为法律术语只能招致日本人的讨厌及猜疑。谈判时带上律师更是绝对应避免的事。

七、如何与阿拉伯人交往

与阿拉伯人进行交往时，应当了解阿拉伯人主要生活在沙漠之中，喜欢结成紧密稳定的群体。他们性格豪爽粗犷、待人热情，遇到能谈得投机的人，会很快将其视为朋友。阿拉伯人一般好客而不拘泥，最好是能和他们打成一片。他们的时间观念不是很强，做事通常由性情决定，有时热情得令你不知所措，有时又会冷漠得令你无地自容。

在阿拉伯人的眼里，最为重要的是名誉和忠诚。他们认为，一个人名誉的好坏是人生的一件大事，名誉差的人无论走到哪里都会受人鄙视、遭人白眼。而且一旦名声败坏，要想补救就势必要付出巨大的代价。因此，同阿拉伯人打交道一定不要做出格的事情，应赢得他们的信任，这样就会为谈判打开一条绿色的通道。

在谈判开始阶段就给阿拉伯人留下良好的印象是十分重要的。这是制造良好气氛的开端，有助于使谈判气氛更加融洽。当然，这可能需要花很多时间，费很大精力，但是“磨刀不误砍柴工”，有了良好的开端，接下来的谈判工作就会顺利得多。

谈判者可以在制造良好气氛、获取阿拉伯人信任的开始阶段，作出一些试探性的提问，看看双方达成协议的可能性有多大。当然，这种提问要非常艺术，不能显得太露骨，否则会得不偿失。经过一段时间的努力，双方增进了了解，融洽了感情，在不知不觉中一笔生意也就可能做成了。

同阿拉伯人打交道，应有谈判被随时打断的心理准备。许多外国谈判者都对阿拉伯人的这一特点感到沮丧，但又无可奈何，只好重新创造机会。不过，对这一点也不必过于担心，阿拉伯人的情绪是很容易点燃的，要衔接之前的谈判气氛也不会太费心，毕竟谈判者在他们眼中是客人。

从谈判的沟通中，我们看到了不同文化背景的人不同的沟通方式，了解了这些国家和民族的特点，知道了在与这些国家的人沟通时哪些话能说，哪些话不能说，哪些话可以多说，而哪些地方又是话题的禁区。这对于我们与不同文化背景的人沟通是十分重要的。千万不可不顾不同的文化习俗，讲那些不合场合、使人难堪甚至伤人感情的话，否则，我们在与各国友人交流时，必然会出现我们所不希望出现的结果，从而达不到我们所要达到的目的。

第十二章　网络沟通技巧

随着网络科技的发展，网络对于人类的生活方式和沟通行为的影响越来越大，有很多的学者都做过这方面的研究。霍华德·莱因戈德（Howard Rheingold）是较早把网络沟通作为独立对象进行系统观察和研究的人之一。他提出，网络沟通（Computer-mediated Communication）将从如下三个相互联系的方面对现实生活产生影响：

（1）在媒介饱和年代，网络沟通将重新塑造人们的个性和情感。

（2）传统的人际关系建立在一对一的交流基础上，而网络沟通提供的是多对多模式，因而也将对群体观念和人际关系构成挑战。

（3）对民主社会的影响主要是，网络沟通挑战了权力集团对传播媒介的垄断。

莱因戈德的开创性研究极具启迪性，他的著作为后来的研究和争论大体上设置了一个框架。后来的研究者，网络对于人类的影响大多呈现三种趋向。一是乐观主义的期待，强调网络传播产生了新的社会交往形式和沟通行为模式，并将与新的都市生活环境相适应。另一种则体现出强烈的批判意识，认为电脑带来社会关系的非人性化，互联网的使用加剧了人的孤独、疏离感，甚至是沮丧的感觉，实际是减少了人与人的交流和沟通。第三派的观点带有某种折衷主义色彩，认为虚拟社群独立于现实社群之外，与之互动，但并不对立。基于已存在的大量研究，我们认为应该站在一个客观的角度看待网络对于沟通行为的影响。

第一节　网络沟通的主要形式

网络沟通的主要形式包括电子邮件、网络电话、网络传真、即时通信、BBS、博客、微博、微信等。

一、电子邮件

电子邮件简称 E-mail，也被大家昵称为“伊妹儿”，又称电子信箱。它是一种用电子手段进行信息交换的通信方式，是 Internet 应用最广的服务。

通过电子邮件系统，用户可以用非常低廉的价格（不管发送到哪里，都只需负担电话费和网费即可），以非常快速的方式（几秒钟之内可以发送到世界上任何指定的目的地），与世界上任何一个角落的网络用户联系，且电子邮件的内容可以包括文字、图像、声音等。同时，同一邮件还可以一次发送给许多人。

正是由于电子邮件使用简易、投递迅速、收费低廉、易于保存、全球畅通无阻，因而使得电子邮件被广泛地应用，它使人们的交流方式得到了极大的改变。

二、即时通信

即时通信（Instant Messenger，简称 IM）是指能够即时发送和接收互联网消息等的业务。如今，即时通信的功能日益丰富，逐渐集成了电子邮件、博客、音乐、电视、游戏和搜索等多种功能。即时通信不再是一个单纯的聊天工具，它已经发展成集交流、资讯、娱乐、搜索、电子商务、办公协作和企业客户服务等为一体的综合化信息平台。

随着移动互联网的发展，互联网即时通信也在向移动化扩张。目前，腾讯、微软、AOL、Yahoo 等重要即时通信提供商都提供通过手机接入互联网即时通信的业务，用户可以通过手机与其他已经安装了相应客户端软件的手机或电脑收发消息。

现在国内的即时通信工具按照使用对象分为两类：一类是个人 IM，如：QQ（见下图）、百度 hi、网易泡泡、盛大圈圈、阿里旺旺等。QQ 的前身 OICQ，1999 年 2 月第一次推出，目前几乎垄断了中国即时通讯软件市场。QQ 支持在线聊天、视频电话、点对点断点续传文件、共享文件、网络硬盘、自定义面板、QQ 邮箱等多种功能。并可与移动通讯终端等多种通讯方式相连。目前，QQ 注册用户已突破 10 亿，同时在线用户超过 1 亿。

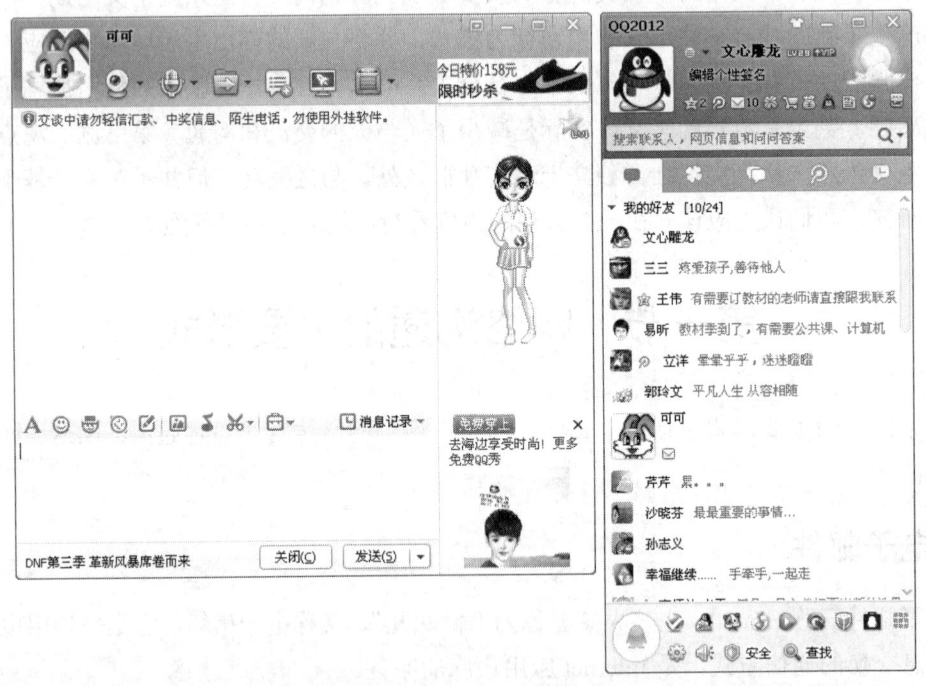

另一类是企业用 IM，简称 EIM（Enterprise Instant Messenger），如：E 话通、UC（新浪网推出的一种网络即时聊天工具）、EC 企业即时通信软件、UcSTAR、商务通等。

三、网络电话

网络电话又称为 VOIP（Coice over Internet Protocol）电话，是通过互联网直接拨打对方的固定电话和手机，包括国内长途和国际长途，而且资费是传统电话费用的10%到20%。

网络电话通过把语音信号经过数字化处理、压缩编码打包、网络传输、解压、把数字信号还原成声音，让通话对方听到。

从宏观上讲，网络电话可以分为软件电话和硬件电话。软件电话就是在电脑上下载软件，然后购买网络电话卡，通过耳麦实现和对方（固话或手机）进行通话；硬件电话比较适合公司、话吧等使用。首先要一个语音网关，网关一边接到路由器上，另一边接到普通的话机上，普通话机即可直接通过网络自由呼出了，如下图所示。

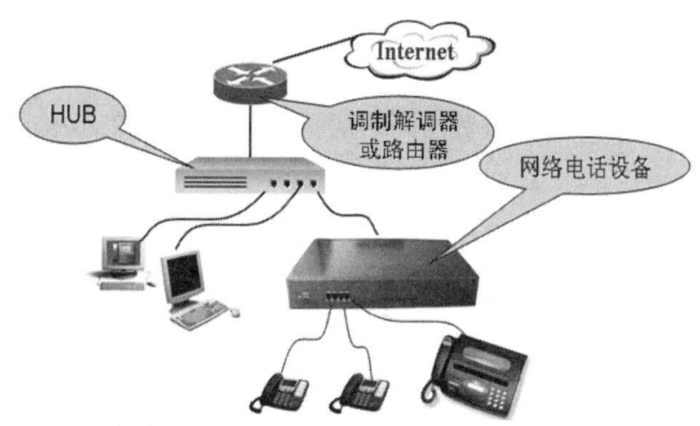

四、网络传真

网络传真（Network Fax）基于PSTN（电话交换网）和互联网络的传真存储转发，也称电子传真。它整合了电话网、智能网和互联网技术。原理是通过互联网将文件传送到传真服务器上，由服务器转换成传真机接收的通用图形格式后，再通过PSTN发送到全球各地的普通传真机上。

五、论坛

论坛又名网络论坛BBS，全称为Bulletin Board System（电子公告板）或者Bulletin Board Service（公告板服务），是Internet上的一种电子信息服务系统。它提供一块公共电子白板，每个用户都可以在上面书写，可发布信息或提出看法。它是一种交互性强、内容丰富而及时的Internet电子信息服务系统。用户在BBS站点上可以获得各种信息服务，发布信息，进行讨论、聊天等。

六、博客、微博和微信

博客，又译为网络日志、部落格或部落阁等，是一种通常由个人管理、不定期张贴新的文章的网站。博客上的文章通常根据张贴时间，以倒序方式由新到旧排列。许多博客专注在特定的课题上提供评论或新闻，其他则被作为比较个人的日记。下页上图为天涯社区。

一个典型的博客结合了文字、图像、其他博客或网站的链接，及其他与主题相关的媒体。

能够让读者以互动的方式留下意见，是许多博客的重要要素。大部分的博客内容以文字为主，也有一些博客专注在艺术、摄影、视频、音乐、播客等各种主题。博客是社会媒体网络的一部分。

微博即微型博客，是目前全球最受欢迎的博客形式。博客作者不需要撰写很复杂的文章，只需书写 140 字（这是大部分的微博字数限制，网易微博的字数限制为 163 个）以内的心情文字即可。

微信是腾讯公司于 2011 年 1 月 21 日推出的一款通过网络快速发送语音短信、视频、图片和文字，支持多人群聊的手机聊天软件。用户可以通过微信与好友进行形式上更加丰富的类似于短信、彩信等方式的联系，如下图所示。微信软件本身完全免费，使用任何功能都不会收取费用，微信时产生的上网流量费由网络运营商收取。2012 年 3 月 29 日，微信注册用户过一亿。

第二节　网络沟通的技巧

一、网络沟通的一些基本原则

（1）我们是在和人交流，即使是陌生人。因此现实生活中如何沟通，网络上也该如何沟通。

（2）尊重别人。尊重他人的隐私，不要随意公开私人邮件、聊天纪录和视频等内容；尊重他人的知识；人都会有犯错误的时候，不要好为人师，不要自诩高人一筹；尊重他人的劳动，不要剽窃、随意修改和张贴别人的劳动成果，除非他人主观愿意；尊重他人的时间；在沟通提问以前，先确定自己无法解决，且对方是正确的人。

（3）自信，但是要注意谦虚，做好细节。不要刻意放低自己，但是，如果对某个方面不熟悉，不要冒充专家。任何消息发送前，要仔细检查语法和用词，不要故意挑衅和使用脏话。

二、使用电子邮件的技巧

（1）主题应当简明扼要，不要发送无主题和无意义主题的电子邮件。

（2）注意称呼，避免冒昧。当与不熟悉的人通信时，要使用恰当的语气、适当的称呼和敬语。

（3）注意邮件正文拼写和语法的正确，避免使用不规范的问题和表情符号。使用简单易懂的主题行，以准确传达电子邮件的要点。

（4）因为邮件容易丢失，因此应当小心查问，不是无理猜测并暗责对方。在自己做到及时回复邮件的同时，不要对他人回复信件的时效性做过分期许。

（5）不要随意转发电子邮件，尤其是不要随意转发带附件的电子邮件，除非认为此邮件对于别人的确有价值。在病毒泛滥的今天，除非附件是必需的，否则应该避免使用 Word、PPT 附件，而多使用 PDF 附件。此外，在邮件正文中最好包含对附件的简要介绍。

（6）邮件要使用纯文本或易于阅读的字体，不要使用花哨的装饰。此外，最好不使用带广告的电子邮箱。

（7）如果不是工作需要，应尽量避免群发邮件，特别不要参与发连环信这种活动（把这条消息发送给 10 个好友之类）。群发邮件容易使得收件人的地址相互泄漏，因此最好使用邮件组或者暗送。两个人商量事情牵涉到第三方时，应该将邮件抄送给第三方。

（8）在给不认识的人发送邮件时，要介绍一下自己的详细信息，要么在签名中注明自己的身份，没有人乐意和自己不明底细的人讨论问题。

（9）如果对方公布了自己的工作邮箱，那么工作上的联系不要发送到对方的私人信箱里，没有人乐意在和朋友们联系的信箱中看到工作上的问题。

三、使用即时通信软件的技巧

（1）不要随便要求别人加自己为好友，除非有正当理由。应当了解到，别人加不加自己为好友是别人的权利。

（2）在别人状态为“忙”时，不要打扰。否则，要“忙”这个功能有什么用呢？如果是正式的谈话，不要用“忙吗”、“打扰一下”等开始一段对话，而是把对话的重点压缩在一句话中。

（3）如果谈工作，尽量把要说的话压缩在 10 句以内。

（4）不要随意给别人发送链接，或者不加说明的链接。随意发送 URL（Uniform/Universal Resource Locator，统一资源定位符）是一种很粗鲁的行为，属于强制推送内容给对方，而且容易让别人感染上病毒。

四、使用论坛的技巧

（1）尊重别人的劳动，不要随意转载，不要做语文老师，或者否定对方。不要自诩高人一筹，使用侮辱性质的词句。

（2）不要做鉴定师和价值判断人，不要断章取义，不要留下一句“鉴定完毕”等鉴定师语言，不要抓住对方一句话发挥，要认真阅读后发言。

（3）说出理由，而不是说出脏话。

第三节 网络沟通的利与弊

一、网络沟通带来的便利

（1）当今世界网络用户数以亿计，中文网络用户也多得不能仅仅用“成千上万”来形容。如此众多的网络用户形成了一个庞大的交际圈。在这个交际圈中，人们利用网络可以一对一的聊天、写信，也可以公开发表言论。网络可以使人认识很多人，也可以使很多人认识自己，这样，自己的人际圈子自然会变得更大，要找到志同道合的朋友当然也更方便。互联网的最大魅力在于它能拉近不同社会之间的距离，增强人们与外界的联系，开阔人们的视野，拓宽人们的思维，从而导致人们思维方式的转变。

（2）网络的本质是消除地理距离，实现资源共享。两个不同国家的人可能因为地理的原因不能进行交流，一个国家的信息不能很快地传播到另一个国家。但网络解决了这些问题，而且在网络上，直接的交流还可以打破因职业不同而产生的心理隔膜。在打破了这些隔膜之后，人们少了许多顾忌，可以表现出真性情。网络上同样有喜怒哀乐，网络形成了另一个社会——虚拟社会，在这个社会中不但不会压抑人的感情，相反会使人的感情更加丰富。

（3）网络聊天具有一定的心理疏导功能。互联网的兴起，给人们宣泄心理矛盾提供了新的渠道。网络聊天是在没有任何心理压力的情况下进行的自由交流。网络聊天的人互不相识，不必担心自己的言谈会给自己带来什么不良后果，也不必担心自己的问题被别人耻笑，自己的观点可以及时地在聊天室表达出来，不再有时间上的滞后性。参与聊天的人无论哪个阶层，都能进行平等交流。并且，参与聊天的人数不受限制，交流的范围可以非常广泛，能获得多角度、多方位的启发。

这些特点对于解决日常生活中经常遇到的心理障碍、避免心理问题进一步恶化，起到了一定作用。有些心理学专业的聊天室，针对不同的心理问题开辟了多个房间，具有相同问题的网民可以在这里进行交流。有些心理医生也是网络爱好者，由于他们的参与，一些人的心理问题能得到及时的有益的疏导和帮助。由于人们都是采用匿名的方式，而且只限于文字交流，所以可以自由安全地讨论隐私方面的禁忌话题，这是其他沟通方式无法比拟的。心理问题通过及时的宣泄和疏导，就不至于淤积成疾了。

二、网络沟通带来的问题

（1）在互联网给人们的工作、生活和社会交往带来极大便利的同时，也使现实社会产生了许多新的社会问题，并对传统的价值观和道德理念产生了巨大的冲击。比如，一项研究就指责互联网是造成夫妻离婚的第三者。人们认为虚拟的聊天室、过多的上网时间和对家庭的忽视，都有可能对婚姻造成威胁。

（2）网上犯罪使整个社会面临新的威胁。此外，虽然网络可以让人尽情抒发自己的郁闷和不满，但一旦这种情绪失控和传染，可能会威胁社会的稳定。

（3）合理的个人隐私作为人的基本权利之一，应该得到充分的保障，然而，这种权利的保障在网络时代却遇到了前所未有的挑战。

在传统社会中，个人隐私比较容易保持；而在网络时代，人们的生活、娱乐、工作、交往都会留下数字化的痕迹，并在网上有所反映。一方面，网络服务商为了计收入网费和信息使用费，需要对客户的行踪进行详细的记录，由于这种记录非常方便，因而可以达到十分细致的程度。另一方面，政府执法部门为了查找执法的证据，也有记录人们行为的需要。这就产生了个人隐私与社会服务的安全之间的矛盾和冲突：对个人而言，其隐私权应该得到保障，对于社会而言，个人又要对自己的行为及其所产生的后果负相应的责任，包括经济责任、法律责任和道德责任等，因而，其行为又应该留下可查证的原始记录。

（4）从社会心理学和道德心理学的角度看，互联网的发展在给人们的社会交往与交流提供了巨大方便的同时，又在物理空间上进一步孤立了个人，限制和改变了人们的传统交往方式和情感方式，产生了诸如孤独、网瘾、盲恋等一系列包括道德问题在内的社会问题。如今，大量的宅男宅女就是互联网的产物。

总之，互联网的产生和飞速发展是20世纪末的一个奇迹。它用以往任何一种方式都望尘莫及的速度将时间、空间造成的障碍无情抛开，在全球范围内为人们传递着信息。它的出现，使全世界变成了名符其实的“地球村”，揭开了人类数字化生存的新时代。但是网络生存肯定不可能替代我们正常的现实生活。目光的对视、身体的接触、语言的感染等是网络沟通所不能替代的。网络交流带给人们的应该是一种新生活方式的乐趣，我们要正视网络带来的负面影响。